Daniel Schávelzon

La Tambería del Inca

Héctor Greslebin, una búsqueda americana

DANIEL SCHÁVELZON

LA TAMBERÍA DEL INCA

HÉCTOR GRESLEBIN, UNA BÚSQUEDA AMERICANA

AsphA
Arqueología Historia
Patrimonio Sociología Antropología

Primera edición, 2013

Schávelzon, Daniel
La Tambería del Inca: Héctor Greslebin, una búsqueda americana. - 1a ed. - Buenos Aires: Aspha, 2013.
190 p.: il. ; 24x17 cm.

ISBN 978-987-28832-7-0

1. Arqueología. 2. Arquitectura. 3. Patrimonio. I. Título
CDD 930.1

Fecha de catalogación: 15/07/2013

Diseño y diagramación: Odlanyer Hernández de Lara
Tapa: *Mausoleo Americano*, proyecto de Héctor Greslebin y Ángel Pascual, 1920, archivo del Museo Etnográfico de la Universidad de Buenos Aires.
Contratapa: Vista actual de la Tambería del Inca. Foto del autor.

ISBN 978-987-28832-7-0

Aspha Ediciones
Virrey Liniers 340, 3ro L. (1174)
Ciudad Autónoma de Buenos Aires
Argentina
Telf. (54911) 4864-0439
asphaediciones@gmail.com
www.asphaediciones.com.ar

IMPRESO EN ARGENTINA / PRINTED IN ARGENTINA

Hecho el depósito que establece la ley 11.723

¿Por qué perder el tiempo en descubrir la verdad,
cuando se la puede crear con tanta facilidad?

David Baldacci, 2010

Esta publicación ha sido posible gracias a la donación que en memoria de sus queridos padres, el iconógrafo y coleccionista Aníbal Aguirre Saravia y de Kikika Ros Quesada su incondicional compañera en la vida, han realizado sus hijos Santiago, Ignacio, Alejo, Ramiro y Celina.

Capítulo I

Introducción

En 1929 el joven arquitecto Héctor Greslebin, de profesión e historiador del arte y la arquitectura por su intensa actividad, excelente dibujante y amante de la arqueología por placer y estudio, fue brutalmente separado del mundo científico, obligado a exilarse junto con otros cuatro científicos de prestigio internacional. Fueron acusados de todo lo imaginable, hasta de saqueadores de tumbas, cuando eran zoólogos, paleontólogos y arqueólogos de años de reconocido trabajo institucional. Luego vino la muy larga marginación, el olvido y el final. Esta es la historia de un gran investigador nacional que por un conflicto político menor, y por haberle coincidido eso con la organización de la *corporación* arqueológica nacional en manos de un grupo fascista, se lo destruyó como individuo. No es que después no siguiera haciendo cosas importantes, es que ya nunca fue el mismo. Es la historia de un país que dilapidó sus científicos en aras de la política partidista, sólo otro ejemplo, importante por la envergadura de lo que hizo Greslebin y por ser absolutamente desconocido en la actualidad, a tal grado su olvido.

Todo se desató cuando fue a la Tambería del Inca, un sitio arqueológico en La Rioja, a experimentar nuevas técnicas de relevamiento de arqueología de la arquitectura -una novedad en su tiempo-, y que fue la excusa para comenzar en 1928 los ataques contra su persona y su grupo. No era su primer trabajo en el tema, ya había excavado para el Museo en que trabajaba en una actividad en la que no había títulos profesionales aun. Muchos estudios los había hecho con reconocidos profesionales y hasta con su director -el que después lo expulsó-, y se publicaron los resultados aquí y en el exterior. Pero tan violento fue ese cambio que jamás pudo sobrellevarlo[1]. Es decir, tras diez años de escribir libros y artículos sobre el pasado precolombino, de discutir y tomar posturas polémicas serias entre colegas, de haber viajado, de ser reconocido en otros países, de ganar premios y ser parte de instituciones científicas, cuando por fin tuvo la posibilidad material y concreta de excavar como director de su propio proyecto en un gran sitio precolombino, de

[1] Estaba acompañado en la excavación de La Tambería por Enrique Palavecino (1900-1960), un conocido etnógrafo, arqueólogo y naturalista.

desarrollar las nuevas técnicas de interpretación que tenía en mente, todo se cortó de golpe. Y el conflicto no fue académico ya que no eran tiempos de una arqueología profesional, no la había como carrera sino sólo como una especialización. Los profesionales provenían de diversos campos -la abogacía, la ingeniería, la medicina, entre tantas otras-, y cumplían un ritual de doctorarse con un tema arqueológico. Y se formaban en el campo trabajando con la pala y el pico ya que no había herramientas más delicadas, o desde atrás de un escritorio hablando acerca de lo que hacían los otros, o trabajaban en los museos con objetos sobre los que escribían. Y casi nadie vivía de ese sueldo si siquiera ganaba algo.

Greslebin se enteraría de a poco los efectos de su trabajo pero en un año vio cuán crucial fue en su vida ese corto período de tiempo en La Rioja, al grado que sólo volvería a excavar allí en 1938. Lo que sucedió fue que entre la primera y la segunda oportunidad el país cambió abruptamente y la arqueología también, y que él no lo entendió.

En el medio de esos dos eventos le pasaron muchas cosas cuando una década atrás todo indicaba un futuro brillante en la arqueología. Lo que pasó fue que cambió el país en lo político, lo social y lo económico con el golpe militar en 1930 y con el "regreso al orden" comenzado un par de años antes. Estaba cambiando la generación que desde Buenos Aires y La Plata manejaba la arqueología (y la cultura); fue cuando algunos pocos descubrieron el poder que daba la construcción del pasado, la determinación de qué quedaba dentro y qué afuera de nuestra memoria; no casualmente Leopoldo Lugones sería el ideólogo del golpe militar de Uriburu en 1930. En ese tiempo cambió la estructura de la ciencia y el sistema de poder dentro de ella. Para un hombre de espíritu independiente que construía sus ideas sin ataduras incluso cuando estaba errado, quizás porque en su interior era parte de una generación equivocada en el tiempo con un alma más cerca al intelectual roquista de 1900 que del profesional de 1920, que no respetaba verticalidades ni sumisiones más allá de lo académico, alguien que como conservador que era sólo sentía respeto por el linaje familiar, por el apellido (pese a ser Radical en lo político). Todo eso le significó enfrentarse a los nuevos personajes de su tiempo, como Martín Doello-Jurado[2] quien como director del Museo Nacional de Ciencias Naturales, en donde Greslebin trabajó por años, pero que no dudó en expulsarlo junto con otros cuatro reconocidos investigadores solamente por no apoyarlo en su campaña política contra Holmberg. Esto le significó dejar casi todo lo que hacía como científico incluyendo su sueldo, y por otra parte surgió frente a él la figura de José Imbelloni[3] quien traía desde Italia el Fascismo desenfrenado a aplicar a la antropología. Era el que impulsó ese mismo año los Juicios Académicos a los arqueólogos que él consideraba contrarios o *enemigos* (con la justificación de sus errores académicos), juicios públicos (y hasta publicados) que sin valor legal alguno lograban marginar

[2] (1884-1948) Fue un reconocido paleontólogo, biólogo con énfasis en la oceanografía; dirigió el Museo de Ciencias Naturales desde 1923 y logró el edificio en Parque Centenario.

[3] (1885-1967). Arqueólogo, naturalista y antropólogo, nació en Italia, llegó al país en 1921. Racista, hombre de gobiernos militares y dictaduras, fascista dedicado, estableció una estructura vertical y de poder en la antropología nacional inconmovible hasta su muerte.

de la actividad a quienes caían en sus redes por cualquier motivo. Así Greslebin fue perseguido aplicándole una ley que jamás se había usado, fue exiliado en el exterior y en San Luis por años, su actividad quedó reducida a dar clases de geometría y dibujo a niveles no universitarios o en academias militares, y el ser uno de los pocos, si no el único caso en el país en que se aplicó la Ley 9080 a un individuo[4]. La acusación de saqueador era mentira, eso fue más que obvio ya que jamás tuvo colección privada alguna, ni dinero tampoco. Sí lo había sido su padre -en los términos actuales- pero eran los tiempos anteriores a la existencia de los museos, fue amigo del perito Moreno y era el siglo XIX. Con los años publicó lo obtenido en esas excavaciones en La Rioja pero tuvo que hacerlo por fuera del circuito de la arqueología, en una revista de arquitectura y en un congreso en México, ya que no tenía el espacio académico nacional para hacerlo.

De esto se ocupa este libro, de estudiar la vida y obra de ese insólito personaje, argentino y americano. Que vivió su tiempo con lo bueno y lo malo, y que pagó los cambios del llamado "regreso al orden" de la década de 1920, la dictadura de Uriburu y la creación de un nueva estructura de poder dentro de la ciencia. Y el conflicto interno entre quien pertenecía en espíritu a una época y le tocaba actuar en otra, con códigos diferentes.

El arqueólogo arq. Héctor Greslebin

Fig. 1. Héctor Greslebin hacia 1930

Si recorremos la historia del arte de América Latina, de norte a sur o a la inversa, y a lo largo de todo el inicio del siglo XX, hay un factor omnipresente, un elemento que cruza todo el continente con mayor o menor fuerza en cada momento, con diferentes significados e interpretaciones, con actores y acciones distintas, que va de la pintura a la arquitectura, de la arquitectura al diseño, del cine a la música o el teatro: la búsqueda de lo que se llamó "lo auténtico", "lo nacional", "lo americano". Fue el gran descubrimiento de la generación marcada por la Primera Guerra Mundial (1914-1918), el Nacionalismo, lo que para quienes hasta entonces habían consumido teorías venidas de Francia y que de golpe se sintieron capaces de pensarse a sí

[4] La ley era para evitar el saqueo y destrucción de sitios arqueológicos y paleontológicos aunque su uso fue inexistente; el aplicarla a Greslebin fue un escándalo en su tiempo ya que implicó desconocer sus trabajos anteriores y la institución para la que trabajaba.

mismos ante una Europa que se autodestruía. Y la toma del poder político por las clases medias, Yrigoyen presidente en 1916, no resulta casual. De alguna manera lo que buscaron era lo que se definía más por oposición que por real pertenencia, es decir, querían "lo no ajeno", lo propio. ¿Podemos hablar de la búsqueda de una identidad? Varios discutieron y trabajaron en el estudio de qué significaba todo eso y si se lo podía lograr en el arte o la arquitectura, o desde la cultura siquiera. Sus raíces en lo social y económico no eran temas para procesar aun por la élite académica. Era cambiar la ropa, no el individuo, para muchos como Greslebin era una búsqueda en lo estético, en lo histórico como expresión plástica, nunca en lo político o social. Era el nacionalismo en el arte, que se entendía que tenía ribetes políticos, pero pensaban que eso era tema de otros.

Estas búsquedas se expresaban tanto en experiencias individuales como colectivas, en manifiestos muralistas, en *revivals* o en vanguardias, era asumido por polemistas ultramodernos o por los conservadores más rígidos: fuese el tema el conservar el legado del pasado porque eso era lo considerado como propio, o el destruirlo para hacer un futuro propio sin ataduras. El problema era el mismo: el enfrentamiento a quienes querían una postura diferente a la tradicional claramente europeizante. Por supuesto esto es confuso, complejo, cambiante: en el Caribe el revivir del arte afro-caribeño fue considerado como una búsqueda de lo nacional aunque sus raíces estaban fuera de su territorio, en Argentina el Neocolonial, de profunda inspiración hispanista además de californiana, también fue considerado como "lo nacional". Para Diego Rivera o David Siqueiros "lo mexicano" era ser parte del proletariado internacional soviético, para su maestro en 1910, Alfredo Ramos Martínez, los motivos populares campesinos debían pintarse en la tradición francesa. Todos buscaron lo mismo: su identidad, lo que cambiaba eran los caminos y la definición de esa palabra crucial: *identidad*. Y la historia era el recorrido ideal para buscarla, ya que como aprendieron todos ellos con dificultad no hay una sola historia; hay tantas como queramos hacer; la historia es una construcción cultural hecha en el presente, sea el de ellos o el nuestro.

Todas esas búsquedas en lo americano eran lo inverso de lo que se había hecho ya que en lugar de buscar en lo europeo comenzó a buscarse en lo americano. Salvo que para muchos lo local fue confundido con lo colonial y España se convirtió en el hito del Nacionalismo. Es posible que no sea casual, unir lo americano con la dominación hispánica y el rechazo a lo prehispánico y justamente Greslebin se va a enrolar en ambas posturas. Por una parte va a ser un fanático del mundo indígena precolonial, por la otra va a defender lo colonial con una actitud que no va a poner en contradicción ambas vertientes; las dos eran búsquedas en lo propio, en lo local. Pero la Hispanidad va a triunfar por un largo decenio, mientras que lo que llamamos Neoprehispánico va a quedar soslayado, ya que pese a que en nuestra región se lo ha confundido con el Indigenismo, no es lo mismo[5]. En lo que va a penetrar Greslebin

[5] La bibliografía sobre el tema es ya enorme, recomendamos como síntesis para Sudamérica a Elizabeth Kuon Arce y otros, *Cuzco-Buenos Aires: ruta de la intelectualidad americana*, Universidad San Martín de Porres, Cuzco, 2009 y para México y Centroamérica. Daniel Schávelzon (compilador), *La polémica del arte nacional en México (1850-1910)*, Fondo de Cultura Económica, México, 1988;

es en la utilización de temáticas y motivos ornamentales de la época precolombina para la creación de un arte moderno -moderno de su tiempo-, cuyo supuesto básico era ser "auténticamente americano", basado en temas autóctonos; en temas del pasado remoto y no en los indígenas del presente como hacía el Indigenismo. Hubo quienes pretendieron que los conceptos fundantes de ese arte antiguo servirían para la construcción de un arte para su época porque era americano, mientras que otros sólo lo veían como un ropaje para vestir funcionalidades arquitectónicas modernas, un Eclecticismo más, actitudes estéticas nada más, o como una decoración. No importa en realidad cómo lo usaron, lo interesante fue el que en un momento comenzaron a abrevar en el pasado precolombino lo que no se había hecho ni se haría después en el país.

Esa corriente tiene sus primeros antecedentes en el siglo XIX en México; tuvo su primer apogeo cuando varios pabellones de países americanos se hicieron en ese estilo en la Exposición Internacional de París de 1889 (Perú, Ecuador y México fueron los más destacados) a pocos metros bajo la Torre Eiffel, como desafiando la europeización de la época, aunque desde treinta años antes ya había ejemplos hechos en esos mismos eventos. Se difundió por el continente poco antes de 1900 y llegó a Buenos Aires con la exhibición del cuadro *Los funerales de Atahualpa* del peruano Luis Montero en 1867[6]. Su aceptación local fue mucho más tardía, cuando se hicieron las obras de arte plástico y escultórico y varios ejemplos de arquitectura construidos y otros proyectados, que vamos a analizar. En Argentina se puso de moda tardíamente -en la década de 1920-, donde se apoyó en otras búsquedas paralelas como las de Ricardo Rojas[7] o Ángel Guido en el nacionalismo hispanista, y murió silenciosamente en un país que no era en ese entonces el más propicio para reivindicar el arte y la cultura indígena pre-española. Y si bien el movimiento retomó una corriente que en sus regiones iniciales tenía una clara vocación Liberal y de enfrentamiento político-cultural a lo hispánico-conservador, en Argentina se transformó en una reivindicación nacionalista y tuvo el mismo auge que esas ideologías de ultraderecha. Iniciadas en los años del Centenario llegaron a su culminación con la Revolución de 1930 de Uriburu y quedó todo sepultado por el fenómeno del Peronismo un decenio más tarde. De *lo nacional* al *nacionalismo* había un trecho que muy pocos quisieron sortear; era ir de la discusión del arte y la cultura a la política militante. Este fue el límite con que el movimiento artístico se enfrentó y contra el cual no pudo hacer nada, salvo desaparecer.

Este estudio trata de eso: de las búsquedas que un grupo de artistas y arquitectos argentinos -y de otros residentes en el país-, encabezados (sin saberlo) por Héctor Greslebin, que hicieron en la primera mitad del siglo XX lo que ellos consideraron como un arte "auténticamente americano". Hemos tomado a la figura señera del movimiento por su gran virtud de explorador multifacético: dibujante, arqui-

como panorama general del continente: Ramón y Rodrigo Gutiérrez, *Fuentes prehispánicas para la conformación de un arte nuevo en América,* Temas de la Academia, año 2 N° 2, Buenos Aires, 2000.

[6] Roberto Amigo, *Tras un inca*, FIAAR, Buenos Aires, 2000.

[7] (1882–1957). Fue un prolífico escritor, periodista y militante político del Partido Radical, llegó a ser rector de la Universidad de Buenos Aires.

tecto, escritor, arqueólogo, diseñador, polemista, etnólogo, historiador y escultor[8]. Y porque su propia vida se cruzó con su obra, como es obvio que suceda, habiendo él mismo padecido las contradicciones de su pensamiento estético (¿o es a la inversa?). Surgido como un joven culturalmente preclaro pasó rápidamente del Neocolonial al Neoprehispánico, luego al Hispanismo militante, llegó marginalmente a los grupos de ultraderecha, después a ser él el marginado y al olvido terminando en el delirio místico final.

Ahora llega al reconocimiento por haber iniciado acciones en campos de la cultura que, para mal de todos, nadie más se preocupó por ellos en el resto del siglo XX, ni siquiera para contradecirlo. Es más, muchas de las preguntas sobre el arte y la arquitectura del pasado que Greslebin se hizo en los inicios del siglo XX, cuando era sólo un estudiante veinteañero, todavía no han sido respondidas.

[8] Daniel Schávelzn y Beatriz Patti, Una corriente artística desaparecida: Héctor Greslebin y el arte neoprehispánico argentino (1915-1935), *1ras. jornadas de Teoría e historia de las artes*, Fundación San Telmo, pp. 111-115, Buenos Aires, 1989; idem, La búsqueda de una arquitectura americana: H. Greslebin, *Cuadernos de Historia del Arte*, no. 14, pp. 37-63, Mendoza, 1992; idem, Los intentos por la creación de una estética nacional: la obra inicial de H. Greslebin (1915-1930), *Boletín de Arte* no. 10, pp. 12-23, La Plata; idem, Lenguajes, arquitectura y arqueología: Héctor Greslebin en sus años tempranos, *Cuadernos de Historia*, pp. 89-123, 1997, Instituto de Arte Americano, Buenos Aires.

Capítulo II

El arte y la arquitectura neoprehispánica en América Latina

En el año 1802 un arquitecto radicado en la aun pequeña ciudad de Oaxaca, en México, proyectó y construyó un edificio de enorme envergadura y significado: el Obispado enfrente mismo a la catedral, sobre la Plaza Mayor[1]. Este hombre, por lo poco que sabemos estaba contratado por el obispo por sus grandes cualidades intelectuales, su modernidad e Ilustración, se era progresista a lo Habsburgo pero aun a nadie se le ocurría hablar de libertad o Liberalismo. Se llamaba, castellanizado, Luis Martín[2] y con esa obra estaba escrita su consagración; pero tomó una decisión que le generaría muchos problemas. El obispo quien debió aprobar los planos de su Obispado, se ve que cambió de idea con el tiempo que llevó hacer el enorme edificio y eso llevó a Martín a la excomunión y a la tacha de "afrancesado" (obviamente lo era), lo que le cortó su carrera. Fue todo porque había decidido hacer la fachada con la imitación de un palacio precolombino existente en las cercanas ruinas de Mitla, algo que no pasaba de ser exótico en ese momento, nada más. Tras un cuidadoso relevamiento en el sitio copió igualmente en piedra uno de los frentes de alguno de los palacios antiguos y en ruinas, aunque agregándole ventanas y puertas de tradición europea. La furia del obispo se hizo sentir ya que fue demasiada la herejía bajo los cambios que estaban ocurriendo en el país; una cosa era la Ilustración que en aras de la ciencia y la cultura se dedicaba a coleccionar curiosos objetos del remoto pasado, es decir el anticuarismo de moda que se discutía en los salones de familias notables; pero muy otra era reivindicar el arte de los antiguos indígenas y usarlo en el presente para un edificio altamente simbólico.

[1] Enrique Berlin, Luis Martín, inquieto arquitecto neoclásico, en: *Anales del Instituto de Arte Americano* vol. 22, pp. 103-110, Buenos Aires, 1969.

[2] Helga Von Kugelman, Así repercute la Gloria del Mundo; aproximación a la reconstrucción de los arcos de triunfo de Don Carlos de Siguenza y Góngora y Sor Juana Inés de la Cruz, en: *Arte, Historia e Identidad en América*, pp. 707-718, vol. 3, UNAM, México, 1995.

Lo sucedido fue que en esos años hubo religiosos que usaron el discurso del rescate del pasado indígena para fomentar la búsqueda de la Independencia -los expulsos jesuitas mediante- y criticar a España, sentando las bases de un nacionalismo que tendría el final conocido. Era contradictorio porque el mismo Rey había estado enviando expediciones a estudiar esos restos, y el pobre Obispo se debe haber visto envuelto en algo que lo superó. En realidad además de haber impulsado la independencia los libros como el del padre Francisco Javier Clavijero son la base de lo que hoy llamamos "arqueología" en América Latina, e incluso de la conservación del patrimonio cultural

Fig. 2. Obispado de Oaxaca, México, obra de Luis Martín en 1808, reproduce la decoración de los edificios precolombinos de Mitla

Ese fue el primer ejemplo de arquitectura construida en este estilo en todo el continente -aunque aun no era un *estilo*-, y pese a que hubo algunos casos de arquitectura efímera desde el siglo XVII con esas características, como el Arco de Triunfo construido por Carlos de Sigüenza y Góngora en la ciudad de México en 1680, para nadie era más que una rareza o una diversión; el indígena era un siervo o un esclavo y sus ruinas eran, como mucho algo sin importancia[3].

Por supuesto todo eso era en México donde la presencia indígena y su alta cultura eran innegables, o en otros países que tenían una situación social similar como Colombia, Perú o Guatemala que tuvieron estertores de este movimiento desde temprano. Pero las regiones periféricas del gran imperio español y en donde

[3] Daniel Schávelzon, *La conservación del patrimonio cultural en América Latina (1750-1980)*, Instituto de Arte Americano, Buenos Aires, 1991.

la población indígena tenía menor presencia o había sido masacrada recientemente, como en Estados Unidos[4], Argentina, Uruguay o Chile, el tema pasó al siglo XX. Lo que en México se discutió en 1880 aquí lo hicimos en 1920; diferencias entre los países de una misma región.

Fig. 3. Pabellón mexicano en la Exposición Internacional de París de 1889

En esos años varios curiosos viajaron por selvas y desiertos ávidos de encontrar ruinas olvidadas y perdidas para dibujar y mapearlas, para coleccionar sus antigüedades y escribir sesudos estudios donde volaba la imaginación hasta niveles increíbles, en que muy pocos tenían algo de científico. Lo que nos interesa es que para los inicios del siglo XIX había ya un campo del conocimiento que se ocupaba de las culturas americanas antiguas y un conjunto de publicaciones que mostraban su arte y arquitectura[5]; se lo consideraba ya no como un "arte bárbaro" si no, después del Barón Humboldt, como otro "arte clásico", diferente, quizás con un toque de "salvajismo", pero digno de ser estudiado y protegido. Recordemos

[4] Marjorie Ingle, *The Mayan Revival Style*, Peregrine Smith Books, Layton, 1984; Barbara Braun, *Precolumbian art and the poscolumbian world*, H. N. Abrams Inc, New York, 1994.
[5] Gordon Willey y Jeremy Sabloff, *A History of American Archaeology*, W. H. Freeman and Co, San Francisco, 1975.

que esto sucedía en países donde la población indígena descendiente de aquellos pobladores estaba viva y formaban la mayoría de los habitantes. El tema era políticamente complejo ya que una cosa era hablar del indio vivo y otra del indio antiguo, el secreto estaba en separar bien las cosas. Un tema era proteger ruinas antiguas, otra era decir que esa podía ser la base de inspiración para obras modernas, artísticas o políticas.

Fig. 4. Proyecto no ejecutado para el edificio de México en París de 1889

Recordemos que en Argentina, un país de baja población indígena incluso en el siglo XVI, el *Acta de la Independencia* de 1816 fue redactado en dos idiomas: Quichua y Español en forma simultánea y en dos columnas de la misma hoja, que Beruti viajó a las ruinas de Tiwanaku en Bolivia en 1811 para declarar allí la libertad de todos los indígenas del continente. Belgrano y San Martín, en diferentes momentos, creyeron que una vía a la Independencia era entronizar un rey Inka; y sabían muy bien por qué lo decían pese a los odios que eso despertaba en los liberales porteños. Y la bandera nacional aun ostenta el sol incaico en su centro.

Con el correr de los años el conocimiento del pasado americano se fue incrementando: expediciones, viajeros, curiosos, coleccionistas, los primeros museos y cátedras en las universidades, exposiciones internacionales, fueron la pauta de la primera mitad del siglo XIX. El mundo miraba con asombro resurgir esas culturas monumentales desde selvas que ni siquiera sabían muy bien donde quedaban, mientras en el continente americano liberales y conservadores peleaban a rajatabla y los objetos del pasado pasaban a tener diferentes significados en cada momento. Queda claro que nadie confundía a los habitantes considerados extinguidos, muertos, con el indígena del presente que explotaban trabajando. En 1869 por primera vez se le hizo un monumento a un indígena en México, a Cuauhtémoc, entronizado como héroe de la resistencia al invasor y ya no como enemigo de la civili-

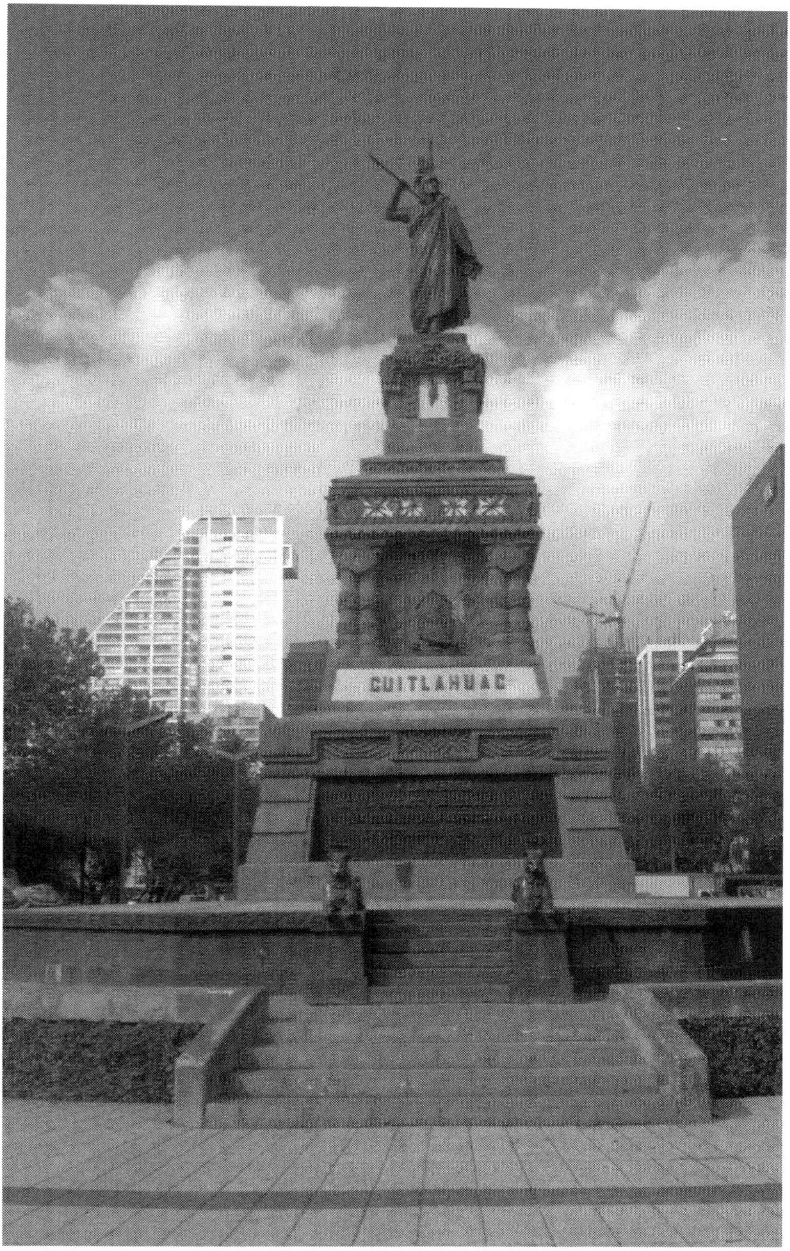

Fig. 5. Monumento a Cuauhtémoc en la ciudad de México, proyectado en 1876 e inaugurado en 1884. El basamento utilizaba elementos ornamentales tomados de los sitios arqueológicos

zación y la religión. Para 1883 esa ciudad vería levantarse en su más importante avenida, el Paseo de la Reforma la escultura al mismo nuevo héroe hecha por Francisco Jiménez y Manuel Noreña, en lo que es uno de los grandes monumentos del continente. Y reivindicando sin saberlo al ya viejo edificio del obispado construido por el arquitecto Martín, los mismos relieves del palacio de Mitla decoraban airosos el basamento del monumento. Lo que había sido considerado insultante a la Corona había pasado a ser un simple motivo ornamental[6]. El resto del conjunto reunía elementos tomados de diferentes ruinas, de manera ecléctica, aun al gusto de la época; obviamente nadie imaginó que los relieves de las esquinas de ese monumento serían copiados cincuenta años más tarde en el cementerio porteño de la Recoleta[7].

En esos años del final del siglo XIX muchos pintores del continente usaron los motivos prehispánicos en sus óleos con un corte netamente historicista, ya que esos temas eran pintados sin grandes diferencias a los de la historia clásica europea. Los grandes artistas de México y Perú se consagraron en ese nuevo "estilo" que ni siquiera tenía nombre; era acudir a un repertorio formal antiguo y usarlo en el presente con entera libertad, como cosa consagrada: un griego o romano y un inca o azteca eran lo mismo para despertar sentimientos. Así se llegó a 1900 con una corriente del arte casi vacía de contenido, transformando lo que fuera una reivindicación en un lenguaje que a lo sumo trasmitía nostalgia y heroísmo, pero que ya no reivindicaba nada. Lo positivo de eso fue su herencia indirecta: la conservación del patrimonio cultural precolombino, y darle un marco formal a la politización del campesino indígena que llevó a la Revolución Mexicana en 1910 y a otros levantamientos populares.

Durante los años de la Revolución en México las cosas fueron cambiando y el mensaje fue retomado, reprocesado y continuado. En sitios donde la cultura indígena estaba aún viva pero a través de sus intelectuales occidentalizados se construyeron edificios decorados con motivos antiguos, como en Mérida durante el gobierno de izquierda de Carrillo Puerto en la década de 1920[8]; o en la gran ciudad de México en manos de los Muralistas que transformarían el mensaje de lo nacional a lo internacional en la ideología, pero rescatando lo local en el arte. Algunos artistas más conservadores sólo lo usarían como una posibilidad de seguir siendo eclécticos enfrentados a la Vanguardia con un discurso pseudo-nacionalista. Desde los decorados de las películas de Manuel Gamio en 1923[9] hasta el Pabellón de México en España en 1930 construido por Manuel Amábilis[10] y las docenas de

[6] Como visión del nacionalismo en la arquitectura mexicana véase el volumen *El nacionalismo en el arte mexicano*, Instituto de Investigaciones Estéticas, México, 1986.
[7] Daniel Schávelzon, Una odisea continental: las piernas de Cuahutémoc, que perdió los pies en Tula, en: *Arqueología Mexicana* 113, pag. 84-88, México, 2011.
[8] Juan A. Siller, La presencia prehispánica en la arquitectura neo-maya de la península de Yucatán, *Cuadernos de Arquitectura Mesoamericana* no. 9, pp. 51-67, México, 1987.
[9] Manuel Gamio, *Forjando patria (pronacionalismo)*, Librería de Porrúa Hnos., México, 1916.
[10] Manuel Amábilis, *El pabellón de México en la Exposición Ibero-Americana de Sevilla,* Talleres Gráficos de la Nación, México, 1929.

construcciones hechas en Los Ángeles y en Nueva York, lo único que había era exotismo, rareza y el citado nacionalismo trasnochado.

Fig. 6. Interior del salón de la casa de R. T. Williard, diseñado por Robert S. Judd en 1924

En el continente se produjeron obras en este estilo que ahora llamamos Neoprehispánico: el Teatro Lutgardita en La Habana hecho en 1934 por los arquitectos Govantes y Cabarrocas copiando en Art Deco las construcciones de Chichén Itzá, en forma similar a lo que se hizo más tarde en el Parque Nacional El Picacho en la ciudad de Tegucigalpa el arquitecto Augusto Morales y Sánchez. En Copán, en Honduras, los arqueólogos norteamericanos construyeron el museo y la fuente en el mismo estilo en la década de 1930; en esos años se construyó en el Parque La Aurora un nuevo Museo Nacional en Guatemala lleno de reminiscencias coloniales e indígenas precolombinas lo que llevó a una serie de construcciones en ese "estilo", terminando con el Palacio Maya en la localidad de San Marcos hecho en la década de 1940.

La situación en Perú es también interesante ya que el arte y la arquitectura tomaron ese sesgo basado en lo prehispánico que usaron profusamente[11]. Hubo quienes como Sahut o Malachowski construyeron en el Palacio Arzobispal de Lima en 1919 con decoración neo-incaica y hasta Héctor Velarde lo hizo en el Palacio

[11] Manuel Piqueras Cotolí, Algo sobre el ensayo de estilo neoperuano, en *Perú (1930) antología*. Lima, 1930; Pedro Belaúnde, Perú: mito, esperanza y realidad en la búsqueda de raíces nacionales, en A. Amaral (coord.), *Arquitectura neocolonial: América Latina, Caribe, Estados Unidos*, Memorial-Fondo de Cultura Económica, 1994, Sao Paulo y México.

Fig. 7. Monumento a Cristóbal Colón en la ciudad de Oaxaca, México, 1885

Presidencial en 1925. La moda se desató en 1926 tras erigirse en este estilo el monumento a Manco Capac, aunque Piqueras Cotolí también lo había intentado desde antes y luego lo seguiría Emilio Harth-Terré, al igual que el Museo Arqueológico de Lima construido imitando un enorme portal de Tiwanaku obra del arquitecto polaco Ricardo Jara Malachowsky, proyectado en 1926 y aun en pié[12]. Luis Valcárcel difundió esta estética desde Lima mediante libros, revistas y folletos teniendo una especial relación con Argentina. En Bolivia la casa del ingeniero y arqueólogo Arturo Posnansky fue visitada por Greslebin quien guardó varias fotos en su archivo y tuvo tanto impacto que hoy es sede del Museo Nacional de Arqueología.

Fig. 8. Panteón en el cementerio de Santiago de Chile obra del arquitecto Tebaido Brugnoli en 1896 (foto: Rodrigo Gutiérrez Viñuales)

[12] Natalia Majluf, El indigenismo en México y Perú: hacia una visión comparada, *Arte, historia e identidad en América, visiones comparadas*, vol. II, pp. 611-628, UNAM, México, 1994.

Fig. 9. Hotel Azteca en Monrovia, California, construido por R. S. Judd en 1925 (de B. Braun 1993: 173)

Fig. 10. Banco de plaza de Porto Alegre con diseños en Neomarajoara brasilero

En Brasil el estilo llamado Marajoara por los motivos decorativos de las cerámicas prehispánicas provenientes de ese sitio en el Amazonas, causó furor

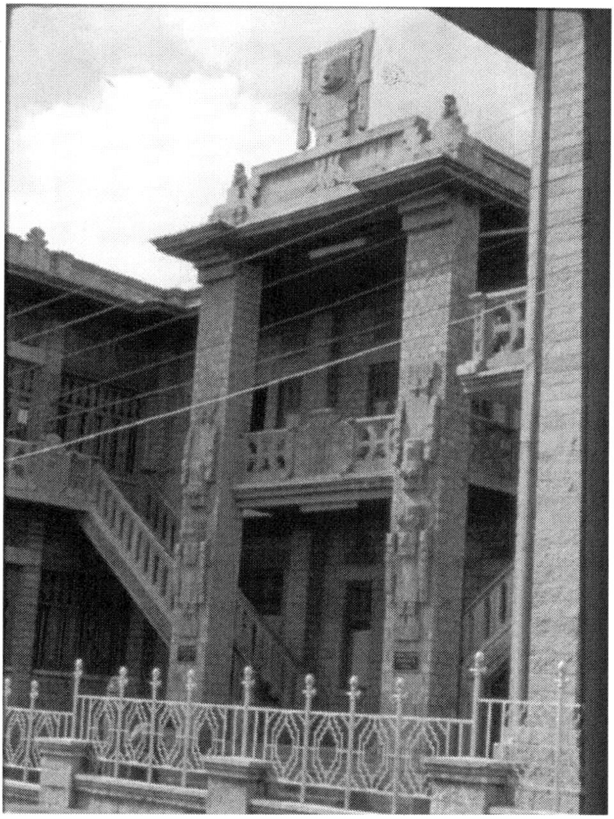

alrededor de 1930 y se emparentó con el Art Deco y el Racionalismo. Sirvió como ornamentación de esa tendencia moderna que en Brasil era criticada por su asepsia formal. Un buen ejemplo entre docenas es el Instituto del Cacao de Bahía, obra monumental para su tiempo, de extrema modernidad en el diseño y que en su interior fue revestido con motivos de este tipo e incluso los libros, carteles y todos los productos diseñados por el Instituto tuvieron la misma tónica[13].

Fig. 11. Frente la que fuese casa de Arturo Posnansky en La Paz, Bolivia, obra de 1926

En Santiago de Chile hubo algunas pocas obras de mano del arquitecto italiano Tebaido Brugnoli hechas tempranamente, en 1893. En el sur de California y en especial en Los Ángeles la producción tuvo un fuerte auge en la década de 1920 con la migración Chicana hacia el lugar, con docenas de edificios y viviendas. En ese país la influencia fue tan fuerte que llegó a las grandes viviendas hechas por Frank Lloyd Wrigth hasta en Tokio. Y pese a la importancia del movimiento fue marginado de la historiografía por no ser de vanguardia, más aun, considerada francamente conservadora en los términos de la crítica del siglo XX.

[13] Instituto de Cacau da Bahia, *Instituto da Cacau da Bahia, sede central* (obra del Ing. Pereira das Neves), Edición Oficial, Bahia, 1932; Paulo Herkenhoff, The jungle in Brazilian modern design, *The Journal of Decorative and Propaganda Arts 1875-1945*, N° 21, Miami, 1995.

Fig. 12. Pabellón construido por México para la exposición en España de 1930, de los últimos ejemplos que se harían en el estilo

Capítulo III

El arte y la arquitectura neoprehispánica en Argentina

Pocos países de América Latina hayan sido tan sistemáticamente negadores del pasado precolombino e indígena como Argentina. Bajo la simple aseveración de "aquí no hay indígenas" se consolidó la ideología de la Conquista del Desierto de 1880 borrando de la memoria una realidad que para nadie antes del siglo XIX hubiera sido imaginable. Habiéndose construido un país a partir de una no-preexistencia, en un territorio marginal de un Imperio y de una población indígena que no tenía la brutal fuerza de cohesión ante el europeo como fue en la región Andina o Centro América, el país fue construido a partir de mitos fundacionales inventados, nuevos[1]. Y fue fabricado casi desde cero, sin asumir preexistencias, sin herencias culturales, olvidando sistemáticamente el legado prehispánico, exterminando las culturas indígenas que llegaban al siglo XIX consideradas como supérstite de "épocas primitivas"; y de paso desdibujando de la memoria los aportes de la población negra africana, se construyó un país blanco, occidental y cristiano, que no era en realidad ninguna de esas tres cosas, al menos totalmente. Y lo cubrió con un manto de inmigración blanca mayoritariamente europea para vender su imagen ante el mundo de ser un país moderno, industrial, sin arrastrar cargas del pasado.

Mientras en América Latina se levantaban monumentos a los héroes indígenas, se construían con orgullo en París pabellones imitando pirámides, palacios y templos, cuando se excavaban y restauraban sus ciudades y monumentos escultóricos, cuando se hacían enormes museos para un nuevo turismo internacional, en Argentina se extendía la tremenda Conquista del Desierto y se transformaba al indígena en una rémora del pasado, salvaje, que impedía vender al país como el gran productor de carne. Era impensable imaginar una reivindicación del indígena, ni antiguo ni moderno, que fuera más allá de los museos y los libros de y para los intelectuales; la polémica producida al exhibirse en Buenos Aires el cuadro llama-

[1] Nicolás Shumway, *La invención de la Argentina: historia de una idea*, Emecé, Buenos Aires, 1993.

do *Los funerales de Atahualpa* es buen ejemplo de eso[2]. Hubo que esperar muchos años para que el tema volviera a abrirse, a que pasaran los festejos del Centenario en 1910 y dejar algunos años más para que el tema llegara de una mano muy diferente a la de quienes llegó en otros países. En este caso fue el naciente Nacionalismo político.

Fig. 13. Rascacielos gigantes en la ciudad del futuro en estilo neoprehispánico, proyectada en 1926 por Francisco Mujica poco antes de venir a residir en Argentina

La década de 1910 fue compleja en el país ya que hicieron eclosión los enfrentamientos entre las ya viejas élites tradicionales y las nuevas fuerzas políticas surgidas de la inmigración las que con la Ley Sáenz Peña subirían al gobierno a Yrigoyen en 1916. El conjunto de grupos intelectuales que conformaban el pensamiento conservador se aliaron en una vertiente que si bien preexistía, tomaría ahora considerable fuerza: bajo el nombre genérico de Nacionalismo hubo desde pensadores liberales que realmente tenían intenciones de enfrentarse contra la europeización (Ricardo Rojas como ejemplo) y hasta con el imperialismo (Marcelino Ugarte o Alberto Palacios), desde grupos de acción armada directa como la Acción Católica o la Liga Patriótica y sus ataques a las comunidades de otras religiones -que culminan en las atrocidades de la Semana Trágica de 1919-, a los grupos obreros católicos de derecha que se organizaban por reivindicaciones propias (la tradición de Monseñor De Andrea) para enfrentar al nuevo sindicalismo. Es decir, era una estructura heterogénea, confusa, laica y a la vez religiosa, cultural e intelectual, de

[2] Roberto Amigo, *Tras un inca...*, op. cit.

elite y popular, que lentamente fue girando hacia la derecha y hasta el fascismo en 1930, como gran parte del mundo. Y su bandera -aunque no la única-, y no casualmente, fue la Hispanidad, la reivindicación de España como el símbolo de la tradición, la nobleza, la familia, el Blasón de Plata, la supuesta herencia común a todos[3]. Este arranque de Hispanidad que en la cultura y el arte se dio las manos con el Neocolonial, no estuvo escindido de un cierto rescate de lo indígena y hasta de lo precolombino y muchos de sus promotores así lo pensaban: Ricardo Rojas puede ser el máximo exponente de esta postura[4]. Su propia casa, pensada como obra de arte americano y destinada a continuar como museo tal como la construyó Martín Noel, tenía la fachada copiada de la Casa de la Independencia en Tucumán, ejemplo de libertad y a la vez de casa colonial, con la biblioteca pintada con motivos precolombinos peruanos, con un balcón limeño mirando hacia adentro y una chimenea de Tiwanaku[5]. Es decir, era la síntesis de todo tal como lo pedía su propia literatura y ensayos. Es cierto que fue la primera generación que llevó a pensar la realidad local desde adentro y no sólo a mirarla desde afuera, pero el precio que pagó fue la dictadura y la represión. El porqué es algo que nos es imposible de explicar.

Las ideas de Rojas, surgidas en su intento por cambiar las formas de la enseñanza de la historia y de la educación primaria insistiendo en la "historia propia" para acabar de construir el gran Crisol de Razas con que soñaba, lo estableció desde sus primeras obras. En su libro *La restauración nacionalista: informe sobre educación* de 1909[6] sentó su pensamiento en un marcado nacionalismo que se iría a introducir en los niños desde la enseñanza de la historia, y que entraba de lleno con conceptos xenofóbicos y hasta racistas: para homogenizar había que destruir las diferencias.

En su posterior libro *Eurindia* de 1924 fue donde resumió sus conceptos estéticos ya adelantados en obras previas. Ese libro, resultado de notas en el diario *La Nación*, se transformó en la Biblia de quienes estaban interesados en estos temas: Rojas pedía un arte moderno que se basara en el pasado, en lo precolombino, en el arte colonial y en el del siglo XIX, en todo lo producido en el pasado americano como única forma de cortar la dependencia cultural con Europa. Simplificando todo en una idealización, incluso exagerada para su época, decía:

> "tenemos primero los indios precolombinos vencidos por los conquistadores españoles; luego los conquistadores españoles vencidos por los gauchos americanos; más tarde los gauchos argentinos vencidos por

---

[3] Joaquín V. González se transformó desde el gobierno de Roca en la antítesis de la hipótesis sarmientina de Civilización y Barbarie con su proyecto de síntesis y superación de la antinomia, al presentar su concepto de Nación uniendo los opuestos que significaban, en última instancia, Buenos Aires o el interior.

[4] Ricardo Rojas, *La restauración nacionalista, informe sobre educación*, Ministerio de Justicia e Instrucción Pública, Buenos Aires, 1909 y *Eurindia* (1924) 2 vols, CEAL, Buenos Aires, 1993.

[5] Margarita Gutman, La casa de Ricardo Rojas o la construcción de un paradigma, *Documentos de arquitectura nacional y americana* no. 21, pp. 47-60, Resistencia, 1986.

[6] Ricardo Rojas (1909), op. cit.

los inmigrantes europeos; y tendremos por fin a los mercaderes inmigrados vencidos por los artistas autóctonos"[7].

En Buenos Aires, considerado por Rojas como un "episodio extraeuropeo de la cultura europea", se creaba un nuevo arte donde no se debía temer a que "un amplio sentimiento de argentinidad" pudiese fundir "la emoción de un paisaje nativo, el tono psicológico de la raza, los temas originales de la tradición y los ideales nuevos de la cultura nuestra" con "el genio (que) sintetiza complejas fuerzas cósmicas y sociales, regionalizándolas. Por nuestro arte iremos al de América y al de la Humanidad"[8]. Así, se fue construyendo una teoría que se centraba en lo local, en lo propio o al menos en lo que ellos consideraban así; pero el rescate de qué parte de la historia se iría a priorizar era otro debate que Rojas trató de soslayar: soñaba con que la suma debía de ser de la totalidad. Otros, como veremos en el caso de Héctor Greslebin, lo que había que rescatar era básicamente lo precolombino -al menos en esos primeros años-, ya que era lo auténticamente nuestro: las ruinas de Tiwanaku bien podían servir para decorar un palacete en Palermo Chico, ya que Bolivia, Perú o México eran fuentes similares en las cuales abrevar. Lo que realmente sucedía era que para la mayoría de los habitantes de Buenos Aires, Bolivia estaba ya tan lejos como Francia.

Las búsquedas de Rojas en su *Eurindia* no surgían de un entorno vacío y una significativa experiencia se estaba acumulando en el país, aunque de forma inorgánica. Valga el ejemplo de la Exposición de Artes Decorativas de 1918; allí se exhibieron diseños de tipo precolombinos incluso diseñados por Alfredo Guido, quien fue felicitado por sus cerámicas de estilos prehispánicos que, como escribió el jurado "significa una nueva tentativa de los jóvenes artistas para restablecer el gusto de nuestros puros estilos tradicionales"[9]. También fueron conocidos los muebles hechos por Emilio Mauri y Alfredo Corengia que presentaron en la revista *Áurea* como decoraciones de interiores "precolombianos" (sic!)[10]. Las artes decorativas en esos años se vieron teñidas con estos estilos que recuperaban formas del pasado o del indigenismo del presente. Y más aun en el interior del país donde el tema tomó marcada significación en sociedades muchas veces reñidas con los alardes de la vanguardia y la modernidad.

Es en este contexto en el que se ubica la obra de Héctor Greslebin ya que fue uno de los primeros en tomar los motivos del arte prehispánico para proyectar, o decorar, una arquitectura moderna, parte de un movimiento que no tenía sus límites claros: eran los años del redescubrimiento del arte colonial supérstite en el interior del país encabezado por Juan Kronfuss y sus alumnos. Desde la década de 1910 los estudiantes de arquitectura viajaban al interior a dibujar y publicar edificios y poblados históricos y desde ellos nació lo que hoy llamamos "conservación

[7] Ricardo Rojas (1993), vol. I, pág. 13.
[8] Ibidem, vol. I, pág. 24-25.
[9] Rodrigo Gutiérrez, *Arquitectura historicista de raíces prehispánicas*, inédito, 2003. Destacamos la simpleza de pensamiento de Rojas en cuanto a que los artistas irían a reemplazar a los "mercaderes".
[10] Ibidem , pág. 15.

de monumentos", con sus discípulos Mario Buschiazzo, Martín Noel y Vicente Nadal Mora y sus compañeros de ruta los Padres Grenón y Furlong. En ese ambiente de la Facultad de Ciencias Naturales en donde se dictaban los estudios de arquitectura, fue donde se formó Greslebin y quien desde joven participará de la revista que fue el centro de estas polémicas, de la que llegó a ser su segundo director: la *Revista de Arquitectura.*

Estas búsquedas aisladas, casi personales, de un pequeño grupo de intelectuales endogámicos que se metieron de lleno para encontrar la forma de darle salida artística y arquitectónica a las resumidas ideas de *Eurindia* -incluso desde antes de que ese libro fuera escrito-, no pueden ser minimizadas. Hay que destacar que en su momento, aunque opacado en la crítica de su tiempo por su marcado eclecticismo, fueron búsquedas conscientes de alternativas americanas o al menos definidas como menos europeas. Solamente el suponer que las ruinas de Teotihuacan, Machu Picchu, Chichén Itzá o Cuzco tenían los mismos valores que Grecia y Roma, fue un desafío del que lograron salir airosos. Y al igual que en los países donde fue surgiendo este proceso hubo siempre dos elementos comunes: la búsqueda de *lo nacional* en lo americano anterior a la conquista, y el considerar al arte precolombino como parte importante del arte universal. Debemos destacar nuevamente el instalar en la sociedad el que esos restos del pasado debían protegerse para garantizarle al futuro que esos monumentos llegaran aunque fuera en ruinas, salvándolos del olvido total. Eso fue de por sí un esfuerzo loable. Este movimiento -si así podemos llamarlo- por lo menos hasta cerca de 1920 no tuvo ribetes ideológicos más profundos que los ya enumerados, y justamente cuando los tomó se fue alejando de los motivos que le dieron origen desembocando en el nacionalismo político y en las diatribas de Leopoldo Lugones y Manuel Carlés hacia 1930, y en la dictadura encarnada por Uriburu.

Así entre nosotros, la *Revista de Arquitectura,* que por iniciativa de los estudiantes de esa carrera en Buenos Aires apareció a mediados de 1915, desde un primer momento no escatimó espacio para la difusión de las obras coloniales, tanto de nuestro país como latinoamericanas, inclusive llegaron a publicar ejemplos arquitectónicos españoles especialmente las obras platerescas[11]. Pero lo más significativo es que se constituyó en punta de lanza de una campaña para promover la discusión sobre las posibilidades de crear un "estilo nacional", búsqueda que aunque se centró más en lo colonial (en todas sus variantes) gracias al impulso de Greslebin tocaron también lo prehispánico americano. En su primer número y dentro de un editorial titulado *Propósitos,* se sostiene que:

> "Nuestra arquitectura deberá plasmarse en las fuentes mismas de nuestra historia, de acuerdo con razones de orden natural y climatérico (sic!) que fundamenten la obra a realizar. La Edad Colonial en el tiempo; toda América subtropical en el espacio: he ahí los dos puntos de mira necesarios de toda evolución benéfica, que responda en lo veni-

[11] Es frecuente hallar ejemplos de esta arquitectura en diversas ediciones de la revista a lo largo de la década 1915-1925. *Revista de Arquitectura* N° 28, Buenos Aires, 1921.

dero a la formación de una escuela y de un arte nacionales en materia de arquitectura".

Fig. 14. Templo Ciclópeo Calchaquí, proyecto de A. E. Cóppola de 1928 (foto cortesía Rodrigo Gutiérrez Viñuales)

Y llamaban a que se integraran todos los que estuviesen en condiciones de aportar ideas a ese gran proyecto. Responderían intelectuales de la talla de Juan

Ambrosetti y Clemente Onelli dando muestra de lo interdisciplinario de la tarea emprendida.

Fig. 15. El gran Templo de Eurindia por Martín Noel, 1924

Parecería que les fue imposible no traspasar ciertos límites justo en donde el Nacionalismo llegaba a la política. En la *Revista de Arquitectura* pueden leerse en un artículo de 1917 titulado precisamente "Nacionalismo", donde los conceptos ingresan en otros campos:

> "Prestigiado por el elemento intelectual de la república, tiende a abrirse camino el principio nacionalista surgido entre nosotros para oponer una valla al cosmopolitismo que todo lo avasalla (...). La idea nacionalista se ha impuesto indiscutiblemente en el criterio de todas las personas cultas (...), esta revista formula un llamado a todos los profesionales para que expresen sus ideas al respecto, convencida de que es menester que se conozcan y uniformen opiniones, al fin de lograr, con la sabia experiencia de los viejos y la legítima esperanza de los jóvenes, la constitución de un arte nacional que hable al espíritu del pasado y del presente de un pueblo fuerte y varonil y que alce hacia el futuro y en la más soberbia elevación, el prestigio de su cultura y de su augusto nombre"[12].

Fig. 16. Proyecto del Templo para la gloria del arte americano, dibujo de Francisco Mujica en 1928

Es cierto que el movimiento era estético y no político, pero se explica necesariamente desde esa perspectiva confusa en que la reivindicación de lo que ellos consideraban nacional estaba cruzado tanto por lo español como lo indígena y lo africano, incluso la mezcla de todo ello como producto de Rojas y sus ideas.

[12] *Revista de Arquitectura*, N° 13, sep-oct. 1917, p. 2.

En esos años hubieron muchos que intentaron acercarse al movimiento; podemos recordar a Vicente Nadal Mora quien realizó contribuciones al conocimiento de nuestra arquitectura y arte colonial y que escribió un par de libros sobre la ornamentación indígena y su probable aplicabilidad al arte moderno tal como su *Manual de arte ornamental americano autóctono*[13] editado en 1946. También Ángel Guido, en su texto clásico *Redescubrimiento de América en el arte*[14]. Es por eso que era posible construir, como se lo hizo, una torre pública en 1940 en Alta Gracia (Córdoba), de escala monumental al grado de competir con el convento jesuítico a su lado y en donde conviven los rostros de un conquistador, de un gaucho, de un misionero y de un indígena, obra de Troiano Troiani, colocadas a trece metros de altura. Esas confusiones que rayan con lo absurdo eran justamente para construir una historia irreal y quizás ahí está el enganche con el Nacionalismo político: en la posibilidad de *hacer* una historia sin fisuras, sin dominados, sin conquistas, en la que todos son iguales como en un país de utopía perfecta. Ricardo Rojas escribió que: "Cualquiera que sea la vaguedad actual de las ideas el problema está planteado y la inquietud va haciéndose tan general y profunda que la solución ha de hallarse bajo las normas de *Eurindia*, en una colaboración de todas las artes sintetizadas por la conciencia total de la vida americana"[15].

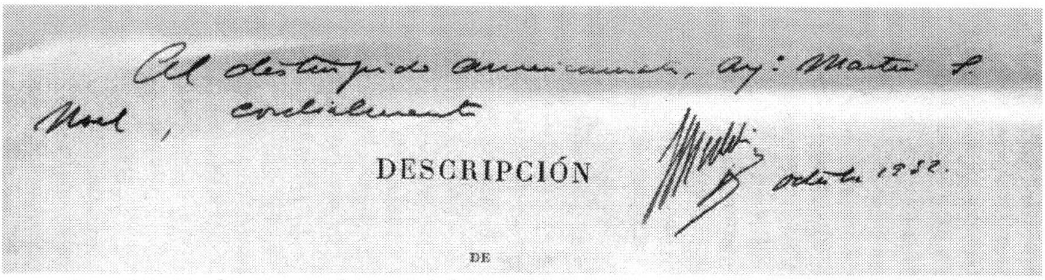

Fig. 17. Dedicatoria de Greslebin a Martín Noel en 1932, a quien admiró

Ese párrafo no sólo es indicativo de la existencia de un juicio crítico sobre los planteos del uso de los motivos o de las formas de composición precolombina para la realidad de la época, si no que tales concepciones otorgaron a Greslebin la base donde apoyarse para traducir lo conceptual en praxis. Era la línea de pensamiento sintetizada en 1924 la que siguió sosteniendo a lo largo de toda su vida, mientras que otros propulsores del movimiento fueron diversificando su rumbo

[13] Vicente Nadal Mora, *Manual de arte ornamental americano autóctono*, Librería El Ateneo, Buenos Aires, 1935.

[14] Ángel Guido (1896-1960), su libro *Redescubrimiento de América en el arte*, fue editado en Rosario en 1940 por primera vez por la Universidad Nacional del Litoral, fue un muy conocido arquitecto, ingeniero, urbanista e historiador, americanista convencido.

[15] Op.cit. nota 1, Vol. 2, pág. 33. El trabajo de Rojas fue continuado por quienes le dieron especificidad: Guido publicó su *Arquitectura hispano incaica a través de Wofflin* en 1927 a partir del texto de 1925 llamado *Fusión hispano-indígena de la arquitectura colonia*l. Más adelante Ricardo Rojas seguiría con su *Silabario de la decoración americana* de 1930 y Vicente Nadal Mora con su *Manual de arte ornamental autóctono* de 1935.

después de 1930 y diluyendo su meta inicial, porque lo que cambió no fue el arte, fue el país y el mundo. El tema del Nacionalismo se transformó a sí mismo al estar ahora en un planeta en guerra, donde los fascismos despedazaron Europa y en donde el Nacionalismo en Argentina, de la mano de la Revolución de 1930, borró no sólo a buena parte de los intelectuales. La idea de Noel de *Artistas o Mercaderes* era una ilusión poética nada más. Ya no había nacionalismos neutros, estéticos o de cualquier orden, ya eran políticos y de derecha. Greslebin mismo -un hombre conservador aunque Radical en su expresión política-, tuvo que asilarse en el interior previo paso por Uruguay y de nada le valió ser más conservador que quienes dieron el golpe de estado; simplemente no los apoyaba y eso era suficiente motivo para el exilio. No pudimos averiguar a quién votaba Greslebin, cuál era su partido de pertenencia si lo había más allá de ligeras imprecisiones sobre el Radicalismo, y eso que escribió miles de hojas, realmente miles y muchas autobiográficas, pero nunca dijo nada al respecto. Pero pese a ser Radical o al menos cercano a ellos, no por eso entró en la polémica de Gallardo, Holmberg y Doello Jurado, no por eso dejaron de sacarlo del Museo de Ciencias Naturales por haber apoyado un grupo que no ganó. Es cierto que era un hombre del catolicismo, que apoyó a Dellepiane a quien admiraba cuando creaba los grupos paramilitares, era duro con los demás y consigo mismo, inflexible, negador de todo cambio propio o ajeno, conservador incluso recalcitrante. Pero qué había en su alma como pensamiento político lo desconocemos. Porque queda algo cruzado en toda su historia; el origen de su apellido que lógicamente la familia lo atribuye a Francia; podemos pensar que si sólo cambiara de lugar el acento sería un clásico apellido lituano, judío, quizás un emigrado huido a mitad del siglo XIX que transformó su vida en el país como tantos otros. Pero de eso tampoco su familia sabía nada porque a veces es mejor no saber.

Una vez modificada la óptica de lo nacional empezó a valorarse lo colonial no ya en referencia a lo criollo, si no a las formas del californiano y el colonial mexicano, a lo gauchesco de la élite -Guiraldes escribiendo sobre gauchos desde París-, al peón visto por el estanciero, el patrón y no el pobre. Así la forma quedó vacía del contenido que le habían impulsado en sus comienzos. Al no incorporarse a las corrientes contemporáneas la posibilidad de usar los motivos del pasado precolombino quedó su estilo hueco de significación, reducido a un anecdotario historicista más y fuera de las modas de su tiempo.

Hay algunos ejemplos en el país que pueden ser recordados: en la localidad de Chilecito el notable escrito y político Joaquín V. González, ministro de Roca y miembro de la elite de 1880, construyó una residencia veraniega llamada Samay Huasi entre 1916 y 1919. González no era un escritor más, fue uno de los pensadores del nuevo Nacionalismo federal que se presentó con toda la fuerza ante las ideologías centralistas porteñas. A través de libros como *La tradición nacional*[16] había sentado las bases de una forma de pensar al país con mayor respeto al pasado y rescatando valores tradicionales, entre ellos el arte. Su residencia se pensó como una nueva síntesis en donde los términos sarmientinos de *Civilización y Barbarie*

[16] Joaquín V. González, *La tradición nacional* (1889), Hachette, Buenos Aires, 1953.

no existían, vivía en un idílico Parnaso en donde la decoración incaica envolvía la Tribuna de Demóstenes, en un lugar donde había un Anfiteatro Griego junto a portales de piedras talladas, esculturas precolombinas y rocas con petroglifos para acompañar un museo con cerámicas antiguas. Fue un proyecto global, integral, universal, donde el pasado a través del arte legitimaba una propuesta moderna de país tal como él lo entendía[17]. Pero el mundo comprendía la modernidad como otra cosa. La misma corriente estilística que había ya generado residencias en Buenos Aires y podemos recordar el proyecto de la Mansión Neo-Azteca que el catalán Ángel Pascual presentó en 1921 en el Salón Anual de la Sociedad Central de Arquitectos, recibiendo medalla de oro[18]. Se trataba de una residencia ubicada sobre la barranca del río de la Plata, posiblemente en San Isidro cerca de Buenos Aires, la que decoraba con puertas trapezoidales y detalles ornamentales precolombinos. Como él mismo escribió:

Fig. 18. Monumento al Soldado Desconocido de Pablo Tosto, 1933, reproduciendo una pirámide de Teotihuacán, México

> "Con la intención de que fuera clara mi idea de adaptación y no de copia fiel como podría creerse, proyecté primero un hotel privado en estilo Luis XVI, el más común entre nosotros y después respetando en todo la distribución fui mediante anteproyectos intermediarios operando el cambio de estilo hasta llegar al proyecto que presenté y que, repi-

[17] Samay Huasi, sobre la que existe numerosa bibliografía descriptiva, fue un proyecto que intentaba materializar una propuesta política a través de la estética.

[18] Angel Pascual, Mansión Neo-Azteca, *Revista de Arquitectura*, Buenos Aires, 1921; Víctor Guillén, El cuzco en una mansión argentina, *Revista del Instituto Americano de Arte*, no., 3, Cusco, 1944.

to, no era Azteca puro, porque no podía ni debía serlo, pero sí Neo-Azteca"[19].

Fig. 19. Habitación Neoazteca en Buenos Aires diseñada por Ángel Pascual y E. Schmidt de 1922 (foto: Rodrigo Gutiérrez Viñuales)

Otro de los cultores de esta estética arquitectónica en nuestro país fue el mexicano (residente en Buenos Aires) Francisco Mujica Diez de Bonilla quien nació en 1899. Era hijo de un diplomático que viajó por muchos países del continente y le dio una vida culta y agitada: estudió arquitectura en Chile, trabajó en México y Argentina, residió y publicó en París, y conoció detalladamente Estados Unidos donde proyectó edificios en el estilo Neoprehispánico de moda. En su obra édita se destaca un libro monumental titulado *History of Skycrapers* (editado en París en 1929). Obtuvo importantes premios por sus dibujos en los Congresos Panamericanos de Arquitectura de 1920 y 1923[20]. Según un biógrafo realizó más de veinte mil dibujos sobre arquitectura precolombina de todos los períodos y fue un ferviente impulsor de ese estilo con difusión en revistas mexicanas en la década de 1930. Durante la primera mitad de la década anterior supuestamente trabajó en excavaciones en las ruinas de Teotihuacán y Chichén Itzá. Mujica, más allá de sus muchos problemas personales y psicológicos, sus dibujos representan lo mejor de

[19] Angel Pascual, op. cit., pág. 30.

[20] Daniel Schávelzon y Jorge Tomasi, *La imagen de América: los dibujos de arqueología americana de Francisco Mujica Diez de Bonilla*, Ediciones Fundación Ceppa, Buenos Aires, 2005.

su tiempo y arte; por lo que su presencia en Argentina durante largos años no puede ser minimizada ya que era joven, trabajaba en el Museo Etnográfico y era el único que había tenido contacto de primera mano con los elementos que se intentaban retomar para la construcción de una nueva estética. Absurdamente por sus problemas nadie jamás hizo referencia alguna a su existencia, ni él se puso en contacto con sus colegas en la ciudad, pero su historia personal no es muy diferente a la de Greslebin.

No estuvo fuera de este movimiento el tratar de difundir los motivos antiguos para su uso por diseñadores y artistas mediante una serie de libros que llevaban a la escuela formas simples de uso de esos elementos. Basados en una visión indigenista, en la que se le debía re-enseñar al indio a usar el arte de sus propios antepasados, en Argentina Ricardo Rojas insistió en 1930 en crear una escuela en Tucumán dedicada a enseñar artes decorativas "inspirado en el estilizamiento de modelos regionales y en las imágenes de la arqueología indígena" adaptados a la modernidad. Este interés se remonta a una serie de libros publicados en América Latina entre 1923 y 1930 sobre la intención de usar los motivos indígenas en la creación actual, en especial en la educación primaria[21]. El libro de Héctor Greslebin y Eric Boman de 1923 llamado *Alfarería Draconiana*[22] traía ejemplos de tapices en estilos prehispánicos lo que fue seguido por Vicente Nadal Mora y su *Manual de arte ornamental americano autóctono*, por Rafael Larco Herrera en Lima con su *Gramática de ornamentación modernista* de 1925 y por el mexicano Alfredo Best Maugaurd en 1923 con *su Método de dibujo: tradición, resurgimiento y evolución del arte mexicano*.

[21] El tema fue exhaustivamente ue estudiado por Rodrigo y Ramón Gutiérrez, ver la bibliografía adjunta.

[22] Eric Boman y Héctor Greslebin, *Alfarería de estilo draconiano de la región diaguita*, edición de los autores, Buenos Aires, 1923.

Capítulo IV

Héctor Greslebin: los años iniciales (1915-1928)

Nació en Buenos Aires el 15 de abril de 1893 y recibió de su familia una rigurosa y cuidada educación en una línea que podríamos calificar como intelectual, tradicionalista y católica. Esta culminó con su graduación como bachiller recibiendo la Medalla de Oro al tiempo que en el mismo colegio se le otorgaba el grado de Sargento Mayor, precisamente en el año que el país celebraba el Centenario de la Revolución de Mayo; la medalla aun cuelga airosa en la sala de la casa familiar donde uno de sus hijo guardó sus papeles, biblioteca y fotos[1]; aunque lo recuerdan como un hombre estricto que no dudaba en ejercer su poder con el cinto en la mano. A su vez el padre de Héctor fue un aficionado a la arqueología y gran coleccionista que lo influenció altamente en su formación[2]. Comenzó los cursos regulares de la carrera de arquitectura dictada en ese entonces en la Facultad de Ciencias Exactas, Físicas y Naturales y se dedicó de lleno a participar del nuevo Centro de Estudiantes; allí asumió la tarea de redactor de la *Revista de Arquitectura* de la que fue cofundador en 1915 y llegaría a ser el segundo director al año siguiente.

Si bien es cierto que por entonces no era inusual tan temprana participación en el ámbito estudiantil, esto muestra que estaba bien orientado: intuía cuál era el camino que quería recorrer y el modo de hacerlo. Contaba con pocos meses como estudiante cuando publicó una primera nota que tituló *El fraccionamiento de nuestras plazas*[3], tema que ciertamente era palpable en ese momento. En 1915 dio a conocer en el mismo medio su primer trabajo en otro campo que no era la arquitectura: *Sobre la arqueología de los monumentos prehistóricos del Viejo Mundo*[4]; a

[1] Actualmente parte en los archivos del Museo Etnográfico y del Cedodal en Buenos Aires.
[2] Para Greslebin la figura de su padre como coleccionista fue muy importante y realizó varias publicaciones para destacar su labor, netamente de coleccionista, por él considera pionera.
[3] *Revista del Centro de Estudiantes de Arquitectura* N° 4, Buenos Aires, 1912, p.147.
[4] *Revista de Arquitectura* N° 2, Buenos Aires, 1915.

Fig.20. Caricatura periodística de Héctor Greslebin en 1928

partir de este artículo la revista comenzaría a publicar escritos sobre otras disciplinas como soporte a la tarea del diseño. Ante las dudas de sus compañeros respecto a la calidad del trabajo presentado, este le fue entregado a Ángel Gallardo quien encontró justificada su publicación. Luego retomaría el tema de la arquitectura encabezando con conceptos de Emanuelle Viollet le Duc, de quien declaraba sentirse influenciado, un artículo denominado *Como una nueva arquitectura puede convertirse en estilo*[5] en que intentó establecer una pormenorizada diferenciación entre estilo y moda, y la necesidad de encontrar un "estilo nacional" en la arquitectura. Buscaba un estilo que fuese perdurable y que "se destaque en el maremágnum de arquitecturas existentes en nuestra metrópolis". Esto en 1924 quedó definido en otra nota titulada *Aplicación de los temas decorativos de origen americano en la arquitectura.* Greslebin entraba de esta forma en una temática ampliamente difundida en el continente, lo que él quizás no tenía demasiado claro, sobre la utilización de elementos históricos -indígenas, hispánicos o prehispánicos- en la ornamentación, el arte y el diseño. Pero para él sentaba la bases de lo que defendería por muchos años incluso cuando ya todos se hubiesen olvidado del tema. Ante el Eclecticismo imperante, de neta filiación europea, presentaba lo español y en especial el ornamentado Plateresco como un estilo único para todo el territorio.

A continuación aplicó estos conceptos en el análisis de una vivienda en la ciudad de Buenos Aires que no casualmente era una obra de Martín Noel, el ideólogo del estilo en el país y un arquitecto de gran prestigio y de familia de alcurnia[6]. La calificó como un "ejemplo de adaptación a los programas modernos" de la arquitectura colonial, augurando -con alguna cuota de ingenuidad- que "la vista de orfebrería y decoración (...) por su diaria visión, traerán la noble obsesión de nuestro origen, el culto de nuestro pasado"[7]. El pensamiento del Hispanismo triunfante de los sectores oligárquicos nacionales que reemplazaron a la Generación de 1880

[5] *Revista de Arquitectura* N° 5, Buenos Aires, 1916.
[6] Héctor Greslebin, Arquitectura Colonial Latinoamericana, *Revista de Arquitectura* N° 7, Buenos Aires, 1916.
[7] Ibídem.

Fig. 21. Ilustración del artículo de Greslebin sobre la casa hecha por Noel en estilo Neocolonial

y al roquismo, que accedían al poder como nueva burguesía media, se hacía presente de manera absoluta. España era ahora la Madre Patria, su espíritu ancestral mostraba el verdadero origen de quienes debían regir la nación por derecho de herencia ante las hordas de inmigrantes. La Hispanidad fue el refugio, el espacio reconstruido para albergar esa nueva clase social que si bien iniciaba una época nueva, que comenzaba a replantear la identidad nacional, lo hacía en su propio beneficio. No parece casual que quien manejara con mano de hierro esa España idolatrada sería nada menos que un temible dictador, Alfonso XIII.

Así se presentó la casa hecha por Noel como una prueba construida del enfrentamiento a los tipos arquitectónicos franceses que se encontraban de moda, ahora frente a "la simplicidad de nuestras viviendas de planta colonial". ¿Realmente creía que en ese Neo había algo realmente colonial -como si se pudiese construir en contra de la historia-, y no veía lo Californiano como génesis de lo que Noel había hecho? ¿Qué era español y qué Hollywood en todo eso? De todas maneras se encargó de aclarar que el edificio no era un tipo acabado, que era sólo un ensayo que serviría como punto de partida para la creación del tan ansiado *arquetipo nacional*.

Greslebin creía realmente que con una ejercitación visual, con el contacto con tales estéticas, acabaría produciéndose el reencuentro con la propia identidad; y también estaba convencido acerca del rol vanguardista que los intelectuales y artistas tenían en la búsqueda de esa identidad; que eran ellos quienes debían marcar el camino de retorno a las fuentes. Y en eso no estaba tan separado de las vanguardias europeas que creían que a la Guerra Mundial la enfrentarían con el arte. No veía la diferencia entre un artista, un historiador y un redentor social o, como diríamos hoy, un ideólogo político. En cierta forma ya tenía ante sí las que serían las causales del fracaso de todo el movimiento, sea Neocolonial o Neoprehispánico: el confundir estética con ideología, "nosotros" con pueblo, y vanguardia con sociedad. Finalmente había caído en el error de Noel de *Artistas o Mercaderes*. En Europa el movimiento Dadá también creyó que solamente por ser artistas y absurdos irían a cambiar el mundo, por eso los muralistas mexicanos, al menos los de izquierda, entendieron que podrían hacer arte incluso con mensajes políticos pero que el cambio lo lograrían en su lucha social. Quizás por eso la estadía de David Siqueiros en Buenos Aires en 1933 fue tan revulsiva para los mismos artistas.

A punto de recibir su diploma Greslebin presentaría otro de los pilares de su pensamiento en un escrito llamado ampulosamente *La técnica de los arquitectos del futuro*[8]; allí definió la esencia de la arquitectura como la suma de arte y ciencia, lo "que obliga al arquitecto en sus producciones a observar los principios del uno y los axiomas de la otra". A pesar de su interés en la historia le dio importancia a los nuevos procedimientos constructivos como el uso del hormigón armado, y llamó a los arquitectos a estudiarlos. Una cosa era recurrir al repertorio formal del pasado de la arquitectura, otra a las técnicas y tecnologías del construir, lo que cada vez estaría más claro en su obra y en todo el movimiento; cada día más apuntaban a una máscara, a una escenografía, a una decoración.

[8] *Revista de Arquitectura* N° 10, pp. 51-53, 1917, Buenos Aires.

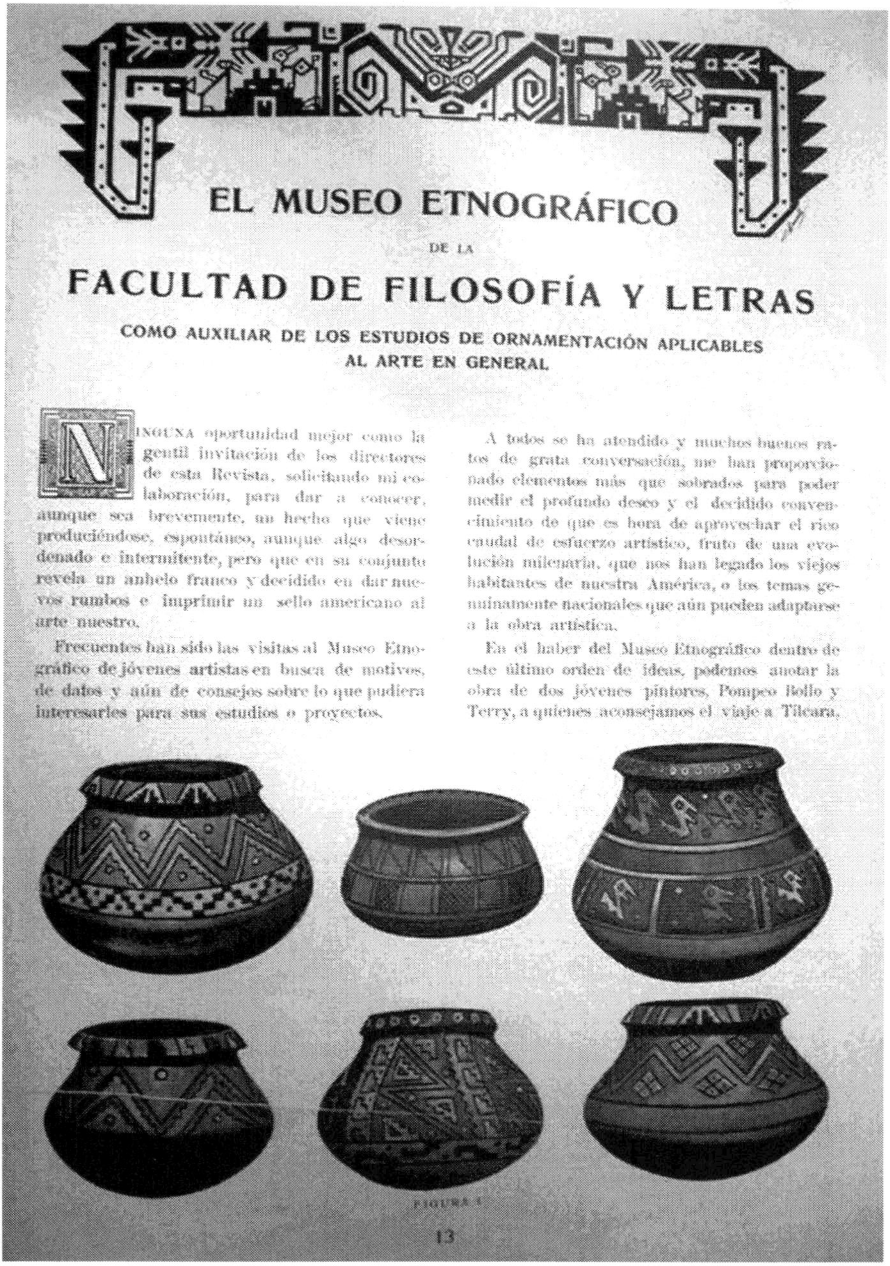

EL MUSEO ETNOGRÁFICO

DE LA

FACULTAD DE FILOSOFÍA Y LETRAS

COMO AUXILIAR DE LOS ESTUDIOS DE ORNAMENTACIÓN APLICABLES AL ARTE EN GENERAL

NINGUNA oportunidad mejor como la gentil invitación de los directores de esta Revista, solicitando mi colaboración, para dar a conocer, aunque sea brevemente, un hecho que viene produciéndose, espontáneo, aunque algo desordenado e intermitente, pero que en su conjunto revela un anhelo franco y decidido en dar nuevos rumbos e imprimir un sello americano al arte nuestro.

Frecuentes han sido las visitas al Museo Etnográfico de jóvenes artistas en busca de motivos, de datos y aún de consejos sobre lo que pudiera interesarles para sus estudios o proyectos.

A todos se ha atendido y muchos buenos ratos de grata conversación, me han proporcionado elementos más que sobrados para poder medir el profundo deseo y el decidido convencimiento de que es hora de aprovechar el rico caudal de esfuerzo artístico, fruto de una evolución milenaria, que nos han legado los viejos habitantes de nuestra América, o los temas genuinamente nacionales que aún pueden adaptarse a la obra artística.

En el haber del Museo Etnográfico dentro de este último orden de ideas, podemos anotar la obra de dos jóvenes pintores, Pompeo Bollo y Terry, a quienes aconsejamos el viaje a Tilcara.

FIGURA 1

13

Fig. 22. Artículo publicado por Ambrosetti con dibujos de Greslebin

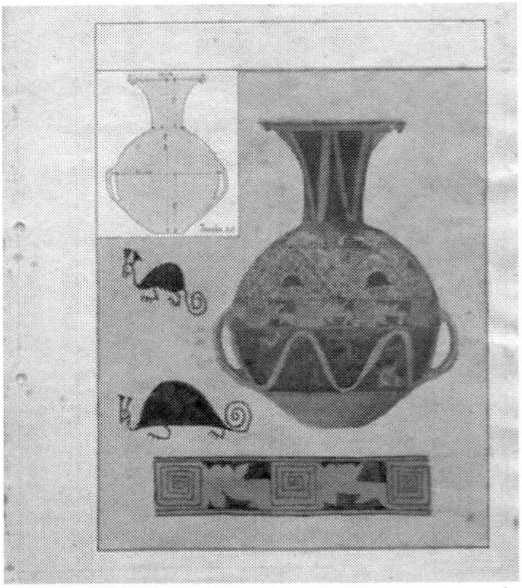

Figs. 23 y 24. Dos dibujos coloreados hechos con cerámicas del Museo Etnográfico en sus años iniciales (archivo del Museo Etnográfico)

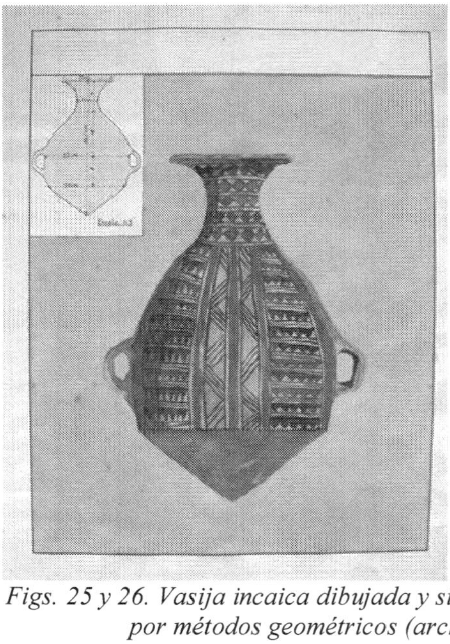

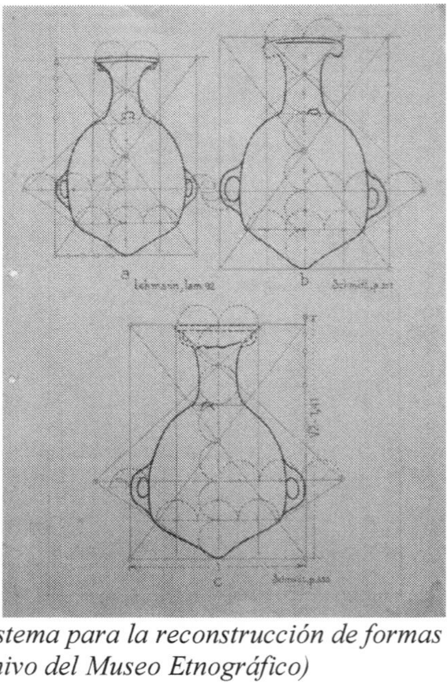

Figs. 25 y 26. Vasija incaica dibujada y sistema para la reconstrucción de formas por métodos geométricos (archivo del Museo Etnográfico)

Resulta muy interesante que Greslebin ya antes de concluir su carrera universitaria había definido por escrito su posición frente al arte, la historia y la arquitectura, y más aún, tenía una fuerte concepción global del (o de los) lenguajes que debían signar la producción cultural. Es más, casi mesiánico, estaba convencido de su rol como impulsor para difundir todo esto en el continente -no sólo en el país-, en una postura que no por habitual podía ser considerada absurda si no porque muchos otros también lo hacían y él los desconocía. Esto no constituyó un hecho aislado; su figura formó parte de un movimiento que fue mucho más allá de lo arquitectónico, que abarcó el amplio campo de las ideas, que llegó a cuestionar la inserción argentina y sudamericana en el mundo, y que en los hechos fue una corriente que tomó posiciones también en la literatura y en las artes plásticas. Pero imaginar este estilo en la Argentina de 1900, cuando el roquismo en poder disfrutaba aun del placer de la Conquista del Desierto y el genocidio que permitió la apropiación de las tierras indígenas, era imposible. Pero para después de la Primera Guerra Mundial, en que los valores europeos perdieron valor y cuando los grupos de clase media accedieron al poder reemplazando a la oligarquía local, las cosas eran diferentes y el tema se podía hablar.

En nuestro medio en que este estilo no tuvo gran fuerza y llegó tardíamente, el soporte teórico básico lo constituyó el pensamiento del ya citado Ricardo Rojas plasmado en 1909 en *La restauración Nacionalista*[9]; y al año siguiente en *Blasón de Plata*[10]. Con esas obras no sólo se sacudió el ámbito literario si no que al expandirse sus ideas fue tomando consistencia un movimiento que, análogo en forma y contenido -no en sus causas- a otros originados en otros países latinoamericanos, intentaba repensar el país desde adentro, desde sí mismo, o al menos desde donde ellos creían que era "adentro". Esto significaba en primera instancia el darle una dimensión americana hasta el punto de poner una marcada atención en el estudio de las culturas precolombinas. Greslebin estaba claramente inserto en esa forma de pensar y al igual que Noel nunca debatió si la búsqueda entre las formas en el pasado era correcta o si había otras alternativas posibles para romper la dependencia cultural; o incluso si esa ruptura no era política en lugar de estética. Pero el haber ubicado el tema de la identidad en el centro del problema de la creación y de la ciudad misma, el haber asumido que la arquitectura debía buscar modelos nuevos, que recurriendo a lo *realmente americano* se pudiera unir el país con los demás latinoamericanos, les da a sus cultores características diferentes a los de otras corrientes de la época.

---

[9] Esta obra -originada en una misión encomendada al autor por parte del gobierno nacional, para estudiar el régimen de educación histórica en las escuelas europeas-, adquirió la forma de un estudio crítico a la educación argentina, a la vez que presentó las bases para su modificación. Con ella se inició una polémica nacional y propició que se sacudieran buena parte de las estructuras instaladas en nuestra sociedad, fue el reemplazo del Positivismo afrancesado por el Nacionalismo.

[10] "Si bien ¿argentinos? Desde cuándo y hasta dónde; bueno es darse cuenta de ello". En boca de Domingo Faustino Sarmiento resulta una frase neutra, es la figura sarmientina la que aparece netamente contradictoria con esta corriente ideológica. Cfr. *Blasón de Plata*, Losada, Buenos Aires, 1946, p. 9.

Fig. 27. Greslebin en 1920 (con gorra) en los túneles de la Manzana de las luces (1922)

Lógicamente ninguno de ellos era inocente, todos sus cultores tuvieron acción política mayor o menor, sea Greslebin, Guido, Rojas o cualquier otro, pero de eso no se hablaba mucho. El mismo Greslebin participó en diversas actividades de la Liga Patriótica Argentina que en 1919 organizó el primer grupo armado parapolicial del país.

El hecho es que para la mitad de la década de 1920 Greslebin ya era una persona que pese a lo muy joven era conocida, tenía artículos científicos y de divulgación publicados, había viajado, tenía una postura teórica asumida, alguna militancia nacionalista, una bibliografía sobre la cual asentarse y hasta una teoría en la cual quedaba incluido que sostenía y validaba sus búsquedas. Es decir, era un joven promisorio que en el futuro podía darle mucho al arte y la arquitectura, a la arqueología y a la historia; o al menos eso era lo que se podía deducir de su vertiginosa carrera. Sólo se equivocó en lo político y en la rigidez personal; en 1930 no pudo entender que el pensar como en 1920 ya no era posible: ser de derecha implicaba un compromiso militante y comprometido, no disertaciones artísticas o científicas. Para seguir siendo artista y no mercader era necesario hacerlo como Leopoldo Lugones dedicado a alabar al golpe de estado y a los militares, o poniéndose en contra y aceptando las consecuencias de su lucha.

Pero el tema crucial en su vida fue la arqueología y el arte precolombino. En 1917, momento en que Greslebin recibió su diploma de arquitecto, el desenvolvimiento de estas acciones de búsquedas de lo nacional apenas si había comenzado en el país. Y él, uno de sus principales artífices, paulatinamente empezaba a definir las áreas de interés a las que iba a dedicarse: el estudio de la arqueología -actividad aun difusa en sus límites-, atendiendo tanto al trabajo de campo como el de gabinete, y la sistemática investigación histórica de la arquitectura, del arte colonial y precolombino americano; era un enorme paquete que venía todo junto, que aun no se separaba. Esto motivó que ese año y el siguiente participara como oyente en las clases dictadas por los más prestigiados arqueólogos como lo eran Samuel Lafone Quevedo[11], Juan Ambrosetti[12], Salvador Debenedetti[13], Roberto Lehman Nitsche[14] y Félix Outes[15] en el Museo Etnográfico de la Facultad de Filosofía y Letras en Buenos Aires; él mismo hablaría al respecto tiempo después:

> "Había oído nombrar a Ambrosetti a mi padre. Me presenté solo al maestro Ambrosetti en 1919, y le expresé los vivos deseos que tenía de orientarme en estos estudios. Ambrosetti recordó a mi padre y al ingeniero Ceferino Girado, mostrando grandes deseos de volver a ver sus colecciones. Pasó el tiempo y convencido de que Ambrosetti no iba a ser mi maestro, cambié de rumbo, dirigiéndome al Museo Nacional de Historia Natural"[16].

En el museo fue recibido por el secretario de Ambrosetti, Agustín J. Péndola, a quien le expresó su deseo de copiar "vasos de cerámica", cosa que comenzó a hacer de inmediato destinando casi todas las tardes a esa tarea. Logró hacer confluir con esas enseñanzas y sus dibujos sus inquietudes por el arte y la

[11] (1835-1920), uruguayo radicado en Argentina, prominente hombre del mundo de la industria con rara sensibilidad humana; a la vez fue un fuerte coleccionista de arqueología, etnógrafo y lingüista. Realizó una obra importante por la ciencia nacional director del Museo de La Plata.

[12] Iniciador de la arqueología argentina (1865-1917), fue a la vez etnógrafo y naturalista.

[13] (1884-1930) fue el más destacado arqueólogo argentino de campo.

[14] (1872-1930) director de sección antropología del Museo de La Plata, realizó numerosos trabajos de campo en especial en lenguas indígenas, formando enormes colecciones.

[15] (1878-1939), conocido antropólogo, arqueólogo y lingüista.

[16] Mario A. Fontana Company, *El arqueólogo argentino arquitecto Héctor Greslebin y su obra*, edición del autor, Montevideo, 1935 (editado en origen en los *Anales de los Amigos de la Arqueología*). Greslebin era reconocido en ese país por sus varios trabajos arqueológicos en la región limítrofe ribereña, que ellos habían publicado.

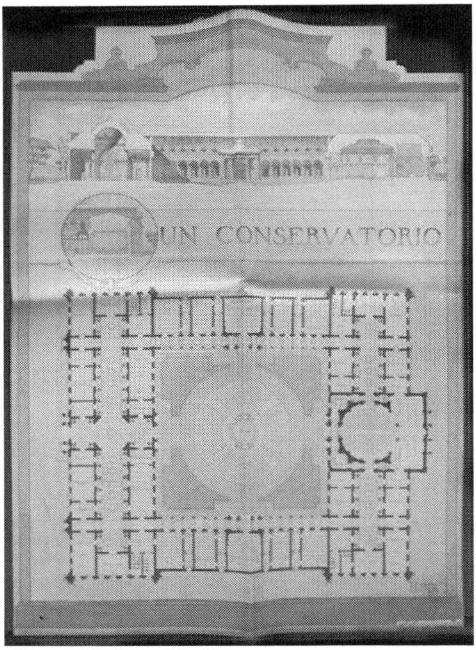

Figs. 28, 29 y 30. Tres proyectos como estudiante en la Facultad de Arquitectura

decoración prehispánica, tanto argentina como americana y por ello comenzó a concurrir a la Sección de Arqueología del Museo Nacional de Historia Natural que se hallaba a cargo de Eric Boman. Greslebin relata el encuentro con Boman que sería fundamental en su vida, de la siguiente manera:

"Una tarde, en la cual acuarelaba mi tercer o cuarto vaso, penetró un hombre alto, delgado, de andar vacilante. Se acercó y después de haber celebrado mi habilidad de dibujante, me preguntó: ¿Sabe usted, señor, qué está copiando? -Le respondí: un vaso calchaquí. Y mi visitante, incorporándose vivamente, con cierto énfasis, continúa: -No, señor; está usted equivocado; es un vaso diaguita. Si usted es amante de estos estudios, pase mañana por mi oficina y le explicare en que consiste la diferencia. Ese hombre era Eric Boman".

De esta manera se convirtió en discípulo de Boman con quien compartió tardes enteras. En él hallaría al maestro que lo terminaría de introducir en los estudios del pasado precolombino. Greslebin retribuía sus lecciones explicándole los principios de "formación de los estilos" (seguía pensando en los principios franceses del arte) y haciendo dibujos para las publicaciones del conocido viajero e investigador. Al año siguiente, en 1918, el ministerio accedió al pedido de Boman para que su discípulo fuera designado como adscrito honorario a la Sección de Arqueología y Etnografía. La relación sería cercana a tal grado que años más tarde Greslebin se sentiría el heredero intelectual del cargo del anciano; obviamente esto no tenía sentido ya que pese a sus brillantes dotes tenía una formación muy diferente y, más que nada, el mundo había cambiado. Boman había sido el gran arqueólogo del Positivismo, la Argentina ya no podía ubicar en esa posición a alguien que se mantuviera en una postura superada, menos aun a un arquitecto con formación artística tan lejana de la arqueología de campo y más que nada aislado de los nuevos grupos de poder en la actividad. Si hubiera entendido eso lo demás se hubiera superado. Era el tiempo de figuras de la talla y poder como José Imbelloni, quien desde 1921 había acumulado fuerzas justamente trabajando en conjunto lo académico y lo político de ultraderecha, y sin el apoyo de esos personajes nada era posible. No eran tan grandes las diferencias ideológicas las que había entre Greslebin e Imbelloni, eran diferencias de formas de actuar en relación al medio. Greslebin como Boman eran el viejo modelo del sabio encerrado en su laboratorio, el grupo de Imbelloni va a construir poder y a ejercerlo políticamente. Para Greslebin el desatacar la lista de sus maestros era un mecanismo que parecería justificar sus intenciones, una manera de darle mayor fuerza a sus posturas e ideas.

No recuerdo quién escribió con la Reforma Universitaria de 1918, parafraseándolo, que: "Jamás imaginaría ver el día en que se juzgara una cátedra universitaria por el contenido del programa de estudios y no por el apellido de su profesor". De alguna manera Greslebin asumía esa vieja postura de la Generación de 1880 y consideraba que al haber tenido contacto con los objetos arqueológicos de las correrías de su padre, él tenía derechos adquiridos. Que al haber tomado cursos con grandes profesores o colaborado con Boman ya estaba garantizada su capacidad en la arqueología. La generación de él, entre 1910 y 1930, fue justamente la de la profesionalización en todos los campos, ya no se era algo por herencia si no por la actividad sostenida o los títulos habilitantes cuando los había. Después de 1930 para tener una cátedra ya tampoco se la tenía sólo por herencia o por diplomas, sino por amiguismo del régimen o prebenda por colaborar con quien correspondiese. Todo cambiaba demasiado rápido.

La estrecha relación que lo unió a Boman no impidió que también concurriera a los cursos de algunos de sus oponentes, como Samuel Lafone Quevedo en Filosofía y Letras a la muerte de Ambrosetti. El mismo Lafone -que llegó a la arqueología de ser un empresario minero-, fue el que años antes lo había impulsado a aplicar sus conocimientos de dibujo al arte americano, especialmente a lo que llamaba "estilo draconiano", lo que Greslebin publicó y sostuvo por años. Boman fue quien le propuso trabajar sobre el tema de Lafone, el estilo que llamaba Draconiano, haciendo un estudio simultáneo de los estilos Nazca, Tiwanaku y Draconiano. Estos trabajos comparativos eran herencia tardía del Método Comparativo tan caro al Positivismo del siglo XIX, pero los siguió manejando Greslebin por el resto de su vida llegando cerca de los estudios iconográficos al ser tan meticuloso y detallista, pero sin lograr adentrarse en ellos. Con el tiempo se transformó en un acérrimo defensor del Estilo Draconiano negando todo avance del conocimiento en la materia y sin entender que había sido un intento clasificatorio de Debenedetti y Lafone ante la imposibilidad de hacer otra cosa más que agrupar similitudes. Habían interpretado figuras de vasos precolombinos del noroeste como representando un dragón y marcaron su recurrencia en el espacio geográfico -no había casi cronología posible aun-, y de allí nació la idea del Estilo en lugar de un simple motivo ornamental. Fuese cualquiera el significado que tuviese ciertamente estaba presente, pero no por ello era una "cultura" lo que ya era algo muy diferente; esa fue la trampa en que cayó Greslebin. En realidad el animal era un felino, pero el problema fue que a partir de un elemento formal, por más que pudiera ser una representación mítica, Greslebin y Boman reconstruyeron una cultura completa lo que no tenía asidero alguno. Era una forma de ver el pasado imperante en esa época la que se ha llamado Escuela Histórico-Cultural, a lo que se aferró con toda fuerza y siguió peleando por ello treinta años más tarde. Resulta insólito ver que los que fueron sus peores enemigos, en realidad participaban de la misma escuela teórica en arqueología[17].

Es fácil observar como estas experiencias fueron influenciando su pensamiento y búsquedas. Muchos de los temas estudiados en esos tiempos los iría profundizando y presentaría publicaciones importantes como el libro *El arte prehistórico peruano* en 1926[18], demostrando un amplio conocimiento en la materia de un país al que había ido una sola vez. Pero lo hizo cometiendo los errores que lo caracterizarían y le generarían tantos problemas: sus definiciones eran terminantes y no hipotéticas, jamás asumía que una pregunta quedara abierta, para él todo era una secuencia de demostraciones que se sostenían unas a otras, no notaba que eran

[17] La Escuela Histórico-Cultural de la que participaba Greslebin era la única imperante en ese momento, y él mismo criticaba los métodos de relevamiento más modernos, que eran los traídos por Torres, como anticuados. Pero siguió siendo parte del Neopositivismo toda la vida, al igual que muchos otros. Su valoración esteticista del pasado nuca pudo superarla.

[18] Héctor Greslebin, El arte prehistórico peruano, *Anales de la Sociedad Argentina de Estudios Geográficos GAEA*, t. II, N° 2, Buenos Aires, 1926.

tautologías que de criticarse una se criticaba al todo. Era incluso para la época el desconocimiento del método científico, más aun en un mundo que no era propenso a hacer estudios estéticos del arte precolombino.

Fig. 31. Portada del libro hecho con Eric Boman sobre la cerámica Draconiana de 1928

Durante ese período y seguramente por su influencia la *Revista de Arquitectura* comenzó a dar cabida en sus páginas al tratamiento de materias que no mostraban una vinculación directa con la arquitectura de acuerdo con las reglas que se tenían en cuenta. Estudiosos de la talla de Ambrosetti tuvieron oportunidad de hacer aportes desde su campo científico y aun llegar a presentarlo como "auxiliar de los estudios de ornamentación aplicables al arte"[19]. Fueron difundidos trabajos de Carlos Ancell y Alejandro Sorondo, quienes estaban orientados a profundizar los conocimientos sobre América Central y México y que hicieron hincapié en el análisis del arte y las ciudades indígenas[20]. A esto se unieron minuciosos relevamientos e investigaciones históricas de construcciones coloniales llevados a cabo por jóvenes arquitectos y estudiantes[21]. Incluso se presentaban proyectos de edificios neoprehispánicos, Ángel Pascual en 1921 publicó la Mansión Neoazteca que ya citamos en la cual no dudaba en usar conjuntamente el estilo Luis XVI con motivos ornamentales mexicanos; todo estaba destinado a ampliar el marco de referencia y a otorgar un respaldo firme a las ideas enarboladas.

Figs. 32 y 33. "Chimenea azteca" y detalle de la firma de Greslebin

[19] Juan Ambrosetti, El Museo Etnográfico de la Facultad de Filosofía y Letras, *Revista de Arquitectura* N° 1, 1915.

[20] El auge de la divulgación del tema abarcó la primera década en que apareció la revista. Así, con el título: Ciudades y civilizaciones prehistóricas de América, Alejandro Sorondo, presidente del Instituto Geográfico Argentino, publicó en *Revista de Arquitectura* N° 9, 1917, un artículo acompañados por planos y fotografías de obeliscos, piedras labradas, jeroglíficos y esculturas. Carlos Ancell editó en dos números correlativos un estudio sobre las piedras ciclópeas y utilizó a manera de ejemplos edificaciones de Tiwanaku y Cuzco.

[21] Un ejemplo es el artículo: Las bóvedas de Uspallata, de Raúl Álvarez, aparecido en *Revista de Arquitectura* N° 32, 1923.

Fig. 34 y 35. Dos proyectos de mausoleo para Ricardo Levene en donde la iconografía española y precolombina se integran o reniegan

Convencido que existía una "única forma de procurarse la debida documentación para no seguir construyendo en falso" en 1919 comenzó a dictar en la facultad cursos paralelos de historia de la arquitectura incluyendo expresamente el estudio del estilo colonial[22]; recordemos que este tema no era habitual en las cátedras de historia sólo preocupadas por el arte clásico europeo. Ese mismo año escribió un artículo titulado *Sobre historia de arquitectura*[23], en el cual defendía sus enseñanzas oponiendo las modestas viviendas antiguas a la modernidad sin escala. El estudio de los diferentes estilos y su uso en la decoración conservarían el deber de la arquitectura de provocar "el goce del espíritu". De todas maneras no dejaba afuera a los "racionalistas", los seguidores de la "verdad constructiva", ya que el estudio del modo en que los antiguos empleaban los materiales "nos enseña la lógica con la cual debemos también concertar los materiales en nuestro siglo". Conciente de los riesgos de ese camino advirtió acerca del mal uso de estos conocimientos: "El arquitecto obsesionado por uno u otro sentimiento transporta estas formas a un medio ambiente que es adverso al desarrollo de las mismas y en una época no correspondiente", paradójicamente cuando él mismo hizo proyectos de

[22] Este objetivo que en su momento había sido primordial sería retomado por él varias décadas después en: Valoración actual de la arquitectura colonial Iberoamericana, *Revista de Educación*, La Plata, 1960.

[23] Héctor Greslebin, Sobre Historia de Arquitectura, *Revista de Arquitectura* N° 23-24 y 25, pp. 11-12 y 15-16, Buenos Aires, 1919.

arquitectura no logró escapar a ese problema y trasladó directamente la decoración con motivos de Tiwanaku a Buenos Aires.

En ocasión del Primer Congreso Panamericano de Arquitectos del año siguiente creyó oportuno asistir con una comunicación en la que focalizaba su visión de la enseñanza de la historia restringida a su aspecto precolombino, atacando manifiestamente la invasión foránea:

> "es preciso que esta enseñanza sea dispensada a fin de que nos ocupemos más corrientemente de acentuar esta faz de la independencia americana, habiendo hasta ahora rendido culto a la estilización extranjera (...) Porque es del mayor interés para la ciencia americana que el arquitecto sea versado sobre arte americano para poder así colaborar con el arqueólogo y ayudar a establecer comparaciones con otras artes (...) así se habrá dado un gran paso tendiente a que más tarde sea esclarecido el origen del arte americano y las posibles relaciones entre las razas que habitaron nuestro continente, (aunque debemos) limitarnos solamente a estilizar, dejando libradas las otras especulaciones al criterio del arqueólogo. (...) Si nosotros seguimos aún callando, nos haremos en nuestra esfera cómplices del vandalismo del conquistador, sepultando bajo la losa de granito el recuerdo del autóctono"[24].

Pocos años más tarde volvió al tema en una conferencia para estudiantes con la premisa de proyectar al diseño de la arquitectura el rescate y la reivindicación de lo americano, sin embargo el tono de su discurso había disminuido el carácter sobre lo prehispánico: se hacía eco de la teoría estética sustentada por Ricardo Rojas, habló de un estilo de fusión tomando la situación de hibridación como un desencadenamiento lógico de nuestro proceso histórico. Por tanto, "la Eurindia artística sería la ambición de un arte nacional, en el que no predomine ni el exotismo extranjero ni el indianismo nuestro, si no una expresión de ambos fenómenos"; agregando que el estilo colonial antiguo debía evolucionar, conservando el mismo ideal, hacia un Renacimiento Colonial, es decir, dando cabida a las particularidades que exigían los programas modernos[25]. Una prueba más de lo confuso de las ideas sustentadas en que todo era lo mismo; en un momento reivindicaba lo precolombino porque eso era un deber hacia América para demostrar las maldades de la invasión colonial, en otro el usar motivos hispanoamericanos era lo correcto incluso mezclándolos sin prurito alguno con lo Californiano o Andaluz.

[24] Héctor Greslebin, Conclusiones presentadas al I Congreso Panamericano de Arquitectos, *El Arquitecto* N° 5, Buenos Aires, 1920.

[25] Héctor Greslebin, El estilo Renacimiento Colonial, *Revista de Arquitectura* N° 38, Buenos Aires, 1924.

Fig. 36. Primer viaje de exploración a Zárate con su hermano: fotografías y anotaciones hechas a los veintisiete años, fechadas el 1 de octubre de 1920 (Archivo Museo Etnográfico)

Figs. 37, 38, 39 y 40. Cuatro grupos de fotografías tomadas en su primer viaje a Perú de lo que se consideraban "tipos humanos", ejemplo de su excelente trabajo de fotógrafo (Archivo Museo Etnográfico)

Figs. 41 y 42. Vistas de grandes paisajes en San Luis, ejemplos de sus fotos geográficas tempranas (Archivo Museo Etnográfico)

La búsqueda de un Arte Nacional en la plástica, a diferencia de en la arquitectura, sólo la llevó adelante en la primera década que siguió a su graduación. Esta fue la actividad que más estrechamente lo vinculó con sus colegas: tanto unos como otros estaban abocados a buscar el propio pasado, una identidad nacional y americana para hallar las raíces que pudieran conducirlos a la creación de un estilo que los identificara y que, al mismo tiempo, reflejase las características de la nacionalidad. O lo que ellos creían que era la nacionalidad y lo americano. Sólo que a diferencia de otros sus intentos buscaban respaldarse en la tarea científica emprendida en las otras áreas. Además, si bien es cierto que su pensamiento encontraba gran afinidad con la corriente que propulsaba el renacimiento colonial, en sus emprendimientos como artista y como hacedor de obras de arquitectura se inclinaba por desarrollar sus proyectos partiendo del pasado precolombino. Lo aclararía durante una conferencia: "Quiero dejar constancia que al ocuparme del estilo colonial respondiendo al gentil pedido del Centro de Estudiantes, no significa que abdique o suplante los principios del Renacimiento Precolombino".

De modo que su búsqueda personal apuntaba a crear un estilo Neoprehispánico sin entender que éste ya existía en el resto de América. Resulta casi increíble imaginar que soñaba con poder hacer a nuevo algo que veía, que conocía sus ejemplos como luego veremos, pero no se asumía como uno más del grupo de sus cultores, en realidad un reivindicador tardío de algo ya casi muerto en otras latitudes, si no como su iniciador[26]. Así reconoce a Noel, a Guido, a Rojas entre otros en el país, pero a la hora de sus textos él está creando a nuevo. Sistemáticamente no cita, no da ejemplos, nunca habla de lo que otros hacen en su mismo camino. Al parecer eso era muy importante en su obra, aunque ahora creemos que es lo que le quitó fuerza.

[26] Resulta paradojal que cuando terminó este movimiento en México comenzó en Sudamérica, sin relaciones entre los autores, aunque había lazos y personas en común pero que no se citaban entre ellos.

En relación con esto -ser iniciador o sólo un continuador-, al revisar los archivos guardados por su familia se puede observar como coleccionó toda referencia acerca del movimiento Neoprehispánico en el continente. Allí se posible ver los dibujos y fotografías de Tiwanaku tomadas por Arthur Posnansky a inicios del siglo XX, sus excavaciones en esas ruinas y hasta el proyecto de su casa en La Paz de 1926 hecha con esos motivos[27]; hay notas sobre un libro que debió ser para él importante, el del argentino Abelardo Gallo sobre *Las ruinas de Tiahuanaco* publicado por la Universidad de Buenos Aires en 1925; ilustraciones sobre el pabellón de México en París de 1889; edificios de la década de 1920 en Lima, en Mérida, en Los Ángeles; fotos de las obras de George Totten en el sur de Estados Unidos y datos relativos al edificio del Museo de Arqueología de Lima. Incluso el templo americano que propuso Rojas con Guido, y su similar de Mujica de 1924, los desconoce totalmente en sus publicaciones lo cual era imposible porque todo eso formaba parte de los ejemplos paradigmáticos del movimiento local, pero Greslebin no lo veía así y explicó el carácter de su búsqueda de otra manera:

> "En síntesis, tengo la intención de continuar la obra de Spinden y Mac Curdy, estableciendo para América otros nuevos principios decorativos y construyendo un plano acotado de sus ideografías en el cual veamos la evolución de los grafismos y con ellos la emigración y mutuas influencias de los pueblos entre sí"[28].

Esto nos muestra que su universo estaba alejado de la realidad. Citaba a dos personalidades importantes de su tiempo pero en países muy lejanos, con obras aun no traducidas, sobre temas tan fuera de la realidad local que resultaría casi imposible que se entendieran aquí los estudios de iconografía maya de Spinden, salvo por un par de iniciados si es que los había. Si hubiese publicado con su prolífica producción los ejemplos que él mismo conocía y hasta tenía fotos, desde Posnansky hasta Malachovski, desde Mujica hasta Noel, hubiese mostrado la fuerza de su movimiento, de ese Renacimiento Precolombino que pregonaba. Sólo juntar planos y fotos hubiera cambiado al menos la historiografía de la arquitectura en el país y en gran parte del continente.

El valor de su trabajo radicaba en que esas búsquedas no se basaban en una observación superficial de los estilos prehispánicos y coloniales para luego reproducirlos, tal como pediría Ángel Pascual, su amigo y compañero de trabajo[29]. El carácter científico de sus estudios y que profundizaría en la década posterior, unidos a su sensibilidad artística, es lo que lo convierte en una pieza clave de todo el

[27] Daniel Schávelzon, Arthur Posnansky y la arqueología boliviana: una bio-bibliografía, *Beitrage zur Allgemeinen und Vergleichenden Archaologie*, tomo 16, pp. 335-358, Meinz, 1996.

[28] Resulta interesante los dos referentes que usa, ambos dedicados a la historia del arte precolombino en México, ambos trabajando desde Estados Unidos. Herbert Spinden (1879-1967) publicó su obra fundamental sobre arte maya en 1910; George Grant MacCurdy (1863-1947) publicó intensamente sobre el arte prehispánico del mismo país y de otros del continente.

[29] Resulta interesante que Pascual, que lo acompañó en varios proyectos en este estilo, hizo su obra de arquitecto en un fuerte modernismo.

movimiento. El conflicto lo desataría su irreductible incapacidad de cambio en un mundo intelectual en plena efervescencia. Es complejo explicarlo: la arqueología ya había comenzado a demostrar que toda el área andina no era un fenómeno homogéneo y contemporáneo, que eran diferentes culturas en el espacio y en el tiempo, y que entre una cerámica y otra podía haber habido siglos, que si Tiahuanaco se parece a Cusco porque ambos trabajaron muy bien la piedra, eso no significa realmente nada ya que posiblemente los cusqueños no supieron que había existido Tiwanaku. Este concepto básico nunca pudo asimilarlo porque atentaba contra su concepción de la gran América del pasado.

Junto a Pascual se presentó en 1920 en el X Salón Anual de Bellas Artes donde obtendrían el primer premio con su *Mausoleo Americano* que definieron nada menos que como "Un ensayo de arquitectura americana"[30]. El proyecto se publicó en un artículo en la revista *El Arquitecto* de la cual Greslebin era colaborador desde su aparición. Que la revista diera el espacio para estas propuestas no es casual, estaba dirigida por su amigo Croce Mujica y dentro del plantel figuraban personajes no sólo del ámbito artístico como Pablo Hary, Enrique Larreta, Juan Kronfuss, Alejandro Bustillo, Carlos Morra y Martín Noel, y participaban Salvador Debenedetti y Ricardo Rojas.

Regresando al concurso, el nombre con que se lo presentó fue buena síntesis de una propuesta que iba mucho más allá: se trataba del diseño arquitectónico, escultórico y pictórico de un conjunto urbano mortuorio (es decir un cementerio), en el cual el enterratorio monumental constituía el foco más importante. Un verdadero *templo a la muerte*, casi una obra como las producidas por la Ilustración durante la Revolución Francesa; finalmente en ambos casos la intencionalidad era la exaltación de una idea; en otras palabras una *iglesia americana* si eso existía. Con respecto a su filiación estética en el universo formal precolombino se explicó que existiendo "varios estilos en América -azteca, incaico, del Yucatán, y de Tiahuanaco- ¿Cuál elegir? (...); por ser éste un primer ensayo se decidió ser ecléctico y mezclarlos a todos"; una manera de salir dignamente del compromiso. Se puntualizaba que "el mausoleo no debía ser tampoco ni una chulpa ni una huasca, si no un enterratorio moderno"[31]. En el texto abundan las afirmaciones de ese tipo; por una parte muestran una gran candidez y dejan entrever que las minuciosas investigaciones previas que debieron realizarse para identificar y diferenciar las características ornamentales y compositivas de cada región no tuvieron el suficiente peso para evitar la superficialidad del resultado, el que quedó reducido a una composición a la europea utilizando ornamentos prehispánicos. Y por otra, si bien esa intención de no optar sólo por un estilo pone de manifiesto su adhesión a considerar lo americano como una unidad, anulando las fronteras, también lo incluye dentro del marcado Eclecticismo académico imperante en el campo artístico y arquitectónico de su tiempo. Fue su recurrente queja al final de su vida el que la arqueología "moderna" había "atomizado" el arte precolombino -jamás entendió que esa unidad no había existido-, y que su división de Draconiana y Santamariana no eran nada más

[30] *El Arquitecto* N° 12, Vol. I, Buenos Aires, 1920, p. 263.
[31] Ibidem.

Fig. 43. Portada del proyecto del Mausoleo Americano de 1920

que una selección arbitraria de motivos decorativos que por su recurrencia y calidad se destacaban, pero eso no implicaba nada más. Si en lugar de crear estilos y culturas hubiesen continuado buscando en la recurrencia de motivos, su cambios y asociarlos a lugares, formas y tipo de cerámica y usos, hubiesen hecho la gran tarea de la arqueología y nadie podría siquiera discutirlo. Estaba construyendo un "estilo" sobre una decoración, lo que ya en ese momento era una postura endeble. Lo loable de pensar lo americano como totalidad y el encontrar que la figura que llamaban "dragón" mítico se repetía en toda la región andina, en lugar de buscar sus características las abstraía para darle fuerza a su hipótesis de la homogeneidad cultural, al "manto" que cubría América. Las grandes ideas de su juventud terminaron siendo la negación de la realidad histórica.

Fig. 44. Fachada del Mausoleo central del conjunto

El plano del cementerio presenta en una lámina rodeada por un río con una canoa con gente pescando -una imagen tropical con serpientes y un indígena cazando con una cerbatana-, una enorme extensión de tierra rodeada por un muro de límites difusos. Era una especie de Ciudad de los Muertos en el mejor sentido egipcio. Se accedía al sitio por una calzada monumental flanqueada de esculturas antropo y zoomorfas -otro rasgo más egipcio que americano-, que llegaba a una rotonda de acceso. Allí estaba el edificio de la Administración con una Tribuna para Oraciones Fúnebres; dos diagonales y una avenida central estructuran la planta general del conjunto. La analogía con Avenida de Mayo y sus dos diagonales es más que obvia. Ellas llevaban a construcciones menores y las calles formaban manzanas con dieciséis bloques (tablones) cada una. La avenida central desembocaba en el enorme Mausoleo central, hito de toda la composición.

Fig. 45. Corte del interior del edificio del mausoleo

Fig. 46. Dibujos de los detalles de ornamento basados en la arquitectura precolombina

El primer edificio, la Administración y su Plataforma anexa es una construcción poco definida, con gran escalinata frontal y un cuerpo central flanqueado por dos torres; las columnas semejan las serpentinas de Chichén Itzá y el conjunto podría tener su origen en los complejos construidos en el Yucatán en la zona maya de Río Bec, en México. La rotonda que lo rodea tiene en cada entrada a las manzanas de tumbas una portada a semejanza de la Puerta de la Luna de Tiwanaku, no casualmente colocada desde mucho antes en el cementerio de dicha localidad boliviana.

El Mausoleo en sí mismo es un proyecto que sí fue muy estudiado y sus planos son completos. Sin duda es lo más espectacular diseñado por Greslebin en toda su trayectoria: se trata de una base de cuarenta metros de lado y una estructura de similar altura, que sostienen una construcción formada por plataformas escalonadas en el exterior comunicadas entre sí por escaleras simétricas y un gran recinto abovedado en el interior. Todos y cada uno de los detalles se inspiran en, o copian, motivos prehispánicos.

Al exterior la entrada monumental enmarca una puerta de madera tallada flanqueada por copias de la escultura del Indio Triste de Chichén Itzá y encima tiene una figura colosal que intenta ser zapoteca pero con atributos y detalles aztecas. Los pilares de entrada, incaicos en su trazado y estereotomía, quedan a su vez rodeados de motivos en relieve de tipo Tiwanaku. La planta baja tiene enormes relieves que copian la Piedra de Tizoc azteca. Hacia arriba encontramos plataformas que él remonta a las pirámides de Papantla y El Tajín, columnas pareadas que toma de Teotihuacan, grecas escalonadas mixtecas, cabezas de serpientes tiwanakotas y acróteras de forma azteca. En el interior se trata de un intento de imitar una chulpa funeraria monumental pero con bóvedas mayas, nichos incaicos y la iluminación por un gran ventanal tipo rosetón de iglesia gótica. La propuesta de este cenotafio no dejaba por cierto de ser monumental y plenamente clasicista en su concepción aunque con rasgos modernistas y hasta Art Deco. El manejo formal indica un amplio conocimiento de los sitios y la bibliografía relativa a la América prehispánica e hicieron una genealogía de los motivos usados sin darse cuenta que ellos también eran un producto de la historia. Valga un ejemplo: las dobles pilastras que colocaron en cada esquina del monumento son en realidad fragmentos de una escultura mayor: los crótalos de una serpiente de cascabel que era el remate de las columnas en forma de serpiente de Chichén Itzá. Posiblemente Greslebin lo tomó de un dibujo publicado hacia 1885 por Desiré Charnay en su viaje a Tula y lo interpretó como una talla en sí misma y no como la parte de arriba de algo más complejo. El les puso a esas esculturas unos capiteles, las transformó en pilastras pareadas y hasta con basa para hacerlas más altas. Es decir, más allá del manejo arbitrario producto de un problema historiográfico externo a él mismo, la composición y uso de los elementos no dejaba de ser académica y a la vez ecléctica.

En el texto que acompaña este proyecto Greslebin y Pascual hicieron algunas consideraciones sobre la forma en que enfrentaron el tema del mundo prehispánico: "Veamos si el arte americano puede presentar un interés práctico además de su interés científico"; es decir, si era una cantera de formas que podían ser usadas en el presente sin problema conceptual alguno. Si en la época se usaba lo griego, lo romano o lo egipcio, ¿porqué no usar lo americano? Este era el punto de partida y todo el ejercicio es, en síntesis, una forma de demostrar que eso sí era factible. Pero iban más lejos aún:

> "no se deberá, pues, pretender aplicar el arte americano tal cual es en los temas de decoración usuales y convertir así cada exterior o aposento en un museo de calcos arqueológicos, (es una) inagotable fuente de recursos para dar expansión a su fantasía, para producir obra novedosa y para poder ser comprendido por todos. (Los elementos deben usarse para crear) una fusión del arte americano con el arte cosmopolita, (logrando) fundir algunas líneas que de él conocemos con las de los estilos modernos. (Y si bien se acude a un repertorio de diferentes épocas, regiones y culturas) no hay necesidad de deformar(las) mucho para unir motivos de regiones tan separadas".

Con esto, con este juego de formas que no es necesario "deformar demasiado" creyeron poder construir el nuevo Renacimiento Americano.

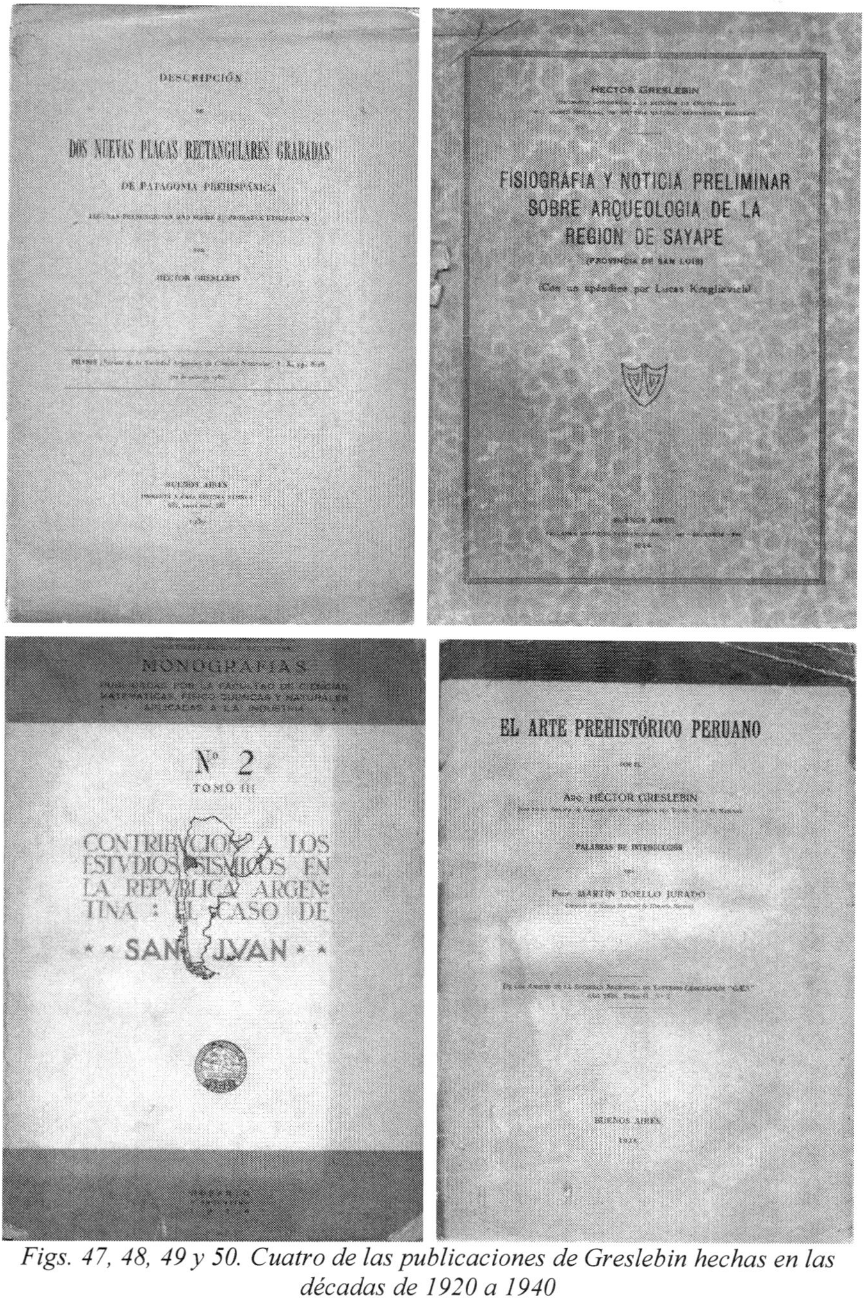

Figs. 47, 48, 49 y 50. Cuatro de las publicaciones de Greslebin hechas en las décadas de 1920 a 1940

Entre 1925 y 1928 propuso otros monumentos junto al escultor Luis Perlotti quien luego llegaría a ser un artista de trascendencia con el tema indigenista[32]. El primero fue un proyecto para el concurso convocado por el gobierno nacional destinado a seleccionar un monumento a la Quebrada de Humahuaca. El boceto propuesto recibió el segundo premio del jurado. Fue concebido siguiendo lineamientos de origen tiawanacota empleando en sus cuatro frentes ritmos, planos simples, símbolos y en especial temas que hicieron de él una obra considerada de perfil americanista[33]. Luego, en 1928 se convocó a un certamen para un monumento a los Constituyente del 1853 y ambos se reunieron nuevamente para encarar esa obra pero esta vez la comisión designada no llegó a expedirse.

Pero no todo eran logros; a lo largo de su vida joven hubo razones de índole personal que lo condujeron a situaciones tempranas que amenazaron quebrar su línea de trabajo. Así, entre 1919 y 1923 se vio obligado a dejar Buenos Aires para trasladarse a San Luis a hacerse cargo de un establecimiento de campo de la familia y es de donde entraban los ingresos económicos. A pesar de eso mantuvo sus contactos porteños mientras que allí realizó expediciones de reconocimiento arqueológico, etnográfico y paleontológico. Esto dio cabida a que después de su retorno a Buenos Aires volviera a San Luis en viajes de estudio y a la posibilidad de gestar varios trabajos vinculados con la región y sus aledaños. En su mayoría se trató de estudios arqueológicos que fue elaborando y exponiendo paulatinamente en los años siguientes como su *Fisiografía y noticia preliminar sobre arqueología de la región de Sayape* que fue presentado en 1925 en el Tercer Congreso Panamericano de Lima; previamente se había ocupado de difundir ese trabajo en Buenos Aires acompañado de un apéndice del paleontólogo Lucas Kraglievich, con quien compartiría diversas publicaciones. Cuando en 1927 dio una conferencia en la Facultad de Ciencias Exactas, Físicas y Naturales en conmemoración del 16° aniversario de la muerte de Florentino Ameghino, retomó el tema exponiendo las conclusiones a las que había arribado en relación a la presencia humana en esa región. Dio por concluido ese ciclo puntano con un estudio titulado *La antigüedad del hombre en la región de Sayape*, el que fue llevado a Nueva York en 1928 en ocasión del XXIII Congreso Internacional de Americanistas.

Su interés lo condujo a producir estudios relacionados con otros sitios de la misma provincia y también a indagar sobre sus pobladores. Uno de ellos quedó plasmado con el título de *Excursión arqueológica a los cerros de Sololasta e Intihuasi*[34], y el otro se llamó *Las represas de la región occidental de la travesía puntana*. El primero es un texto sumamente humano, donde relata su experiencia en 1919, su primera expedición hecha en compañía de su hermano César[35]. Si bien abundan los datos respecto a los mínimos hallazgos que tuvieron, pone especial

[32] (1890-1969), destacado escultor argentino de vertiente formal indigenista.

[33] Carlos A. Foglia, *Perlotti, el escultor de Eurindia*, Buenos Aires, Ediciones Áureas, 1963, p. 46.

[34] Héctor Greslebin. Excursión arqueológica a los cerros de Sololasta e Intihuasi en la provincia de San Luis, *Anales de la Sociedad Argentina de Estudios Geográficos* GAEA, t. III, N° 1, pp. 217-234, Buenos Aires, 1928.

[35] Resulta paradojal que esa gruta, Intihuasi, sería crucial para la formación de la arqueología moderna, treinta años más tarde.

énfasis en las vicisitudes debidas a su falta de experiencia y destaca lo importante que fue como aprendizaje para su trabajo futuro.

Sobre las llamadas botijas o tinajas empleadas por los indígenas elaboró un informe que difundió en *Physis,* la revista de la Sociedad Argentina de Ciencias Naturales dirigida por Kraglievich con quien luego compartiría el exilio, mientras que *Los morteritos de Cerro Varela* fue otra de sus investigaciones donde describió pequeñas perforaciones horadadas por la naturaleza en el suelo rocoso y seguramente usadas por los habitantes locales, lo que editó en la peculiar revista *Solar* en 1931 bajo la dirección de Félix Outes, con quien en 1920 había intentado hacer un estudio detallado de los túneles porteños que nunca lograron concretar. Su estadía prolongada en aquel establecimiento punteño le permitió incursionar en un área de difícil acceso por su condición de forastero: su intención estaba dirigida a recoger información etnográfica sobre los detalles referidos a la cultura de los ranqueles. Finalmente compuso un trabajo que hoy podríamos ubicar dentro del terreno de la historia oral y que él prefirió caracterizar como "documentos etnográficos". Esos testimonios tardaron muchísimo en ver la luz ya que llegarían a editarse en 1961 en los *Cuadernos* del Instituto Nacional de Investigaciones Folklóricas con el título de "Interrogatorios ranquelinos".

En lo relativo a la arquitectura sólo llegó a conocerse un único artículo escrito en esos años de aislamiento y fue publicado en la *Revista de Arquitectura* en 1923. Se trata de una investigación realizada sobre una estancia vecina a la suya llamada La Borda, construida en la segunda mitad del siglo XIX, que se encontraba minada por un avanzado estado de abandono y deterioro, del mismo modo que otros ejemplos de la provincia de Buenos Aires cuyas habitaciones fortificadas, con sótanos, dobles techos, torres, divisaderos y otros tantos rasgos de los edificios situados en las líneas de fortines[36]. La resolución de llevar a cabo esta tarea puede ser calificada como representativa de las inquietudes de ese momento. Sin embargo, no sólo dio noticias de un edificio olvidado, sino que además se dedicó a hacer un minucioso relevamiento. Esto es destacable porque evitó con la publicación de sus detalles constructivos que éstos se perdieran definitivamente; por otra parte introdujo un modo sistemático de analizar la obra arquitectónica del pasado calificada usualmente como construcción espontánea, rompiendo con lo que había hecho habitual en ese período de resurgimiento que era la de hacer croquis a mano alzada o fotografías sin abundar en pormenores técnicos, años más tarde Vicente Nadal Mora cambiaría esta costumbre de manera definitiva. Esta idea de rescate de información como forma de preservar la memoria, no importando lo sencillo de los dibujos o por ser considerados poco artísticos por los cánones de la época, la mantuvo constantemente. Incluso mientras estuvo apartado del ámbito profesional y académico, todavía durante la década de 1940, recopilaba lo producido sobre historia de la arquitectura colonial. Siempre insistiría en sus ideas al respecto señalando que:

[36] *Revista de Arquitectura* N° 32, agosto de 1923.

SECCION TERCERA — LA PRENSA — 20 DE MAYO DE 1934

EL DETALLE CONSTRUCTIVO DE LAS ANTIGUAS "ESQUINAS" COLONIALES EN BUENOS AIRES

Por el arquitecto HÉCTOR GRESLEBIN

Fig. 51. Artículo periodístico sobre la demolición de la última casa con puerta de esquina de la ciudad en 1934

"asistimos impávidos al traslado de nuestra Pirámide de Mayo, la reliquia máxima (...); vimos cortarle al Cabildo colonial tres de sus arcos; pueblo y gobierno carecían de sentido histórico. Y algunas plumas, más crueles que la piqueta demoledora, justificaron todo cuanto se hacía en mérito al progreso y estética de la ciudad. Como si ésta no hubiera tenido a la pampa para extenderse"[37].

Fig. 52. Foto de la casa antes de su demolición (Archivo Carlos Thays, GCBA)

Tiempo atrás había anticipado sus conceptos respecto a la necesidad de conservar los monumentos del pasado en una conferencia convocada por el Centro de Estudiantes de Arquitectura, en ella dio una voz de alarma sobre el patrimonio que ya en ese entonces se estaba perdiendo y llegó a pedir la creación de una Comisión de Conservación de Monumentos Históricos como ya lo había hecho el gobierno de México. El artículo ejemplifica las virtudes del arte colonial a partir de sus dos facetas, una artística y la otra técnica, la primera con el desarrollo de las rejas coloniales estudiando todas sus variantes y la segunda con las puertas esquineras como una proeza técnica. Definió el estilo colonial como un:

"conjunto que se caracteriza por una cierta armonía de detalles originales producto de la fusión del arte español con el arte indígena o la manera de hacer criolla; armonía que sin llegar a ofrecer una unidad al

[37] Héctor Greslebin, Valoración actual de la arquitectura colonial Iberoamericana, *Revista de Educación*, La Plata, 1960, pp. 1 y 2.

conjunto es representativa de una verdad constructiva casi absoluta, de una incapacidad técnica, artística y de recursos ambientes; defectos estos últimos que hacen el conjunto interesante, duradero y formado con elementos fácilmente identificables"[38].

No deja de ser interesante que pusiera los valores del estilo en sus falencias, entendiendo que su belleza estaba en su sencillez y naturalidad, en la respuesta que daba a las necesidades de la época. Nos queda la pregunta de si lo que quería retomar no era ese espíritu más que la imagen resultante. Y resulta aun más interesante viniendo de alguien que primero quiso recuperar lo precolombino, luego lo colonial, que llegó a lo criollo y finalmente a una primera visión de la necesidad de conservar todo el patrimonio histórico. Pese a eso nunca fue un luchador del patrimonio, lo que quería es usar el pasado, dignificarlo pero no necesariamente se cuestionaba su destrucción, lo que hacía era relevarlo. Volvió al tema en forma intermitente en años posteriores llegando a confusiones extremas que muestran una alta dosis de inocencia política: "este nuevo movimiento artístico, llamado Neocolonial, (...) fue expresión de raigambre popular, un manto americano que unificaba, que caracterizaba por igual, un vínculo de parentesco". Por supuesto nunca definió lo que "raigambre popular" o lo que un "manto americano que unifica" significaba siquiera para él. Consideraba que sus definiciones eran incontrovertibles, de diccionario, no entendía que eran simples metáforas que implicaban apreciaciones sobre el pasado.

Al hacer un balance cuantitativo de su producción bibliográfica de esta época, los estudios realizados sobre temas prehispánicos suman un volumen considerablemente mayor que aquellos encuadrados en lo colonial. Aunque es necesario destacar que uno de sus aportes más valiosos es el trabajo desarrollado sobre los túneles coloniales de la ciudad de Buenos Aires, especialmente aquellos construidos en la Manzana de las Luces. Sus estudios y conclusiones al respecto fueron expuestos con indiscutible rigor por primera vez en 1920, constituyendo la instancia inicial del análisis de este tema el que sería retomado varias décadas después cerrando un capítulo importante de su actividad.

En 1924 dijimos que Greslebin había regresado de San Luis retomando su vinculación con la Sección de Arqueología del Museo de Historia Natural. Su partida no interrumpió la relación que mantenía con Eric Boman, más aún, el distanciamiento físico no impidió que continuaran desarrollando juntos el libro que hemos descrito, su Alfarería Draconiana. Lo citamos porque en él, además de la sección puramente arqueológica agregaron un ejercicio de arte neoprehispánico, en que propuso el diseño de dos tapices, cada uno de ellos en uno de los estilos arqueológicos estudiados. Y haciéndose eco del pensamiento de Ricardo Rojas acerca de que los artistas debían poner la atención en "los motivos, los ritmos, y los símbolos del arte indígena, no para copiar el arte autóctono en estéril repetición arqueológica, sino para renovar la conciencia de América y su expresión en el arte contem-

[38] Héctor Greslebin, El Estilo Renacimiento Colonial, *Revista de Arquitectura* N° 38, Buenos Aires, 1924.

1. —Ejemplo de doble muro incaico. *Foto H. G.*

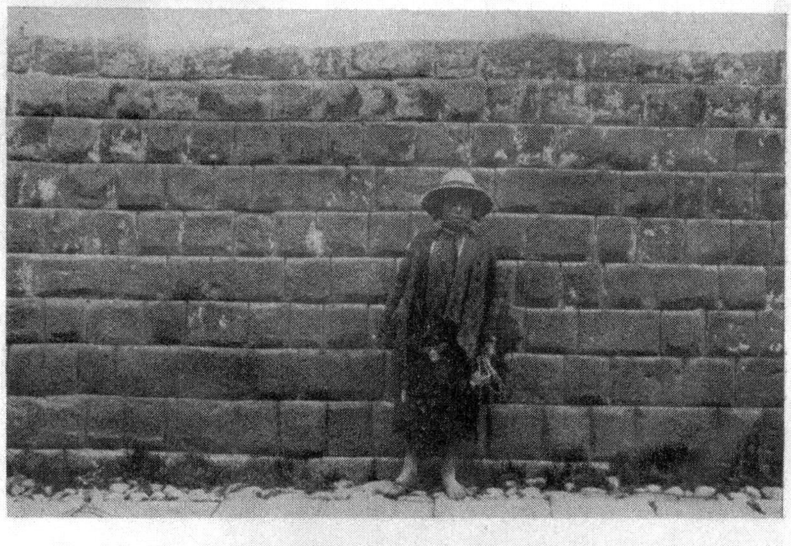

2. — La perfección del aparejo en el muro incaico. *Foto H. G.*

Fig. 53. Dos fotos del autor mostrando los aparejos murarios de piedra en Cusco

poráneo"[39], el ensayo tuvo como premisa la consideración del proceso de estilización adecuado al objeto proyectado. Tuvo en cuenta también que el ejercicio con-

[39] Op. Cit. nota 18, p. 174.

formara un ejemplo práctico de arte decorativo con el objeto de demostrar que era posible aplicar el arte americano sin copiar motivos, si no recreándolos a partir del conocimiento de los motivos originales[40].

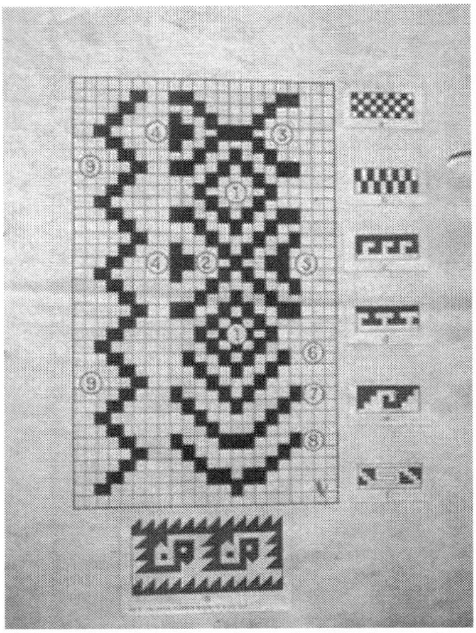
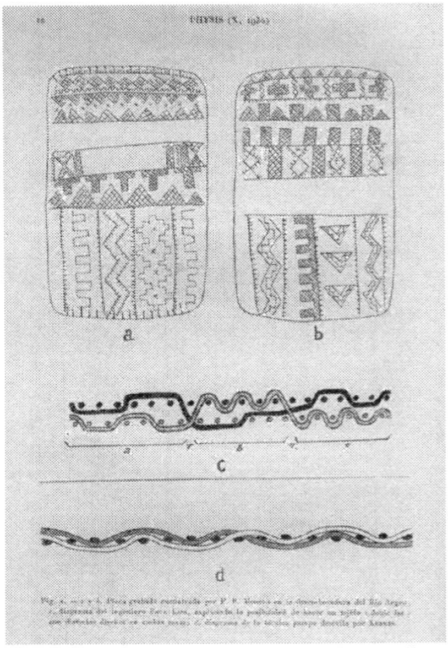

Figs. 54 y 55. Estudios detallados sobre textiles y su traslado a la piedra en las hachas de la Patagonia, dibujos inéditos y otros publicados

Más allá del indiscutible valor que tuvo este trabajo como resultado del estudio en sí mismo, es interesante verificar hasta que punto tendió a plasmar en él la efectiva confluencia de las distintas áreas de su conocimiento. Y si esta observación la hacemos extensiva a un contexto más amplio, podemos determinar que el concepto de interdisciplina se lo encuentra de manera recurrente en toda su producción. Esto no proviene de la inevitable influencia de su formación múltiple, si no que del análisis de su obra se desprende la intención consciente de producir hechos plásticos teniendo en cuenta todas las facetas que creía que debían concurrir para dar forma al resultado. Era su arraigada creencia en que sólo con un fuerte conocimiento del arte de toda América Latina -o al menos de la región andina-, era posible proyectar o realizar obras de arte en el presente.

Su regreso a Buenos Aires, como dijimos, se produjo poco antes de la muerte de Boman. Al suceder esto pasó a ocupar por un tiempo el cargo que dejara vacante en el Museo Nacional de Historia Natural:

[40] Eric Boman y Héctor Greslebin. *Alfarería Draconiana*, op.cit., p. 59. Volvería al tema con su artículo *Sobre el simbolismo del estilo draconiano*, Junta de Estudios Históricos de Catamarca, 1966 e incluso una conferencia antes de fallecer.

> "La noche de la muerte de mi querido maestro, concurrió a su velatorio el doctor Antonio Sagarna, entonces Ministro de Justicia e Instrucción Pública. Llamándome aparte, me preguntó si me sentía capaz de reemplazar a Boman en su cargo y si mis recursos personales me permitirían suplir los reducidos emolumentos del cargo. Me señaló el sacrificio del puesto y sin titubear contesté que si fuera nombrado, aceptaría".

El profesor Martín Doello Jurado, que era por entonces el Director del Museo, le propuso tomar el puesto vacante; Greslebin lo cuenta en términos de sorpresa lo que era entendible teniendo en cuenta el modo en que terminaría la relación entre ambos, es decir profundamente distanciados. Los que siguieron fueron los cortos años de sus mayores logros y contribuciones de su carrera: hizo viajes de estudio a lugares de interés arqueológico en Chile, Bolivia y Perú, y periódicas expediciones junto a colaboradores del museo a distintos puntos del país en donde también dictó conferencias; increíblemente nunca viajó a México o Guatemala, de donde se inspiró tanto en sus obras. Pero siempre priorizó viajar por América que por Europa. Al mismo tiempo extendió sus contactos con instituciones científicas extranjeras y concurrió con sus ponencias a diversos Congresos Internacionales de Americanistas que se organizaban bianualmente en ciudades americanas y europeas. El volumen bibliográfico producido en ese período reunió principalmente temas arqueológicos.

En lo que respecta a nuestro territorio las investigaciones ya citadas sobre la provincia de San Luis conforman sólo una parte, ya que también focalizó su interés en el estudio de distintas construcciones y objetos prehispánicos de la región del litoral. Otra área de investigación a la que destinó una serie completa de trabajos fue a las placas grabadas de la Patagonia prehistórica, aplicando a ellas sus estudios estéticos y que relacionaba o explicaba desde lo textil. Por otra parte diversos títulos dejan constancia que también se ocupó de abordar temas concernientes a otras regiones americanas: suman un número importante las investigaciones llevadas a cabo sobre el macizo andino de la región boliviano-peruana. Estas fueron concentradas en un trabajo ya citado que denominó *El arte prehistórico peruano* y que surgió de su presentación del 15° sesión del Instituto Popular de Conferencias en agosto de 1925. La introducción a esa conferencia estuvo a cargo del Dr. Martín Doello Jurado, su director en el Museo. En esta oportunidad proclamó las virtudes de Greslebin diciendo: "El joven y ya destacado estudioso que hoy ocupará esta tribuna, es de los que pueden encarar la arqueología desde sus principales puntos de vista científico, arquitectónico y artístico".

Greslebin sostuvo en su presentación la importancia de realizar un estudio del arte prehistórico peruano desde una mirada artística e invocar sus estilos para explicar mitos, religiones o costumbres y aún más si "se desea aplicar esas estilizaciones al arte moderno". Esto es quizás lo más interesante de todo su pensamiento, su capacidad para llevar al mismo tiempo dos caminos de investigación simultáneos, uno científico y otro artístico; el pensar en la recuperación del pasado para aplicarlo en el presente. Recordemos lo poco explorada que ha sido la vertiente del arte en las culturas prehispánicas en América del Sur, y en especial en Argentina, donde la arqueología como ciencia se opuso a toda mirada artística durante un siglo. Y precisamente esto es lo que Greslebin le exigía a aquellos que quisieran estudiar el arte peruano al punto de proponerles un esquema de lectura donde antecede lo artístico a lo antropológico y arqueológico. Podremos desde el hoy criticar esta posición asumida con rigor excesivo, pero no le quita el compromiso con su proyecto. Realizó la comparación de estilos partiendo de las diferencias geográficas y sus consecuencias culturales -determinismo geográfico mediante-, para desarrollar un detallado análisis de las raíces artísticas de cada uno. Se detuvo especialmente en la arquitectura de Tiwanaku, con la que quedó particularmente impactado en su visita al sitio y que luego utilizaría como fuente de inspiración para sus obras:

> "He observado mucho estas líneas de Tiahuanaco, calcando, copiando y combinando sus detalles, tratando de obtener decoraciones que evoquen el viejo estilo. También he construido en esta capital (Buenos Aires) dos fachadas con tales líneas, indudablemente sufriendo la adaptación que corresponde a los programas modernos".

Ya veremos cuánto hubo de adaptación real y cuánto de reproducción textual. No podemos olvidarnos que más allá de lo adelantado de su pensamiento en muchos aspectos, era un arquitecto de su tiempo, y esto significa que tenía una profunda formación académica en la vieja tradición de la Academia de París. Este dato, lejos de reducir su valor, lo destaca porque nos da una idea de las barreras sociales y personales que tuvo que intentar superar en su búsqueda artística. Del mismo modo que sus anteriores trabajos, este se ilustraba con una serie de excelentes fotos propias y otras provistas por Julio Tello, el célebre director del Museo Arqueológico de la Universidad Mayor San Marcos de Lima con quien tuvo una buena relación, lo que era un lujo que pocos en el mundo podían darse.

La fotografía sería otro de los campos de expresión artística donde Greslebin incursionó con éxito y sus fotos son excelentes registros arqueológicos, de paisajes y antropológicos. Son imágenes que exceden el mero documento científico, que buscan provocar sensaciones en aquel que las observa. Un camino más que sumó para acercar las culturas prehispánicas a un público no habituado; así en sus archivos se encuentran cientos de fotografías de arquitectura indígena y colonial, pero también muchos retratos de diferentes grupos étnicos americanos, Es cierto que le llamaba la atención "el otro" y lo fotografiaba con la distancia cultural con que veía la arquitectura o el arte, pero en ese momento no había otra mirada posible al menos desde Buenos Aires. Por eso posiblemente jamás escribió una palabra sobre la situación social que veía, si es que la veía. Es destacable la calidad de estas imágenes considerando los contextos en las cuales fueron tomadas muchas de ellas. En síntesis, también en la fotografía fue fiel a sus convicciones: imágenes que son documentos susceptibles de una lectura científica pero que exaltan la belleza de lo americano.

Su actividad docente en esos años fue casi tan importante como su tarea de investigación, basado en la preocupación por la formación de futuros profesionales en la cultura americana. Siempre quiso tener discípulos en la antigua tradición que él mismo vio terminar, no los tuvo y eso lo sufrió mucho con los años. En 1924 fue elegido para ocupar la cátedra de arqueología del Instituto Nacional del Profesorado Secundario, a la que con el tiempo le sumaría otras asignaturas en historia. Considerando la posición que ocupaba en ese entonces, el haber aceptado ese cargo sólo puede explicarse comprendiendo su vocación docente; la universidad en cambio le era un poco reacia a su presencia. Sus archivos contienen decenas de carpetas de apuntes para el dictado de sus materias elaborados con una admirable dedicación: textos, dibujos, esquemas, lo necesario para cautivar la atención de sus alumnos e introducirlos en la investigación de las raíces de América. Mantendría la cátedra durante más de 35 años y sería, tal vez, su único espacio de estabilidad en los difíciles años de la madurez. Muchas veces se quejó de las trabas que existían para enseñar lolo que él anhelaba: "en la enseñanza oficial no existía el menor ambiente para el arte americano, se carece de capacidad para abordarlo y se desconocen los principios pedagógicos de la reconstrucción de los motivos"[41]; probablemente esta molestia sería la causa de su alejamiento de la enseñanza de la materia Historia de la Arquitectura de la Facultad en Buenos Aires, pero ciertamente lo que observaba, más allá de lo personal, es algo que siguió aquejando los estudios americanistas hasta el presente en el país.

Durante el lapso posterior a su regreso a Buenos Aires sus trabajos encontraron rápidos canales de divulgación a través de los medios escritos de los entes científicos oficiales. Era un intelectual inserto en su medio, joven, que pasaba con enorme facilidad del arte a la historia, a la arqueología y al proyecto arquitectónico, a la escultura, el diseño, la fotografía y el dibujo. No sólo los medios científicos le daban sus espacios, numerosas fueron sus apariciones en los diarios mostrando lo variado de sus actividades. *La Nación* y *La Prensa* publicaban las alternativas de sus viajes a Perú y sus participaciones en los congresos de arquitectura o arqueología y sus conferencias son innumerables. En 1920 *La Unión* publicó como primicia las investigaciones que Greslebin estaba realizando en los túneles de la Manzana de las Luces como ejemplo de hasta dónde llegaban sus inquietudes y en el artículo se sostiene que "Más sabemos de historia francesa que de la epopeya nacional"[42].

Como toda persona activa generaba reacciones, algunas quizás fundadas y otros no. Su trabajo era resistido en algunos ámbitos y las presiones que recibiría serían cada vez mayores; y él tenía una personalidad a la que le afectaban seriamente esas situaciones. Pese a eso en 1928 el diario ultra Nacionalista *La Fronda* publicó una charla que brindó en los salones de la *Liga Patriótica Argentina* sobre tejidos indígenas. Puede parecer un poco extraño que un instrumento político como ese reciba una charla de este tema pero así era. Lo insólito, y quizás fue adrede es que a los pocos meses el órgano socialista *La Vanguardia* también le pidió una

[41] Discurso en homenaje a Luis Perlotti, Lujan, 1964. Archivo Greslebin, Museo Etnográfico.
[42] Nota aparecida en *La Unión*, pp. 3-4, 11 de octubre de 1920, Buenos Aires.

conferencia la que dictó en La Casa del Pueblo sobre arte peruano antiguo. Estas apariciones en un reconocido medio de las corrientes políticas más conservadoras y seguidamente en otro opuesto muestran la libertad -intencional o no-, que tenía un intelectual para exponer sus ideas al margen de cuestiones ideológicas; el país aún lo hacía posible. Los años posteriores no serían tan afortunados, el golpe militar de 1930 marcaría la intromisión de un Estado totalitario en los espacios culturales. A partir de ese momento ya no se podría pasar de foros de izquierda a derecha, en realidad no habría casi nada que no fuese de derecha.

En esos casi diez años de intensa actividad profesional, desde que recibió su diploma hasta 1928, aunque publicaba desde 1915, cubrió todo el repertorio de actividades que le daban respuestas a la búsqueda de la identidad americana en el arte y la arquitectura; todas desarrolladas con la misma seriedad y compromiso, como si cada una fuera la central y cruzando los aprendizajes de cada rama: el dibujante, el arqueólogo, el arquitecto, el educador, el fotógrafo, el viajero, el conferencista, el escultor, el artista y el científico se unieron en su persona multifacética para un mismo objetivo, para la misma búsqueda, con una naturalidad que hoy en día nos resulta inalcanzable. Pero también en esos primeros años definió para toda su vida sus posiciones y sus interpretaciones, sus lecturas y sus conocimientos. Y jamás cambiaría ni aceptaría nuevos aportes o cambios ni siquiera desde la ciencia. Como buen heredero del Positivismo el conocimiento era algo a lo que se llegaba, una vez ahí nada se alteraba. Desconocemos si fue a escuchar a Einstein cuando estuvo en el país en esos años, pero si lo hizo debió generarle sorpresa saber que todo es relativo. Y más aun que le ciencia es una construcción por agregación de nuevos conocimientos.

En 1926 hizo un estudio arqueológico interesante en Gualeguaychú junto con su director y varios colaboradores, el que debió esperar para ser publicado años más tarde de su exilio y en una importante revista de sus amigos en Uruguay, la Sociedad de Amigos de la Arqueología con la que mantuvo estrechas relaciones. Este trabajo fue interesante por muchas razones, pero de manera particular por sus intenciones metodológicas: se trataba de grupos de montículos indígenas en zona ribereña del litoral que en parte habían sido vistos y excavados por Luís María Torres, arqueólogo del Museo de La Plata[43]. Torres había hecho en sus libros, en los que incluyó dibujos y maquetas, una intensa búsqueda para mejorar las técnicas de excavación, un profundo trabajo metodológico para la mejor observación estratigráfica y el relevamiento cuidadoso de estructuras irregulares. Si bien estaba claro en las ideas, en lo que no se concordaba era la mejor manera de excavar para ver los estratos superpuestos, por lo que Greslebin desarrolló un sistema de trincheras o calas perpendiculares que sirvieran de referencia estratigráfica básica y después desmenuzaba cada estrato con la pala, que era el sistema que había usado en Santiago del Estero poco antes. En realidad ninguno de esos métodos resistiría el menor análisis desde la actualidad, pero al menos había preguntas metodológicas que estaban tratando de resolver y eso no es poca cosa en una arqueología naciente en

[43] La estructura de los túmulos prehispánicos del Departamento de Gualeguaychú, Entre Ríos, *Revista de la Sociedad Amigos de la Arqueología*, t. V, pp. 6-51, Montevideo, 1931.

el país. Por eso nos resulta complejo entender qué pasó en su frustrado trabajo en la Tambería del Inca en La Rioja, porqué levantó tanta oposición ahí y no en Santiago, San Luis, Entre Ríos u otros lugares. Es evidente que no era un problema por falta de experiencia, era una persona más que hacía arqueología en su tiempo, obviamente sin títulos pero ninguno lo tenía. Y para colmos no sabemos bien qué fue lo que hizo en este nuevo sitio, qué y cuánto excavó -en realidad fueron dos temporadas separadas muchos años entre sí-, ya que los problemas que le generó hicieron que publicara parcialmente años más tarde. Es posible que habiendo ya problemas en Buenos Aires y el haberlo hecho sólo, sin su superior avalándolo, despertara conflictos, pero no lo fue en otros casos. Lo concreto es que si hubiese seguido así se hubiese dedicado de lleno a dicha actividad, la que conjugaba todas sus intenciones e intereses. En cambio fue el detonante de gran parte de sus conflictos, lo que produjo su cambio de derrotero y anunció el final de su gran época.

Para terminar este período hay una pequeña historia que muestra el nivel internacional que había logrado Greslebin. En 1925 los arqueólogos Julio Tello y Toribio Mejía Xesspe excavaron un cementerio peruano en Paracas que se haría famoso en el mundo. De allí provenían suntuosas telas antiguas y Tello hacía rato trataba de ubicar el sitio hasta que dio con él. Seguirían cinco años de trabajo para desenterrar cientos de fardos funerarios los que a su vez les era imposible trasladar, guardar, proteger y menos aun estudiar[44]. Y eso que lo excavado era una mínima parte del cementerio saqueado por siglos y donde se siguió trabajando mucho después. Pero era un hallazgo espectacular y la falta de recursos de Tello lo llevó a agudizar su búsqueda de medios de transporte y colaboración. Para ello acudió al historiador argentino Roberto Leviller, quien era en ese entonces embajador en Lima, que les prestó el auto de lujo que poseía para trasladarse al desierto. Para la época no era poco y además se trataba de un automóvil grande y fuerte, Tello jamás olvidaría el favor pese a que finalmente se peleó con el embajador.

Poco después Tello decidió regalarle a Leviller, como agradecimiento, el enorme fardo de una momia. Eran tiempos en que se hacía eso en virtud de que eran conscientes de que en toda su vida no podría llegar a estudiar las ya excavadas y quedaban aun miles bajo tierra. A la vez esa distribución ayudaba a la difusión del conocimiento y permitía que los museos de otros países lucieran el pasado del Perú. Hoy pensaríamos en invitar a los científicos a trabajar allí, pero esa era otra época.

Fue así como Leviller le informó a Greslebin acerca de la donación de una momia para el museo Bernardino Rivadavia en Buenos Aires, e incluso el descubridor le escribió afirmando que tenía una dispuesta para enviar. El 23 de noviembre de 1926 el fardo funerario llegó a Retiro de donde fue retirado y llevado al Museo, de donde veinte años después pasó al Museo Etnográfico junto con todas las colecciones arqueológicas dedicándose el otro exclusivamente a las Ciencias Naturales. De esa manera fue abierta, estudiada, registrada y hay diversos informes escritos aunque nunca llegó a publicarse completa, quizás porque poco antes Tello

[44] Isabel Iriarte, La donación de un fardo Paracas a la Argentina: circunstancias y protagonistas, *Separata*, nos. 7 y 8, pp. 1-29, Rosario, 2004.

y Leviller se pelearon duramente. Pero entre los dos argentinos la relación seguiría y de allí de inmediato surgió la conferencia, luego libro, titulada *El arte prehistórico peruano* del que ya hablamos. Creemos que este tema debió sentirse porque quienes luego agredieron a Greslebin estaban en el Museo Etnográfico y consideraban al otro museo como una competencia, al grado que consiguieron desmantelar la colección arqueológica iniciada por Florentino Ameghino.

CAPÍTULO V

LA OBRA COMO ARQUITECTO (1924-1928)

Casi puede parecer imposible que entre tanta producción Greslebin haya tenido tiempo e interés en practicar de manera profesional su actividad inicial, la arquitectura. Es obvio que su búsqueda principal la hizo en ese sentido, en cuanto a motivos prehispánicos que pudieran usarse para una arquitectura de tipo nacional; así como también lo planteó para lo colonial e incluso, como en la tumba para Ricardo Levene, mezcló ambos elementos. Pero eran proyectos monumentales, como el gran cenotafio y los monumentos, otra cosa era hacerlo en casas o edificios que se construirían entre medianeras en un contexto como Buenos Aires y que debían cumplir funciones específicas de vivienda.

Sus realizaciones como arquitecto fueron tres viviendas unifamiliares, dos en Belgrano en 1924, una para él mismo ubicada en la calle Arredondo 2670 y la otra casa fue proyectada para su hermano César que como ingeniero era quien construía esos edificios, ubicada en Fernández 2936. La tercera la hizo en 1929 en Palermo Chico y fue para Alberto Colombo, quien le editaría varios textos (Palpa 2312), que es la única casa que sobrevive[1]. Si bien las tres propuestas se desarrollaban en planta baja y primer piso, diferían en sus características espaciales. La proyectada para su hermano es la que manifiesta abiertamente una distribución funcional más enrolada en la tradición criolla, evidenciando un tipo muy cercano a lo que hoy identificamos como *casa chorizo*, de ambientes colocados a lo largo de una circulación. En ella las habitaciones se suceden en hilera enlazadas por medio de una galería, con un patio lateral abierto, reforzando el desarrollo a través de un eje principal.

La vivienda diseñada para sí mismo muestra una disposición muy distinta: ésta responde a una organización compacta entre medianeras en torno a un hall distribuidor dejando libre hacia los fondos más de la mitad del predio. Desconoce-

[1] Héctor Greslebin, *La enseñanza del arte americano prehispánico y su aplicación moderna*. Buenos Aires, Francisco A. Colombo, 1934.

mos el motivo de esta decisión en cuanto a ocupar solamente una parte del terreno concentrando para ello la vivienda, quizás haya sido una simple falta de recursos económicos o el tratar de tener un jardín más amplio.

La propuesta concretada en Palermo Chico era una residencia y reunía las condiciones propias de un *petit hotel*. La preponderancia del hall era evidente ya que el carácter circular que posee le confiere un protagonismo académico tradicional. En el diseño se tuvo en cuenta la "adaptación de los programas modernos", lo que implicaba que tanto la distribución funcional como las proporciones de los vanos, la escala y el ritmo de las fachadas se ajustaron a los usos que imperaban en la arquitectura académica en uso en ese momento. En los interiores se guardó la utilización de lo prehispánico sólo para detalles decorativos, mientras que el exterior es el que mejor responde al estilo Neoprehispánico de sus casas: empleó ornamentación tiawanakota y detalles basados en sus estudios arqueológicos, lo que son las notas distintivas. Resulta interesante observar hoy su capacidad de dibujante, notable por lo poco común de los ornamentos, el cuidado en trabajar en el papel cada detalle antes de llevarlos a la materialidad, y en eso sirve de ejemplo la puerta de la calle Fernández que hemos incluido aquí el dibujo hecho en lápiz y la realidad lograda. Su hermano debía contar con un equipo técnico de operarios de primera calidad.

La pregunta que nos surge es ¿porqué optó por tomar a Tiwanaku como su eterno referente estilístico? La respuesta quizás es sencilla: en la arquitectura prehispánica de Sudamérica era el ejemplo de mayor fuerza plástica, el más conocido (aunque no bien estudiado) a través de los libros y la casa misma de Arthur Posnasky en La Paz, símbolo del movimiento. La otra arquitectura conocida entonces, la incaica, no poseía las cualidades ornamentales necesarias para arquitectos que finalmente operaban bajo la influencia compositiva de la tradición de la Academia francesa. Es algo similar a lo que pasó con las ruinas de Mitla en México a inicios del siglo XIX, en que no siendo un sitio de grandes dimensiones, sus ornamentos fueron tomados sistemáticamente por ser lo que mejor se adaptaba a la necesidad de su tiempo[2]. Los volúmenes paralelepípedos con aristas netas, los claro-oscuros acentuados, la greca escaleriforme en puertas y ventanas, las esculturas verticales hieráticas, todas eran formas y motivos que se adaptaban a una arquitectura que por detrás de la ornamentación, se construía ya con el rigor que la modernidad imponía.

Con el color que era marcado y estudiado y luego desapareció casi totalmente no entendemos lo sucedido: en sus proyectos lo usa con cierta profusión para destacar formas y detalles, en su casa el amarillo remarca bien lo neoprecolombino, pero desaparece para limitarse a algunos detalles cuando construye. En la calle Palpa nuevamente usó el color para marcar el juego espacial de la fachada, en la casa de su

[2] Para este tema ver: Daniel Schávelzon, La polémica del arte nacional en México, Fondo de Cultura Económica, México, 1991. Entre los que lo explicaron en su momento: Luis Salazar, La arqueología y la arquitectura, en: *Actas del XI Congreso Internacional de Americanistas*. México, 1895; Manuel F. Álvarez, Creación de una arquitectura nacional, en: *Las ruinas de Mitla y la arquitectura nacional*, México, 1900, pp. 273-282.

hermano el amarillo y el rojo son fuertes aunque usa tonos mates, pero luego los reduce a una base de granito oscuro, pizarras grises en el techo -detalle francés si lo hay por cierto-, y el color sólo queda dentro de algunas molduras. Parecería que la homogeneidad urbana tuvo más fuerza que sus ideas.

La realidad impidió que siguiera construyendo, sea por su depresión interior a partir de 1929, sea porque le dedicaba todo su tiempo a la investigación, docencia y dibujo más que a la búsqueda de comitentes que le encargaran obras como profesional de la arquitectura. Imagino que un potencial cliente al enfrentarse a un arquitecto que le endilgara discursos sobre las formas que debería tener su casa para pertenecer a una corriente estética extraña, cambiaría rápido de profesional. Y no creemos que fuese flexible a los requerimientos o a hacer una arquitectura puramente comercial. Incluso entre sus papeles jamás vimos una intención de encontrar quien financiara obras con el simple aunque crucial objeto de ganar dinero.

Casa propia en Arredondo 2670:

Fig. 56, 57 y 58. Casa propia en Arredondo 2670

Casa del Sr. Colombo (Palpa 2312):

Fig. 59. Casa del Sr. Colombo (Palpa 2312)

Casa de César Greslebin (Fernández 2936):

Figs. 60, 61, 62, 63, 64 y 65. Casa de César Greslebin (Fernández 2936)

Pero el joven e inquieto arquitecto no paraba en esos años de proyectar su arquitectura tan peculiar y en sus archivos quedaron inéditos varios proyectos de viviendas en su estilo, dibujos variados, detalles ornamentales para escaleras, chimeneas, azulejos, tapices, diplomas y hasta la decoración de una espada. Entre los papeles vale destacar el proyecto para el edificio de la asociación científica GAEA, institución dedicada al estudio geográfico, histórico y arqueológico con la que colaboró. La propuesta era en planta baja y tres pisos en un terreno de más de treinta metros de frente y solo diez de profundidad, dando como resultado un edificio con una gran fachada que resolvió apelando nuevamente a lo académico con decoración al estilo Tiwanaku; un pesado basamento con friso decorativo y un remate en elevación con una pronunciada cornisa eran la característica principal. La entrada la enfatizaba con un portal al modo de la Puerta del Sol. Al componer la fachada fue fiel a las reglas tradicionales: énfasis del eje de principal, tectonicidad, regularidad en la composición y división tripartita en basamento, desarrollo y remate. Era un arquitecto clásico vistiendo con ropajes eclécticos sus edificios. Tampoco se separó de estas leyes compositivas en la planta: en el centro de ubicó el gran hall de acceso que contenía la escalera que en planta baja se desarrollaba en doble altura correspondiéndose con el basamento. Las funciones se repartían en torno a ese hall, por un lado aquellas que requieren espacios más compartimentados, oficinas, aulas y gabinetes de estudio y por el otro las que necesitan de una mayor amplitud, la biblioteca, la sala de conferencias, el museo y los laboratorios. Naturalmente la fachada no da cuenta de estas diferentes funciones, cualquier otra decisión desde el pensamiento de la época hubiera sido inadmisible. En síntesis, al igual que en el resto de los proyectos, se trata de una composición clásica, donde el estilo elegido es el Tiwanaku hábilmente manejado por una persona que le destinó tiempo a su estudio pero que no pudo escapar a los condicionantes de su tiempo.

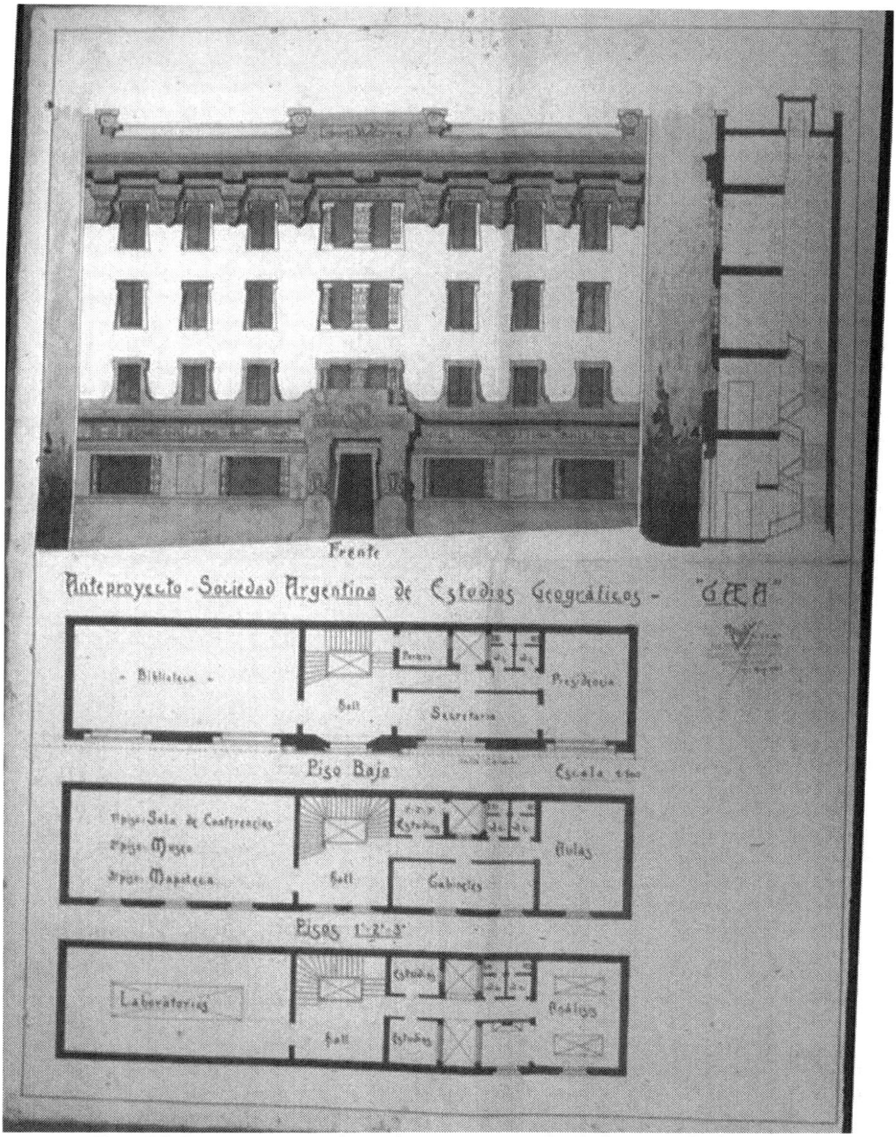

Fig. 66. Proyecto para la sede no construida de la sociedad GAEA

Fig. 67. Diploma de la sociedad GAEA

Capítulo VI

Los complejos años de la madurez, o el principio del final

Las décadas posteriores a 1930 no serían tan felices como las primeras. Su vida se vio troncada por varios hechos simultáneos que lo afectaron concretamente aunque posiblemente fueron fruto de situaciones de política nacional que se expresaron en todo el acontecer cotidiano. Por un lado su excavación en La Tambería levantó furor quizás por haberlo hecho sin supervisión alguna, pese a que ya había hecho varias para su museo. Pero la situación imperante hizo que él fuera el catalizador de problemas mucho más amplios como fueron los nuevos Juicios Académicos introducidos por José Imbelloni como entrada simbólica del fascismo en la antropología, la lucha por el poder de las instituciones y el derrumbe final de la arqueología positivista. Estuvo en el momento menos propicio en el peor lugar. Por otra parte se le cruzó la necesidad de elegir o reelegir al director del Museo: por una parte Doello Jurado intentaba continuar con el cargo, por la otra Ángel Gallardo, quien no era una personalidad menor sin duda y que dejaba el Ministerio de Relaciones Exteriores y Culto habiendo ya sido presidente del Consejo Nacional de Educación durante el gobierno de Hipólito Yrigoyen y durante la presidencia de Alvear[1]. Y Greslebin se jugó por Gallardo y le tocó perder e irse, exilarse y quedar fuera. Con esa gente no se jugaba y los errores eran para siempre. Por otra parte era un momento clave en la política nacional en la lucha interna del Radicalismo entre personalistas y antipersonalistas, por el regreso o no de Hipólito Yrigoyen. Y él quedó atrapado por tener que definirse en algo que era mucho más grande que ese cargo de director. Jamás se le ocurrió que poco más tarde vendría un golpe de estado que cambiaría aun más las reglas del juego

Greslebin y cuatro compañeros (según versiones eran ocho en total) que apoyaron a Gallardo lo hicieron por escrito en una carta publicada en los diarios; la nota era dura aunque no agraviante y lo que mostraba era la necesidad de un cam-

[1] Juan José Parodiz y Enrique Balech, *El Museo Argentino de Ciencias Naturales B. Rivadavia... en pantuflas*, manuscrito inédito, Buenos Aires, 2004.

bio, pero fue una jugada que sin duda iba a tener sus consecuencias. Doello al día siguiente, para contrarrestar el efecto en la opinión pública, logró que todos los demás trabajadores del museo hicieran otra carta de apoyo a él que llevaba la firma de los 34 miembros restantes encabezados por Palavecino lo que fue definitivo. Con los años Rusconi y Kragleivich, dos de los impulsores, dieron la imagen de que fue un evento ni siquiera recordable, y que la reacción fue desmedida, pero la verdad es que ambas partes jugaban duro.

La cosa terminó con el pedido de renuncia a los cinco firmantes. Tres de ellos se fueron al Uruguay invitador por la Sociedad de Amigos de la Arqueología y luego siguieron sus caminos, los otros dos pidieron quedarse aceptando dar humillantes públicas disculpas; obviamente Greslebin no daría su brazo a torcer. Al parecer la renuncia al puesto en el Museo fue para él el único camino viable "en vista de la imposibilidad que me asiste de seguir aceptando, con tal carácter, dada su actual orientación (del museo), las responsabilidades material y científicas inherentes a tan elevado cargo"[2]. Incluso le fue negada la posibilidad de continuar con el puesto de adscrito que poseía desde su nombramiento en 1918. Esta separación lo marcaría por el resto de su vida y jamás la olvidaría; en sus últimos escritos cincuenta años después, volvería una y otra vez sobre eso. Aparte del cargo en el museo también presentó su renuncia como miembro de la Comisión Nacional de Bellas Artes declarando que allí no tenían ningún interés de dedicarse a los estilos americanos, y a las suplencias en la Facultad de Ciencias Exactas que tenía desde 1924 convencido de que se trataba "de una pérdida de tiempo".

En esta expulsión había muchas cosas mezcladas entre los sindicados: Lucas Kraglievich era un hombre mucho mayor y de gran prestigio internacional, discípulo directo de Ameghino, quien fuera su amigo personal, y Carlos Rusconi había sido a su vez su alumno dilecto, es decir que era la línea continuadora de Don Florentino que de esta manera desaparecía. Lo que quizás Doello no esperaba es que Kraglievich falleciera al poco tiempo y que su muerte fuese atribuida a los problemas cardíacos que le produjo el exilio, y regresó a Buenos Aires para fallecer aquí. Esto levantó una ola de críticas tremenda, notas en los diarios, necrológicas y en Uruguay docenas de escritos y conferencias ya que había hecho importantes contribuciones a la ciencia uruguaya a lo largo de su vida. Pero era 1932 Doello ya era también historia antigua y las condiciones en el país eran otras de nuevo y para el nuevo gobierno todo quedó en la nada y Rusconi se fue de Uruguay a Mendoza para siempre creando un gran museo que aun existe.

Más allá de los conflictos políticos, para Greslebin si sus ideas no se imponían y si el ambiente se enrarecía, él se tenía que alejar, obligado o no. Ante la dificultad de continuar con sus estudios por las trabas que encontraba se hizo patente su incapacidad para flexibilizar sus posiciones. La situación política nacional expresada en el golpe militar que se produjo en 1930 ocasionó un rápido endurecimiento de la libertad académica, de pensamiento y de investigación. Estas condiciones desfavorables sumadas al cada vez más acelerado aislamiento personal por

---

[2] Mario A. Fontana Company, *El arqueólogo argentino arquitecto Héctor Greslebin y su obra*, Separata de la Revista de la Sociedad Amigos de la Arqueología, vol. VII, Montevideo, 1935.

la rigidez de sus posturas personales y científicas impidieron que pudiera continuar su actividad en el ámbito oficial, en museos y centros de investigación; debemos sumarle las obvias dificultades que encontró a partir de allí en más para difundir sus estudios en publicaciones científicas y la oposición que le tocó catalizar. Las puertas se le habían cerrado definitivamente.

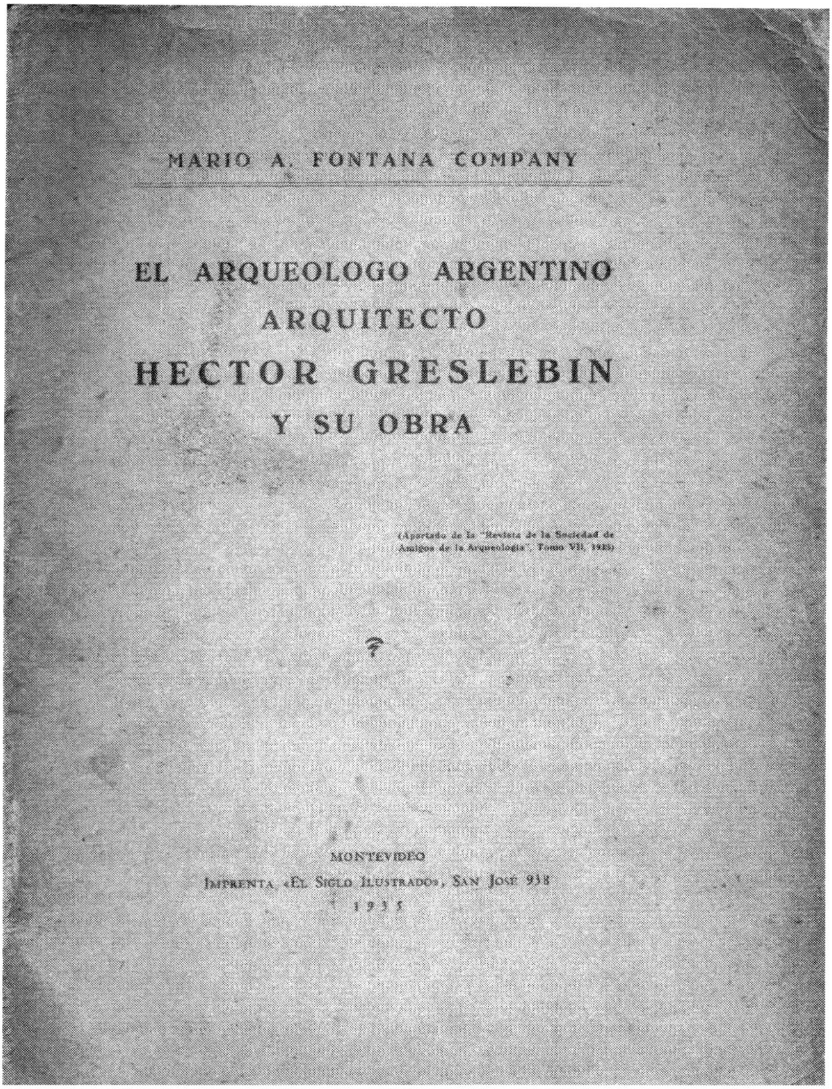

Fig. 68. Folleto que los amigos le publicaron en Uruguay por su exilio, en una serie que exaltaba los méritos de cada uno de los expulsados

A pesar de lo sucedido en los primeros tiempos pudo emprender algunas actuaciones en el campo científico. Varias de las personas con las que trabajó en aquellos años de esplendor estuvieron dispuestas a brindarle espacio en sus medios aunque las ideas que expusiera ya no tuvieran la misma novedad o la seriedad de antaño. En 1932 participó en calidad de delegado del Museo Nacional de Lima, de la Sociedad Científica Argentina y de la Sociedad Arqueológica del Perú, en el XXV Congreso Internacional de Americanistas que se llevó a cabo en la ciudad de La Plata. En esa oportunidad presentó la moción de declarar a la ciudad de Cuzco como Capital Arqueológica de Sud América, consiguiendo para ello la aprobación del congreso[3]. También en esos años, cuando las puertas se le habían cerrado, obtuvo la publicación de trabajos en medios pertenecientes a entidades científicas europeas: en 1935 en Berlín fueron editados estudios relacionados con la Patagonia prehistórica.

Pero lo de excavar La Tambería es evidente que le quedó grabado y no tenía porqué abandonar la idea: habían pasado diez años de sus conflictos y supuso que podía retomar la investigación en el sitio. Así que con una beca de la Secretaría de Cultura de la Nación fue nuevamente a trabajar allí lo que por supuesto generó aun más conflictos; sus opositores no olvidaban nunca. Sus investigaciones tenían una buena técnica de relevamiento gráfico, tenía la capacidad de visualizar el sitio completo dentro de la muralla envolvente, parecería que excavaba y observaba con detalle, pero en lo demás lo que hacía era ciertamente muy poco de arqueología propiamente dicha. Los resultados fueron reunidos en dos trabajos: *Sobre el descubrimiento de una forma de techar los recintos pircados* y el otro *Arqueografía de la Tambería del Inca*. Ambos muestran pormenorizados estudios de los edificios prehispánicos, su implantación en la configuración topográfica y su relación urbana acompañados por excelentes planos y dibujos, pero imaginamos que para la arqueología era grave la absoluta falta de referencias a la cerámica o los artefactos culturales siguiendo la tradición de su tiempo. La idea de excavar para contestar hipótesis específicas y no detallar la totalidad de lo observado era aun inimaginable.

La decisión de hacer esa expedición le valió que el medio oficial emprendiera acciones en su contra como fue el aplicarle la Ley 9080, con lo que fue acusado de *saqueador*. Y si bien la expedición fue financiada con una beca de la Comisión Nacional de Cultura y que él haya presentado un detallado informe, no le fue perdonado. Se trataba de luchas contra el nuevo grupo liderado por José Imbelloni y Alberto Casanova, que manejaban códigos diferentes en cuanto a lo que significaba el poder en la ciencia y más que nada en la construcción del pasado. Se había acabado el tiempo de imaginar un americanismo de una América unida, eran tiempos del nacionalismo a ultranza en que él mismo había incurrido sin ver sus límites. Greslebin era un positivista de la Generación de 1880 al fin y al cabo, seguía pensando como su padre, seguía haciendo arqueología como él y su generación.

[3] Universidad Nacional de Cuzco, *Revista del Instituto y Museo Arqueológico*, Cuzco, Perú, 1948, p. 141.

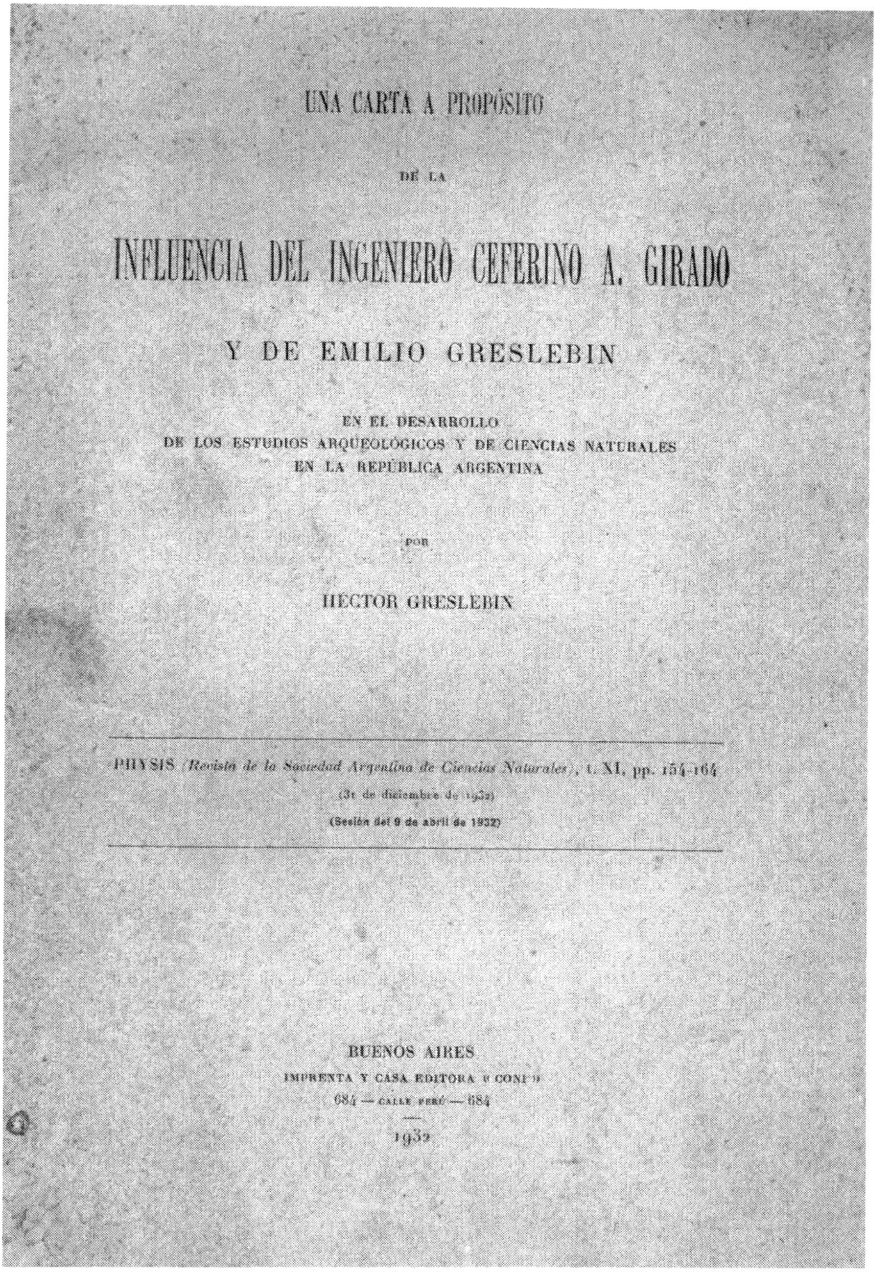

UNA CARTA A PROPÓSITO

DE LA

INFLUENCIA DEL INGENIERO CEFERINO A. GIRADO

Y DE EMILIO GRESLEBIN

EN EL DESARROLLO
DE LOS ESTUDIOS ARQUEOLÓGICOS Y DE CIENCIAS NATURALES
EN LA REPÚBLICA ARGENTINA

POR

HECTOR GRESLEBIN

PHYSIS (*Revista de la Sociedad Argentina de Ciencias Naturales*), t. XI, pp. 154-164
(31 de diciembre de 1932)
(Sesión del 9 de abril de 1932)

BUENOS AIRES
IMPRENTA Y CASA EDITORA « CONI »
684 — CALLE PERÚ — 684

1932

Fig. 69. Artículo con la biografía de su padre y su compañero de colecciones, como forma de justificar su herencia de conocimiento y práctica en la arqueología

En 1938 tuvo un fugaz retorno por las páginas de la *Revista de Arquitectura* después de haber estado alejado por más de quince años. De esta manera publicó su trabajo sobre la Tambería del Inca e hizo algunos comentarios sobre libros de la época referidos a la temática colonial y prehispánica; incluso él mismo escribió un breve pero emotivo resumen titulado *La arquitectura americana prehispánica*[4]. Estaba preocupado por la falta de continuidad en el estudio del arte americano lo que veía en los jóvenes profesionales y se lo había hecho saber a Julio Tello en una carta: "es alarmante para el porvenir de la arqueología americana el hecho que (...) no se perfila un solo joven que quiera dedicarse con pasión de estudioso a estos temas americanos"[5]. No sólo él ya casi no tenía espacios para seguir lo suyo, tampoco existía un continuador, un discípulo como lo fue él de su maestro. Pero ya era imposible que lo hubiera, el pensamiento había sido fragmentado. Se era arqueólogo o artista o arquitecto o historiador, la era de los grandes naturalistas -lo que finalmente también eran Gallardo y Doello Jurado- había terminado. Todos sus grandes maestros habían fallecido o eran ancianos venerables y olvidados, y el haber tenido un gran maestro no significaba derechos a su alumno, no se heredaban los cargos, se concursaba o se peleaban desde la política interna institucional.

La desvinculación del entorno científico que lo había rodeado fue haciéndose cada vez más tajante. En las dos décadas siguientes desempeñó, casi con exclusividad, actividad docente en ámbitos de educación secundaria. En el Instituto Nacional del Profesorado Secundario y en la Escuela Industrial Ingeniero Huergo desarrolló esa labor hasta su jubilación en 1959, mientras que en el Liceo Militar General San Martín trabajó casi veinte años. Enseñó en ellos las más variadas asignaturas: dibujo, construcciones, geometría e historia. De esta manera, en un ámbito que por su propia dinámica no le brindaba ninguna oportunidad se fue transformando en un rutinario profesor de enseñanza media. Después de haber llegado a ser un investigador teórico y de campo de alto nivel, cuyos tempranos trabajos habían producido un impacto entre sus contemporáneos a tal grado que tres paleontólogos designaron con su nombre especies extinguidas por ellos descubiertas[6], y después de haber obtenido un espacio reconocido en más de una docena de instituciones científicas americanas y europeas[7], todo quedó olvidado. Incluso en este período escribió trabajos que tuvieron en común la escasa trascendencia de los temas o se trató de prolongaciones reiterativas de estudios anteriores en canales no científicos para su difusión. Se volvía una y otra vez a temas superados como el Estilo Draconiano que nadie aceptaba porque la evidencia científica había demos-

[4] Héctor Greslebin. La arquitectura americana prehispánica. *Revista de Arquitectura*, pp. 120-12, Buenos Aires, 1938.

[5] Héctor Greslebin. Carta al Dr. Julio Tello aceptando la invitación a participar de las fiestas del IV° Centenario de la Fundación de Lima, 1934. Archivo Greslebin. Museo Etnográfico.

[6] Lucas Kraglievich, Alfredo Castellanos y Carlos Rusconi, quienes efectuaron las clasificaciones de sus especies en 1924, 1941 y 1934, respectivamente.

[7] Comenzó a participar en calidad de miembro activo en la *Societé des Américanistes* de París en enero de 1920. Fue actuando en otras entidades, entre ellas fue miembro titular del Instituto Internacional de Antropología de París en el período 1925-1931; y miembro de la *American Anthropological Association* entre 1927 y 1933.

trado su inexistencia, o el ya perimido Neocolonial en la arquitectura, o los motivos precolombinos para aplicar en el arte moderno; era como si el mundo cambiara y él no.

En su correspondencia hay constantes referencias a sus conflictos con el ámbito arqueológico por sus trabajos en La Tambería, lo que le produciría que el Ministro lo acusara por la Ley 9080 -a propuesta de la Comisión de Yacimientos Arqueológicos-, de saqueador, lo que era realmente ofensivo. En 1933 le escribió a Antonio Serrano, quien en Entre Ríos se había alejado de los grupos de poder de Buenos Aires para organizar su propio museo y hacer sus excavaciones, que "he vuelto a mis ladrillos después de tanto luchar en vano. Aquí se siguen repartiendo las cátedras de la facultad y del nacional entre Aparicio y Márquez Miranda". Un año antes le había escrito a Serrano que "Es ya mi deber reaccionar y olvidar para siempre a unos pobres infelices que conspiran contra el verdadero adelanto científico". En 1932 le escribió una carta al conocido arqueólogo e historiador -y luchador político- peruano Luis Valcárcel[8] diciéndole "creo que soy el único que se ocupa de mantener el contacto con los demás colegas de América", lo que siguió haciendo activamente en especial con su intenso viaje de 1935. Para 1942 el cuadro era más triste ya que se lamentaba de sus escasos recursos y la falta de tiempo: tenía "19 horas semanales de clases, 15 de de ellas de dibujo en el Liceo Militar (y) hace un año que no tengo obras".

Lo que Greslebin creemos que no podía entender y las cartas hacen transparente, es que la arqueología y la forma de hacerla por Ceferino Girado o por su padre entre 1876 y 1890 era algo ya impensable en 1938. No se era arqueólogo "por herencia" como él mismo escribió exaltado porque en su casa infantil habían docenas de cajones llenas de objetos, si no por profesionalización. Para 1938 la diferencia estaba clara entre quienes excavaban para ellos y quienes lo hacían para la comunidad; Moreno comenzó así, llevando las cosas a su casa, y luego fue el gran creador de los mayores museos del país. También es cierto que las técnicas de campo no habían cambiado mucho -pico y pala mediante-, y el método Histórico-Cultural no representaba una feliz mejoría al Positivismo, pero para ser profesional había que estar dentro de un organismo académico, ya no habían individualidades. Y más que nada había que entender que los objetos no le pertenecían a quien los encontraba, como los de su padre que hoy nadie sabe dónde están. Era material científico que pertenecía a toda la sociedad, que había que publicar y estudiar, aunque aun no eran un *patrimonio* como lo entendemos hoy, ya no era tiempo de trabajar aislado. Es cierto también que la estructura de poder en Buenos Aires y La Plata determinaba todo, crucificaba o alababa a quien ellos decidían, y daba permiso -interesante facultad es la de ser quien otorga el permiso a otro- a quien ellos consideraban. Todo había cambiado y él no se daba cuenta cuáles eran las nuevas reglas del juego impuestas por el golpe militar de 1930 y la consiguiente estructuración del poder alrededor de un grupo de personas, aunque ideológicamente estuviera del mismo bando del Nacionalismo y él fuese tan o más rígido que ellos.

[8] (1881-1987) Fue un muy conocido indigenista, arqueólogo, político, escritor e historiador peruano.

Así como en 1928 fueron expulsados (o renunciados) al Museo de Historia Natural, Greslebin, Lucas Kraglievich y Carlos Rusconi (que nunca regresó de Mendoza), mientras que dos fueron perdonados tras pedir disculpas (Lucas Dabenne y Enrique de Carles)[9], se le hizo ese año el sonado Juicio Académico a los hermanos Duncan y Emilio Wagner para expulsarlos de la actividad[10]. Desde ese momento el país entendía desde dónde y por quiénes se determinaban los accesos a la memoria. Era cierto que lo que hacían los Wagner representaba al siglo XIX, pero para ese entonces uno había fallecido y el otro era anciano, ya habían dejado el campo libre; era un escarmiento violento que mostraba que no irían a permitir que las nuevas burguesías del interior aliadas a los caciques del poder, al modernizarse necesitaran justificar sus propios orígenes y grandeza, su pasado noble y culturalmente grandioso. Y Greslebin, ese mismo año, publicó una larga nota sobre los Wagner apoyándolos, y eso era entendido justamente como un posicionamiento ante el poder establecido[11]. No era admisible enfrentarse a un Buenos Aires-La Plata poderoso y dueño único de la historia y el pasado arqueológico. Si algo hizo la Escuela Histórico-Cultural[12] fue encolumnar sus tropas como verdaderos nazis y fascistas: José Imbelloni[13] y Osvaldo Menghin (quien fuera Secretario de Cultura de Adolf Hitler en Viena hasta 1933), se hacían carne con Julián Cáceres Freyre y Eduardo Casanova organizando grupos armados parapoliciales; ambos organizaron el brazo militar de la primera Acción Católica, y luego el grupo se vería aumentado con la llegada de Bórmida y otros, incluso genocidas prófugos. Parecería increíble que la arqueología y los grupos de choque hayan vivido uno junto al otro, pero quizás la lógica estaba en la construcción de la historia como mecanismo de poder y control.

Lo que le sucedió a Greslebin en 1928 era parte del mismo fenómeno. Veinte años antes los viajeros y naturalistas recorrían La Rioja o el país entero acumulando información y objetos que luego publicaban o no, excavaban los sitios sin método alguno más allá de obtener tumbas y cosas materiales para llevar al museo de turno y a muy pocos les importaba. Veinte años más tarde la arqueología se profensionalizaba o al menos se estructuraba el campo de actividad con regulaciones fuertes. Eso no significaba que en cada provincia dejara de haber cotos de caza de quienes seguían como si la ciencia no existiera, juntando y guardando todo lo que creían interesante aunque destruyeran asentamientos antiguos completos. Eso no interesaba, lo que importaba era encontrar objetos enteros, los fragmentos o lo no decorado siguió siendo descartado hasta varias décadas más tarde.

[9] Juan J. Parodiz y Enrique Balech, *El Museo Argentino de Ciencias Naturales... en pantuflas*, manuscrito inédito, Buenos Aires, 2004.

[10] A. Martínez y otros, *Los hermanos Wagner...* (2003) op. cit.; B. Ocampo, *La Nación interior...* (2005) op. cit.

[11] Héctor Greslebin, Los detalles suministrados por Wagner hablan a favor de la antigüedad de la cultura Chaqueña, *Crítica*, 16 de setiembre de 1929, Buenos Aires.

[12] Gustavo Politis, *Política nacional, arqueología y universidad en Argentina*, Manuscrito inédito, Buenos Aires.

[13] Philip Kohl y José Perez Gollán, Religion, Politics and Prehistory, *Current Archaeology*, vol. 41, no. 4, pp. 561-586, 2002.

En varia provincias se habían desatado intentos por reconfigurar su identidad regional para enfrentarse, una vez más, a Buenos Aires, para reafirmar a sus burguesías locales. Así se puede entender al riojano Museo Incahuasi cercano a la excavación de Greslebin. Fue una creación muy peculiar del padre Bernardino Gómez, el mismo que impulsó la insólita construcción del templete de Las Padercitas sobre algo que sabían que no era cierto pero que era necesario tener, porque hacía falta construir patrimonios y si se asociaban a la religión era mejor. El museo había sido creado en 1926 dentro del colegio de los franciscanos y tuvo su propio edificio neocolonial en 1935. Comenzó con sesenta objetos que exactamente veinte años más tarde eran más de ocho mil[14]. Se trataba de una obra alejada del centro rector y que tenía una riqueza patrimonial impresionante. El padre Gómez comenzó en sus múltiples viajes a juntar objetos indígenas de todo tipo y luego a excavar por cuenta propia o enviando a otros, por que ya había varios coleccionistas en la provincia, a los que por supuesto jamás nadie les dijo nada[15]. El resultado de eso fue que el saqueo en la provincia se vio intensificado al tener como comprador estable al propio Gómez, con lo que fueron destruidas miles de tumbas, sitios enteros con un afán pseudo científico. Los objetos se acumulaban en el museo, protegidos pero sin generar conocimiento alguno, en lo que sus propios contemporáneos dijeron que hacía "cavando sin respeto sepulturas indígenas" y rehaciendo urnas con fragmentos de diferentes piezas las que muchas veces terminaban "despertando en el museo con sus colecciones, dijes, amuletos e ídolos indígenas, la codicia casquivana de una dama turista"[16]. El museo tenía un investigador, otro religioso, Juan J. Durao, quien intensificó las excavaciones en todo el territorio a la vez que impulsaba la creación de una ley "que libre del expolio el subsuelo riojano". ¿Se imaginaría que esa ley se la aplicarían primero a él mismo, de llegar a hacerse? Ellos sí podían excavar brutalmente y llevarse todo, otros como Greslebin no, porque venía de Buenos Aires y necesitaba "permiso". La diferencia radicaba en el sitio de nacimiento. Durao se dio el lujo de criticar a Eric Boman y a Max Uhle[17] a quienes acusaba que por no ser riojanos no aceptaban la existencia de una civilización "diaguita riojana" o "el diaguismo regional".

Greslebin tenía buena capacidad de redacción y una excelente retórica: sabía hablar en público y al parecer lo entusiasmaba al grado que era habitual pedirle charlas desde los más variados sectores y público. Veamos sólo un ejemplo que muestra, sin ser demasiado científico y ni siquiera acorde al nivel de los conocimientos que ya había en esa época, un conferencia de 1940:

> *"Desde el fondo de los valles, por encima de los elevados cerros en que culminan una misma cordillera que articula las tres Américas,*

[14] Rodolfo Alanís, *Material arqueológico de la civilización diaguita*, Museo Arqueológico Inca Huasi, La Rioja, 1947.
[15] Juan J. Durao, *La Rioja, Museo Incahuasi*, Museo Inca Huasi, La Rioja, 1935.
[16] *Revista de la Junta de Historia y Letras*, no. 3, pág. 31, La Rioja, 1944.
[17] (1856-1944) Uno de los máximos exponentes de la arqueología en América, con amplios trabajos tanto en Perú como en Argentina.

como también sobre las bajas y recalentadas arenas de sus costas, cristalizan los monumentos ejecutados en piedra, en arcilla, o en adobe, testigos todos de la identificación de lo autóctono con su medio ambiente, representativo del poderío y de la técnica que los hizo posibles, leyéndose a través de los complejos programas que aún se dibujan sobre el manto de arena, el alto nivel social que habían alcanzado sus constructores. Sobre las lisas y verticales superficies de los tableros de las pirámides mexicanas y mayas se plasman diversos procesos decorativos que se concatenan, evolucionando sus asuntos desde el crudo realismo hasta alcanzar un enigmático convencionalismo, de acuerdo a variados procesos conjugados a merced de un ritmo que nos pertenece en esencia. Sobre el ajedrezado de sus muros está aún incógnita, impresa en caracteres jeroglíficos, la primera historia del continente. Paso a paso, con el sabio concurso de exploradores que han opuesto a los sacrificios y privaciones de la jornada, el encanto y la magia del gran secreto americano, la piqueta ha ido exponiendo a cielo abierto la primitiva fábrica americana. El estudioso acaba de advertir en el hemisferio norte, en el trazado de aquellas ciudades, tanto el refinamiento de los arreglos del urbanista como (...) la conciencia de un orden cósmico. En el hemisferio sur, los cerros fueron ascendidos por grandiosas e interminables escalinatas que arrimaron jardines y policromados sembrados a sus faldas (...). En el hemisferio sur se estrecharon aún más los angostos naturales de las quebradas con imponentes fortalezas. En el hemisferio norte no existen murallas divisorias entre los pueblos, construcciones militares, ciudades fortificadas, testigo todo ello de una buena vecindad, posible por el desarme total de los espíritus"[18].

Cada vez que leemos sus textos y más allá de la buena retórica encontramos que sus ideas no se sostienen ni siquiera en lo mismo que él descubría: hablaba de que no había murallas o construcciones militares precolombinas y él mismo había estudiado y dibujado la de La Tambería. Y en los dos hemisferios se las conocía por doquier; que eso fuera en contra de lo que él y muchos otros querían que fuese el mundo americano antiguo, que soñaban con pueblos que no conocieron la guerra, con "los griegos de América" tal como llamaba Sylvanus Morley a los mayas, es otro tema.

18 Héctor Greslebin, La arquitectura americana prehispánica, *Revista de Arquitectura* N° 231, marzo de 1940.

CAPÍTULO VII

LOS TÚNELES DE BUENOS AIRES, GRESLEBIN Y EL IMAGINARIO COLECTIVO

El tema de la existencia de túneles en la ciudad no era totalmente nuevo cuando Greslebin comenzó a interesarse en ellos hacia 1919 y quizás fue impulsado por eso a indagar algo tan curioso[1]. Ya había noticias, descripciones, planos y algunas hipótesis sobre su función y autores, aunque nada estaba demostrado, todo se jugaba más por lo impactante y misterioso que por lo científico. Incluso ya habían sido visitados en los tramos bajo el Nacional Buenos Aires por varios de los que fueron maestros y amigos de Greslebin. Era un tema desafiante y estaba cerca, muy cerca como para que lo evitara. Además trabajaba con un joven historiador, Rómulo Carbia, que por motivos desconocidos se alejó luego del tema sin dejar resultados concretos.

En el año 1920 Greslebin logró que le hicieran una larga entrevista en un diario, a página completa con fotos, que sin duda llamaron mucho la atención. Era la primera vez que se intentaba un estudio sistemático de algo que hasta ese momento fue periodístico y eso resultaba fascinante. El artículo fue el primer aporte al análisis del tema y algunas de sus conclusiones aún no han sido rebatidas. Los autores, aunque la nota parece haber sido hecha sólo por Greslebin, iniciaron su trabajo con la hipótesis de que los túneles de la Manzana de las Luces, habían sido construidos en los últimos años de estadía allí por los jesuitas (o como máximo hasta 1806), y que sirvieron como sistema para intercomunicar edificios importantes: conventos, la Casa de la Virreina, la Casa de Expósitos y otros edificios oficiales del centro. Es decir que asumía la hipótesis establecida unos años antes, aunque sólo como tal ya que "quedaría a probar si estos ramales son comunicación interconventual o de orden militar, pues la misma casa de Rosas no es difícil que haya estado unida al sistema". No se entendía el por qué tenían que tener una única función, ni por qué -en caso contrario- unían cosas tan diversas. Por lo demás hizo una

[1] Daniel Schávelzon, *Túneles de Buenos Aires: historias, mitos y verdades del subsuelo porteño*, Sudamericana, Buenos Aires, 2005.

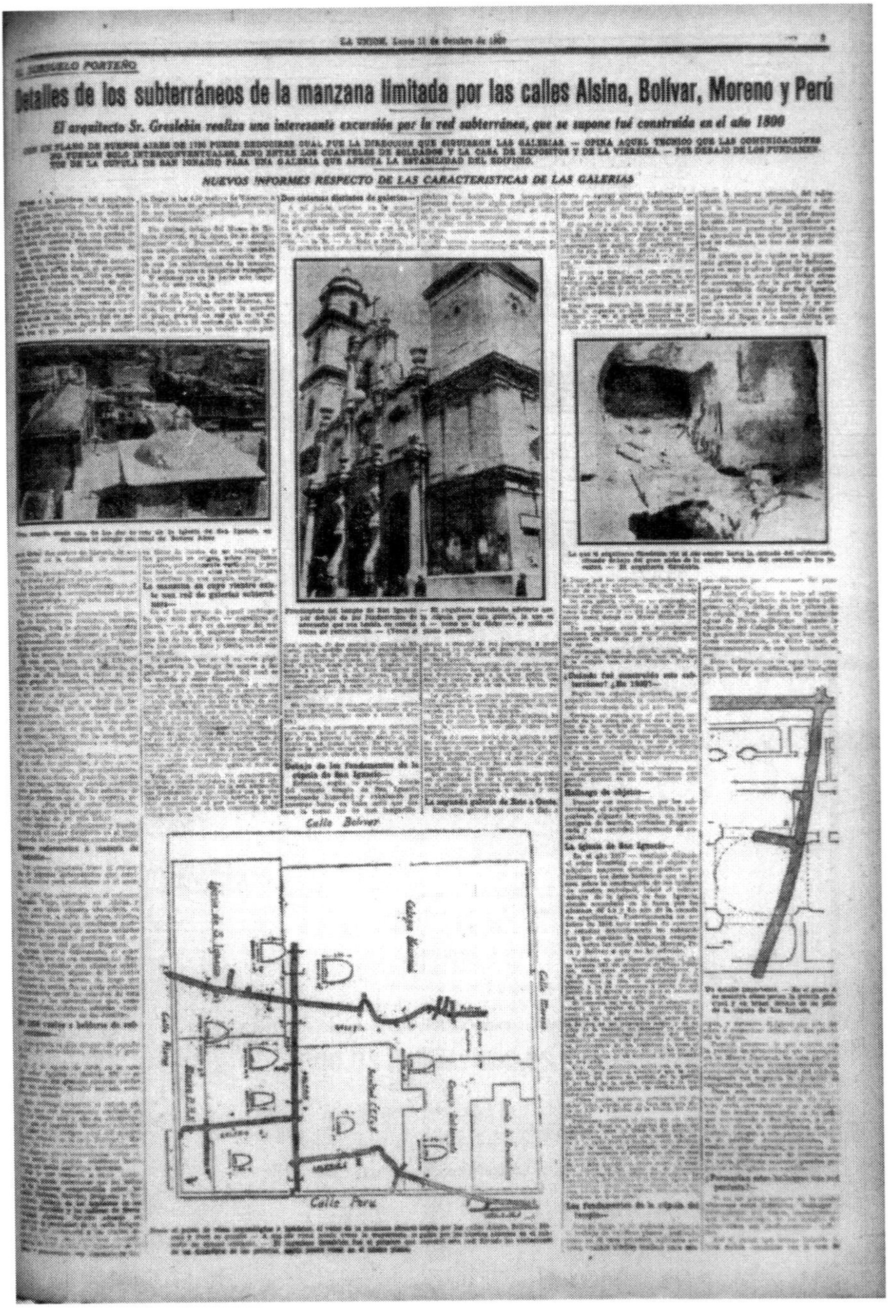

Detalles de los subterráneos de la manzana limitada por las calles Alsina, Bolívar, Moreno y Perú

El arquitecto Sr. Greslebin realiza una interesante excursión por la red subterránea, que se supone fué construída en el año 1800

NUEVOS INFORMES RESPECTO DE LAS CARACTERISTICAS DE LAS GALERIAS

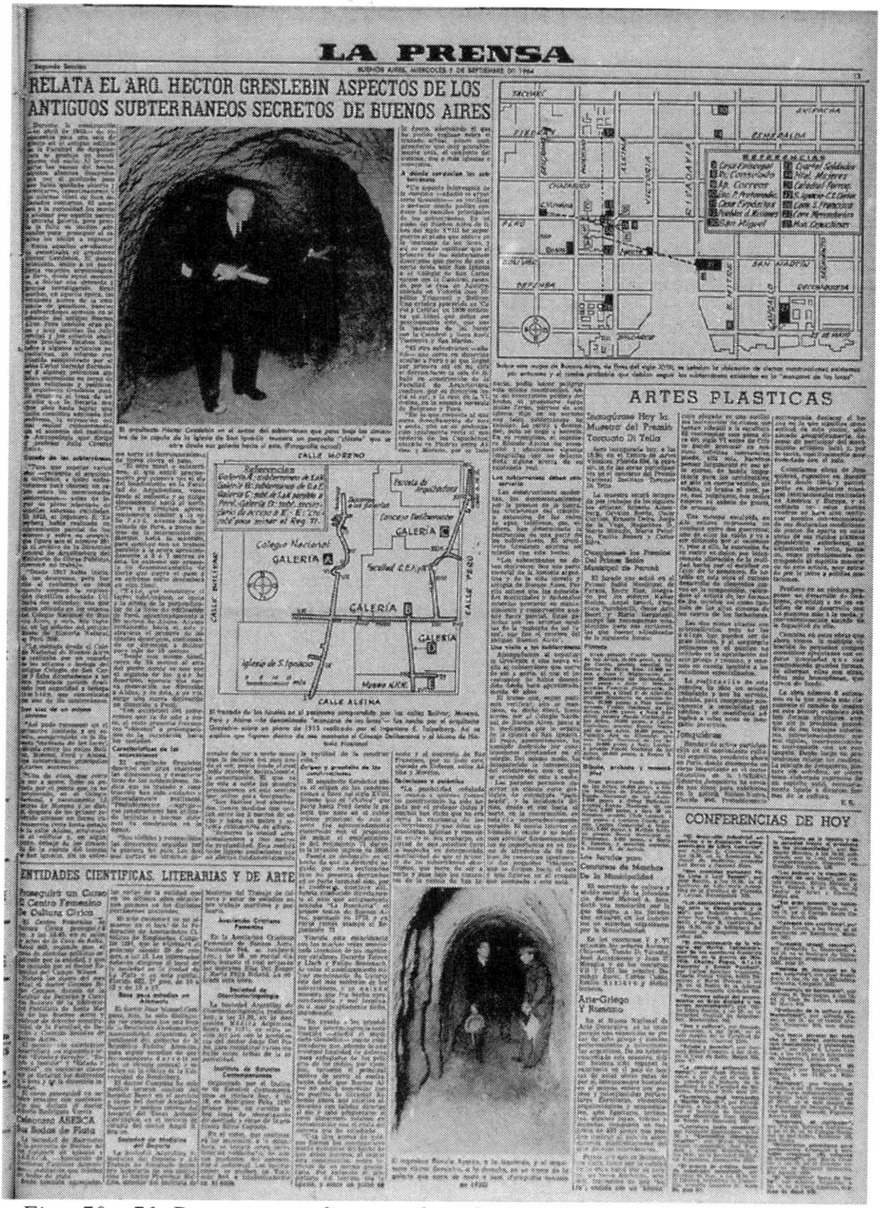
LA PRENSA

RELATA EL ARQ. HECTOR GRESLEBIN ASPECTOS DE LOS ANTIGUOS SUBTERRANEOS SECRETOS DE BUENOS AIRES

ARTES PLASTICAS

CONFERENCIAS DE HOY

ENTIDADES CIENTIFICAS, LITERARIAS Y DE ARTE

Figs. 70 y 71. Dos notas en diarios sobre el mismo tema con las mismas ideas: 1920 y 1964, nada cambió salvo él mismo: el conocimiento seguía estancado

reseña de todo lo descubierto hasta la época destacando que había hallazgos conocidos que no correspondían a lo que él planteaba como una "red", lo que si bien era aventurado por cierto era novedoso. A continuación, tras mostrar un detallado plano de las galerías, hizo una descripción de los túneles, sus características constructivas, destacó un ramal que pasa justo debajo de uno de los pilares que sostienen la cúpula de San Ignacio y el riesgo que esto significó para quienes lo excavaron.

Escribió que la red que estaba presentando (aunque ya había sido relevada por el ingeniero Topelberg años antes, plano del que disponía) estaba formada por dos sectores hechos con poca diferencia de tiempo entre sí pero con variantes técnicas; para ello observó la forma y las herramientas con que fueron excavados, la dirección de las marcas de los picos en las paredes, la forma y altura de las bóvedas, los declives del piso, los cruces entre ramales y las intersecciones con cimientos y pozos ciegos. Por supuesto hay algunos puntos que se podrían discutir incluso a la luz de la información con que ellos mismos contaban, como haber incluido la casa de los Ezcurra (y usada por Juan Manuel de Rosas) y la de la Virreina Vieja, en su esquema de redes, ya que son posteriores, pero son detalles.

Greslebin después dejó de lado el tema por el resto de su vida, lo que resulta poco comprensible ya que en esa arqueología nadie lo hubiese importunado. Y sólo en su vejez hizo una compilación de lo que había descubierto en aquella época y algunos datos que publicaron los diarios posteriormente, pero nada de lo nuevo era significativo. Es más, al mezclar datos propios y ajenos sólo logró confundir cosas que antes estaban claras. La edición la hizo el Instituto Nacional de Antropología en un volumen que si bien fue organizado en 1964 salió a la luz años después. La edad del estudio lo muestran las fotos que son de él muy joven, menos una. Vale la pena destacar que los medios recibieron la noticia y en 1964 nuevamente un diario hizo una página completa sobre el tema, que en gran medida reproducía la de 1920 salvo la foto de él en que se nota la edad.

De todo esto quedaron varias cosas; por un lado el relevamiento y estudio de esos túneles hecho con cuidado y detalle, por suerte ya que en gran parte se perdieron años más tarde. Por otra parte surgió la hipótesis sobre la existencia de una "red subterránea" que se estableció en el imaginario para siempre y aun se repite. No hace falta decir que no lo demostró, sólo hizo un plano absolutamente hipotético, imaginario, de posibles direcciones de los túneles si siquiera era que realmente existían -el encontró sólo un sector-, y si iban en esos sentidos. Pero quedó, se repitió lo dicho, se redibujó el plano una y otra vez al grado que logró que la atribución a los jesuitas quedara cerrada para siempre. Es lo que hemos llamado el Modelo Canónico de interpretación de los túneles sin que Greslebin supiera o quisiera hacerlo. Finalmente es como pensaba las cosas: se estudiaban una vez y las conclusiones eran para siempre y el imaginario de la ciudad así lo aceptó. Los jesuitas, que cuando se escribió el primer texto sobre túneles en el país por Domingo Sarmiento los usaban para torturar, violar y matar, ahora eran extraordinarias obras de ingeniería. Es más, la hipótesis militar podía ser entendida para darles a los jesuitas el mérito no sólo de ser grandes constructores sino en los únicos que planearon cómo proteger la ciudad de manera efectiva. No probó nada por cierto pero las ideas quedaron instaladas.

Fig. 72. Foto de Greslebin de huesos bajo una celda del antiguo convento jesuitico. Creó el mito de huesos humanos dentro del túnel, en realidad son de vaca y caballo en un relleno para nivelar el piso

Este trabajo de Greslebin puede ser considerado como de los más valiosos de sus aportes debido a que fue el único investigador que planteó el tema en forma seria y sistemática, que recorrió e hizo relevar cada tramo de túnel; y después ya fue tarde. Su escrito es aún hoy en día de los que pueden tomarse con buena dosis de veracidad pese a repetir su vieja teoría de la comunicación entre túneles, difundido error que se repite. De todas formas logró clarificar el tema de los túneles de esa manzana, darles temporalidad, un marco histórico consistente, y abrir las puertas para que hoy podamos tener una visión más exacta de las características de estas obras y de las causas que promovieron su construcción[2].

[2] Una ampliación del tema y del aporte de Greslebin en: Daniel Schávelzon, *Túneles de Buenos Aires: historias, mitos y verdades del subsuelo porteño*, Editorial Sudamericana, Buenos Aires, 2005.

Capítulo VIII

Terminando el recorrido

Su jubilación en los establecimientos escolares coincidió con la decisión de ordenar viejos apuntes y reconsiderar sus escritos de los anteriores cuarenta años, incluyendo aquellos que habían permanecido inéditos o sólo parcialmente publicados. Uno podría pensar que los 65 años no es una edad exagerada para el pensamiento, que aun tenía mucho por dar, pero Greslebin estaba cansado. Ya no emprendió nuevos proyectos, sólo insistir en lo ya hecho y dicho. Así volvió a aflorar su interés por lo concerniente a los túneles de Buenos Aires que había adelantado en 1920. A partir de una compilación de la información propia sumada a otras sin carácter científico logró dar un panorama interesante sobre el tema -aunque plagado de errores-, que quedó reunido en 1964 bajo el título "Los Subterráneos secretos de la Manzana de las Luces en el viejo Buenos Aires", que sería publicado tres años más tarde. Por supuesto se lo editó su amigo y compañero de militancia nacionalista, Cáceres Freire, quien dictaduras mediante lograría un enorme poder. Y era también un arqueólogo aficionado y gran coleccionista quien antes de morir vendió todo lo que tenía al exterior pese a dirigir el Instituto Nacional de Antropología.

En esta última etapa de su vida regresó a sus investigaciones sobre los motivos decorativos del noroeste argentino y, aunque indicó expresamente que realizaría "nuevas consideraciones" sobre la materia, es decir el Estilo Draconiano, en realidad no avanzó ni tampoco intentó analizarlo desde otros enfoques y pese a que ya había una abundante bibliografía para 1966[1]. Empleó una considerable cantidad de páginas para sintetizar sus ideas originales y como alguien cristalizado en el pasado se dedicó a oponer las críticas recibidas a los conceptos favorables vertidos por personalidades contemporáneas a sus interpretaciones iniciales; era el Maestro el que dignifica la palabra, no la ciencia. En suma, constituyó un discurso de defensa personal. El trabajo *Sobre el simbolismo del estilo draconiano* es uno de los casos más patéticos; fue presentado en el Primer Congreso de Historia de Catamarca en una época en la que el mismo término "estilo" y su significado -al menos el

[1] Héctor Greslebin, *Sobre el simbolismo del estilo draconiano Catamarca*, Junta de Estudios Históricos de Catamarca, 1966.

que le daba Greslebin- habían caído en el olvido y la arqueología había avanzado mucho; seguramente entre quienes lo oyeron pocos se acordarían de que eso había existido como idea o hipótesis en 1928. Y valga lo absurdo de la vida en ciertas ocasiones, fue el tema de su última presentación pública en 1979[2]. Lo mismo le sucedió en 1958 en que había editado un pequeño libro llamado *Introducción al estudio del arte autóctono de la América del Sur*, donde al leerlo parece que la arqueología y la historia del arte no habían cambiado un ápice desde 1920.

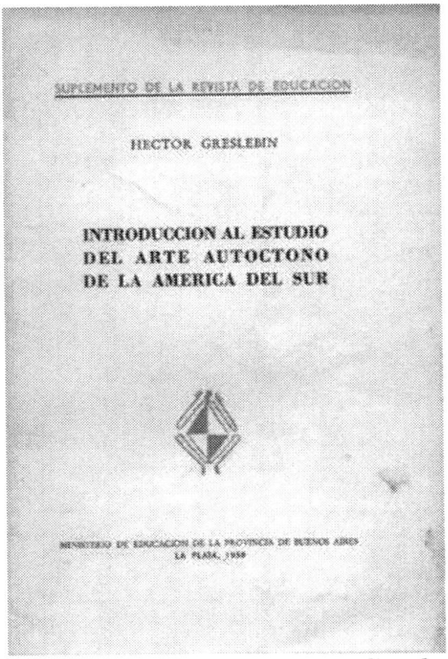

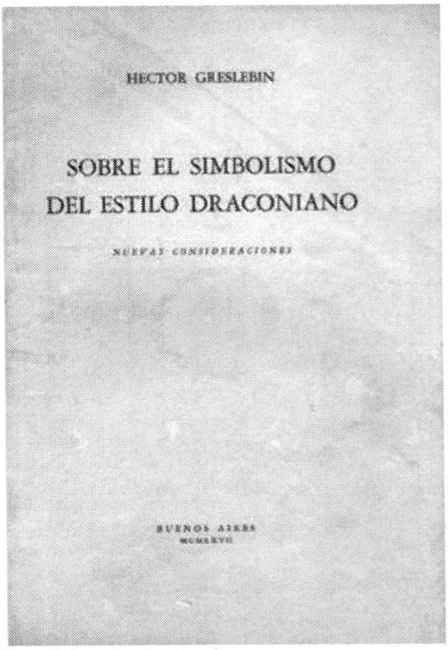

Figs. 72 y 73. Textos tardíos de Greslebin insistiendo en sus temas superados en el tiempo

Dejó tres obras inéditas: una de ellas es *Los orígenes del arte en las pampas argentinas*; en sus casi 300 páginas de texto reunió buena parte de sus estudios iconográficos dando preeminencia a los realizados sobre las placas grabadas de la Patagonia prehispánica. Otro trabajo, basado en sus primeros ensayos sobre arquitectura colonial, cubre la etapa productiva desde 1912 a 1940. De este volumen llegó a editarse en 1960 en La Plata el capítulo primero denominado *Valoración actual de la arquitectura colonial iberoamericana*. Al analizar sus páginas podemos comprobar que no es más que una reiteración de sus conceptos, como si el tiempo no hubiera transcurrido y se encontrara escribiendo en aquel período del renacimiento del estilo colonial. Pensemos que para esa época ya existía el Institu-

[2] Héctor Greslebin, *Una nueva representación de la figura humana draconiana*, Comunicación en el Instituto Nacional e Antropología, 18 de setiembre, Buenos Aires, 1968.

to de Arte Americano fundado por Mario Buschiazzo dedicado al arte colonial, publicando una larga serie de libros y revistas de verdadero profesionalismo; ya no eran Guido o Noel, eran la nueva generación o incluso la segunda de profesionales universitarios en la historia de la arquitectura; el tema estaba instalado y en desarrollo, quizás él no lo supiera o no querría saberlo.

Se advierte en él que lentamente había ido pasando de seriedad y rigor a interpretaciones cada vez más difíciles de sostener. Su obra tardía más voluminosa fue justamente la que más conflictos produjo: era una monumental interpretación de la Puerta del Sol de Tiwanaku entendida como una versión americana del Apocalipsis de San Juan. Ese relieve sería para él la materialización del texto bíblico difundido en América en tiempos medievales y estaría emparentado con los relieves de las portadas de las iglesias góticas europeas. Seiscientas agotadoras páginas y multitud de láminas son el testimonio de esta discutible postura en la que empeñó los últimos años de su vida. La idea la había madurado desde finales de 1959, precisamente en la etapa de su jubilación; la presentó públicamente al año siguiente e inclusive obtuvo la edición del capítulo inicial con el título *Evolución cíclica de la representación del Triunfo de la Iglesia y del Juicio Final en el arte escultórico del medioevo*. A partir de allí continuaría divulgando el tema hasta su muerte en el medio radial y en conferencias en los más insólitos espacios, ya que nadie podía tomar eso en serio.

El 26 de julio de 1967 el Instituto Nacional de Antropología le brindó un tardío homenaje nombrándolo Adscripto Honorario. El reconocimiento llegó de la mano de Cáceres Freyre, ya director del Instituto que había sido su alumno en el Instituto Nacional del Profesorado y a quien lo unía una similar inclinación ideológica como ya dijimos. No es aventurado suponer que esta cercanía fue lo que definió el reconocimiento a modo de agradecimiento merecido. El acto fue abierto por el propio Cáceres Freyre con un breve repaso por la vida de Greslebin y con un sentido agradecimiento[3]. En su discurso, Greslebin, quien contaba con 83 años, hizo un balance de su actuación y el resultado es interesante ya que aun se sentía orgulloso de haberse dedicado a la ciencia y sus sacrificios, enfatizó su no arrepentimiento de nada pero también dejó entrever su molestia (¿y su dolor?) por el modo en que estaba terminando su carrera. Se siente en el texto una tremenda tristeza al leerlo. De la misma manera dedicó algunos párrafos a criticar los progresos en la arqueología sosteniendo que sólo se han preocupado por mudar colecciones y cambiar el nombre de culturas y atomizarlas provocando una discontinuidad con los estudios anteriores -de él, se entiende-, dificultando así la enseñanza. Por supuesto no veía que la arqueología avanzaba, que ya existía el Carbono 14, que el pasado no era homogéneo si no que las cerámicas que para él eran todas de la misma época, ahora tuvieron hasta mil años entre sí, que ya se habían definido culturas, rasgos culturales, extensión y profundidad temporal para casi todo el país; era injusto hablar de falta de continuidad salvo que hablara de sí mismo y sus ideas. Aclaró también que aceptó la invitación del Instituto porque consideró que allí

[3] Homenaje al arquitecto H. Greslebin. *Cuadernos del INA* Nº 6, pp. 384-387, Buenos Aires, 1966.

sí "se guardan los mismos principios" que él mantenía. Cerró con una frase que muestra lo inalterable de su pensamiento: "Hago votos para que (esto) continúe, porque considero que no es propio cambiar de sistema imitando lo extranjero sin haber agotado previamente las posibilidades de nuestra manera de hacer". Incólume, seguía siendo el Greslebin de la década de 1920 y se sentía bien junto a Cáceres y bajo el régimen de Onganía. Al revés que con Uriburu, la ancianidad lo acercó a la derecha militar nacionalista.

No contamos con elementos de juicio que nos permitan abordar sus actitudes personales las que sin embargo se vieron reflejadas en su producción intelectual, ni tampoco nos es posible interpretar las verdaderas razones que moldearon su personalidad. Sólo podemos exponer los hechos, hacer observaciones, tratar de deducir causas de ciertas actitudes, y quedarnos con el interrogante abierto sin arriesgar respuestas concretas sobre su vida. Ahora bien, pese a las apreciaciones aquí vertidas no puede pasarse por alto que en sus últimos escritos se hace mención al carácter inhóspito del medio científico en el cual desarrolló su actividad y del que finalmente se vio excluido. También debemos reconocer que la condición de deterioro y estancamiento de su obra sucedió después de haber aportado trabajos irremplazables en algunos casos con temprana lucidez e inteligencia. Si fue él mismo o fue el país el que destruyó su carrera es algo imposible de evaluar con certeza.

La obra de Greslebin sirve de ejemplo en muchos aspectos y resulta aún más interesante en la medida en que podamos vislumbrar lo personal y lo social de su personalidad. Un hombre que se destacó desde muy joven insistiendo en lo interdisciplinar de la arquitectura-arqueología-historia-arte lo que era casi único como propuesta y lo siguió siendo por mucho tiempo; que estableció bases para una nueva estética de lo nacional y lo americano, que profundizó temas de investigación incorporando nuevas cuestiones y preguntas, lo que no es poca cosa. Un hombre que reunió un prestigio en Sudamérica que fue importante en estas ramas, el que se perdió y nadie recuperó por mucho tiempo.

Quizás un párrafo de la introducción de su último *Curriculum Vitae* echa algo de luz sobre lo sucedido cuarenta años antes, que es evidente que aun tenía incrustado en su interior:

> "Cuento en la actualidad únicamente con mis propias fuerzas, porque aquí, cuando se pasa a ocupar una posición oficial, aunque se carezca de todo antecedente se convierte a la persona en una autoridad y tiene a su disposición las páginas de sus publicaciones; y aún, los periódicos dan cabida en sus páginas a sus menores actividades. En cambio, cuando se hace abandono de estas posiciones aunque se formulen razones, se deja de ser sabio. Y aún, como en mi caso, si se pretende investigar por cuenta propia, becado como lo fui por la Comisión Nacional de Cultura, se le aplica la Ley 9080. ¡Es que únicamente debe existir una ciencia oficial arqueológica!".

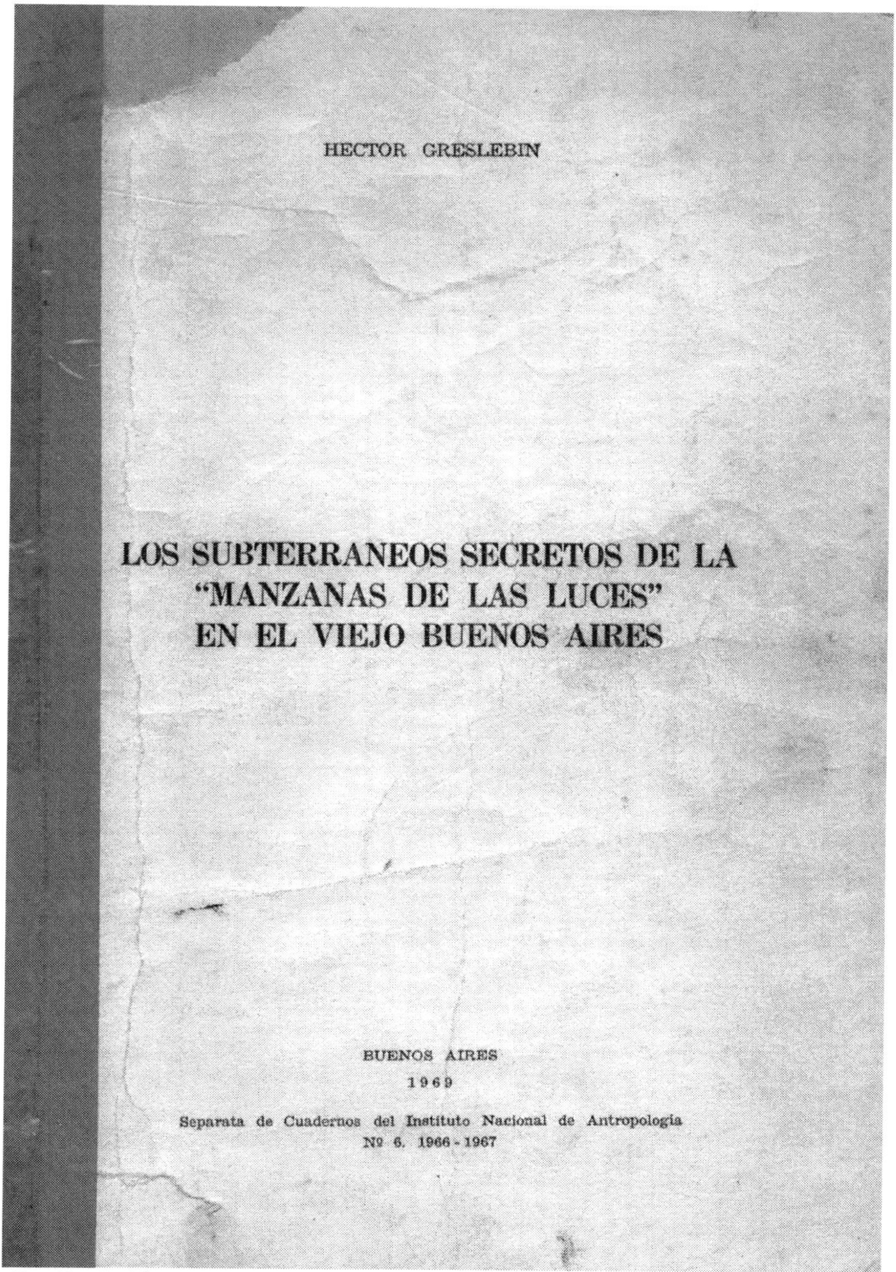

HECTOR GRESLEBIN

LOS SUBTERRANEOS SECRETOS DE LA
"MANZANAS DE LAS LUCES"
EN EL VIEJO BUENOS AIRES

BUENOS AIRES
1969

Separata de Cuadernos del Instituto Nacional de Antropología
Nº 6. 1966 - 1967

Fig. 74. Publicación tardía de su estudio de 1920 en la Manzana de las Luces más de medio siglo después de hechos

Fig. 75. Última conferencia radial en LRA, poco antes de su fallecimiento

¿Qué le pasó realmente en esos años, en ese momento de inflexión que fue de 1928 a 1930? Lo personal y la situación política nacional se mezclaron y desde afuera y a lo lejos es demasiado complejo comprender las causas de sus complicaciones, pero no es difícil sospechar lo sucedido: no es tan diferente a tantas otras diásporas y persecuciones que los intelectuales argentinos han vivido. Por cierto en este caso no ayudó el ser un hombre muy inteligente pero nada flexible, conservador a ultranza, encerrado en sí mismo -aunque no introvertido-, y con enormes dificultades para entender los cambios. Le tocó vivir una época en que todo se transformaba a velocidades inauditas: el Buenos Aires en que se educó en 1910 no era en lo absoluto similar al ambiente de 1930. Y las posibilidades de disenso, de pensar diferente, de tener otras ideas -aunque fueran nacionalistas y conservadoras a la antigua-, ya no tenían cabida. Esto no lo supo ver, o no lo pudo ver, y sus críticas se centraron siempre en esos años alrededor de 1930; parecería que al golpe de Estado de Uriburu no lo entendió en su verdadera magnitud. El conocimiento científico también cambió, y buen ejemplo de ello es el mantenerse aferrado al estilo Draconiano cuando todos los arqueólogos lo habían abandonado; y él siguió publicando y defendiéndolo; pasaron desde su primer libro sobre el tema al último casi cuarenta años sin cambio alguno. No entendía que lo que era una original e interesante observación en 1920 ya no lo era en 1970. Igualmente cabe preguntarse si fue el sistema el que lo sacó del medio intelectual o si se fue alejando solo, o ambas cosas. Imposible contestar sin caer en psicologismos simplistas; pero es interesante ver que la vida de otro excepcional dibujante, arquitecto y amante de la arqueología, Francisco Mujica, muy similar en gustos y actividades, fue exactamente igual y se enfrentó a los mismos personajes que lo dejaron rápidamente fuera del mundo académico. Al menos en el fracaso no estaba solo.

No es únicamente un ejemplo más en una generación frustrada en sus esfuerzos, ya que hubo otras más en la historia, si no el comprender con toda su crudeza que algunas de las preguntas que Greslebin se hizo en los inicios del siglo XX aún no han sido respondidas pese a los avances del conocimiento. Los grandes temas en los que penetró -como la memoria, la identidad o el uso del pasado- siguen estando vigentes. Pese a esto toda su búsqueda apasionada y la de sus colegas por crear un estilo nacional y a la vez americano de arte, que se basara en el rescate del mundo prehispánico, quedó olvidado hasta por la propia historiografía, borroneando así la figura de quien fuera uno de sus mayores impulsores. La lucha por el pasado tuvo muchas complejidades, muchos actores que no fueron sólo los grandes personajes: están también los que fueron sacados del medio solamente por entender las cosas de manera diferente.

Capítulo IX

Conclusiones a una vida y una historia

La vida de Héctor Greslebin posiblemente sea similar a la de otras personas quienes hicieron grandes esfuerzo en la juventud, para que luego el sistema imperante los hiciera caer en el desaliento y la inacción. Quizás éste no fue más que otro de esos casos. Hizo lo que creyó correcto y a eso se dedicó con cuerpo y alma, escribió, publicó, hizo proyectos, construyó, dio conferencias, viajó, unió gente con gente, puso al país en el marco sudamericano del arte precolombino. Y no aceptó la estructura de poder que le imponían. Es cierto que era un obsesivo, conservador, monotemático, intransigente, nacionalista, incapaz de cambiar nada y que sus libros no fueron un aporte sustantivo a la arqueología como ciencia, pero ¿podemos criticarle eso? Sus defectos no fueron mayores que los de muchos y sin duda sus virtudes sí.

Al margen del mayor o menor éxito de sus producciones, desde el espacio que ocupó buscó en forma sincera un objetivo elevado: edificar para Argentina y toda América un arte que le fuera propio según él consideraba; y lo intentó por todos los medios que tuvo a su alcance mientras la situación política se lo permitió. No deja de ser loable que en lugar de diseñar edificios comerciales adoptando formas europeizantes -con lo que hubiese ganado mucho dinero con sus capacidades-, buscara su inspiración en una historia que definitivamente nos es mucho más cercana, la de toda América. Tal vez su rol no era el de ser uno de los iniciadores del camino, como él lo creía, y justamente su problema radicó en que no mantuvo relaciones con los demás que estaban en la misma tesitura para conformar un grupo que trabajara unido. Y en que no fue tomada su posta por los que lo sucedieron, no porque no quisieran si no tal vez no pudieron, así era imposible. Sus ideas podían haber sido renovadas, modificadas, superadas, pero tampoco nada se hizo y ahí es difícil ver el motivo.

Cuando ya era mayor hizo un nuevo Currículum Vitae, el final, un año antes de su muerte. En él escribió una introducción, lo que es insólito en ese tipo de documentos, en el que revisó su propia vida, lo que vale como conclusión del estudio de su obra. Imaginemos la tremenda insatisfacción de quien tiene que presentar una lista descomunal de cientos de publicaciones y trabajos académicos justificando su vida y encontrando culpables para hechos ya olvidados por todos:

> "He realizado este balance para juzgarme, como examen de conciencia, a fin de permitir que no caigan en el olvido algunos de mis estudios arqueológicos (...). Este recuerdo, que dedico a amigos y colegas, trata en primer término de evitar el inconveniente que plantean algunas curiosas amnesias especialmente cuando las padecen autores (que) se han servido de mis dibujos llegando hasta a borrar mi nombre del espacio que ocupan. También este Curriculum, amplio por que no es ninguna presentación a concurso, quiere justificar con sus números el porqué luego de haber alcanzado en temprana edad una relevante ubicación científica oficial, al verme privado de su apoyo, al no poder disponer de sus páginas, me vi obligado a dedicarme a la enseñanza (...). No es que mi característica haya sido la fruición a las renuncias, según se me acusa (...), es que tuve siempre una conducta uniforme. Habré sido intransigente, pero no me ha sido posible capear con dignidad penosas situaciones que hoy silencio. Por ello preferí hacer abandono de cinco cargos oficiales (porque ello) no implicaba en mi concepto que debía aceptar todo cuanto se me proponía, máxime en el terreno científico. Por ello mi dedicación a la enseñanza, donde tuve todas mis cátedras por concurso. Cuento en la actualidad únicamente con mis propias fuerzas, por que aquí, cuando se pasa a ocupar una posición oficial, aunque se carezca de todo antecedente, se convierte a la personas en una "autoridad" (...). En cambio, cuando se hace abandono de estas posiciones aunque se formulen razones, se deja de ser "sabio". Y aún como en mi caso, si se pretende investigar por cuenta propia, becado como lo fui por la Comisión Nacional de Cultura, se le aplica la Ley 9080. ¡Es que únicamente debe existir una ciencia oficial arqueológica! (...) En síntesis, he pasado más de medio siglo realizando estudios sobre arqueología americana, enfrentando toda clase de dificultades y casi siempre he realizado la tarea a mi exclusivo costo (...). Llegué a la arqueología por pasión de estudio, porque mi padre me la inculcó con su ejemplo. Nunca fue para mí un medio de vida, una "industria" paralela a la que nos refleja la actividad del hombre antes de la historia".

Este texto escrito casi al borde de la muerte sintetiza su pensamiento, su vida y su obra, basta leerlo para entender en lo que creía. Lo dijo desde el principio de su vida activa y lo repitió al finalizarla; y quedó su enorme obra para el futuro. Alguien dijo alguna vez que Greslebin tuvo que haber vivido en la generación anterior a la suya, la de Lehmann Nitsche, Quiroga, Ambrosetti, Lafone, Boman; hubiera compartido todo, se hubiese sentido uno más del grupo e incluso hubiese podido trabajar solo, sin molestas instituciones. Si fue de los últimos y tardíos de la

Generación de 1880, si con él se hizo evidente la muerte del Positivismo en la arqueología argentina es posible que así haya sido.

CAPÍTULO X

BIBLIOGRAFÍA Y ACTUACIONES PÚBLICAS DE HÉCTOR GRESLEBIN

1912 *El fraccionamiento de nuestras plazas.* **Revista del Centro de Estudiantes de Arquitectura**, año I, N° 4, Buenos Aires.

1915 *Sobre la arqueología de los monumentos prehistóricos del Viejo Mundo.* **Revista de Arquitectura** N° 2, pp. 21-23, Buenos Aires.

1916 *Arquitectura colonial latinoamericana. Un ejemplo de adaptación a los problemas modernos.* **Revista de Arquitectura** N° 7, pp. 26-29, Buenos Aires.

1917 *La técnica de los arquitectos del futuro.* **Revista de Arquitectura** N° 10, pp. 51-53, Buenos Aires.

1919 *Sobre Historia de Arquitectura.* **Revista de Arquitectura** N° 23-24 y 25, pp. 11-12 y 15-16, Buenos Aires.

1920 *Conclusiones presentadas al Primer Congreso Panamericano de Arquitectos.* **El Arquitecto** N° 5, vol. I, pp. 92-94, Buenos Aires.

1920 *Arquitectura Americana.* **Tárrega**, Revista Argentina de Arte, año III, N° 24, Buenos Aires.

1920 *Detalles de los subterráneos de la manzana limitada por las calles Alsina, Bolívar, Moreno y Perú.* **La Unión**, pp. 3-4, 11 de octubre, Buenos Aires.

1920 *Un ensayo de arquitectura americana.* **El Arquitecto** N° 12, Vol. I, Buenos Aires, 1920, p. 263.

1921 *Conservación de los monumentos que tengan valor histórico.* **Segundo Congreso Panamericano de Arquitectos**, Santiago de Chile.

1923 *La estancia La Borda en Villa Mercedes, San Luis (Apuntes de Viaje).* **Revista de Arquitectura** N° 32, pp. 12-14, Buenos Aires.

1923 *Sobre la presencia de signos alfabetiformes en la cerámica prehispánica de América del Sur.* **Pometeo** N° 32, pp. 16-20, Paraná.

[1] Las conferencias incluidas lo están porque se cuenta con el texto escrito.

1923 **Alfarería de estilo draconiano de la región diaguita** (con Eric Boman). Edición de los autores, Buenos Aires.

1924 *Aplicación de los temas decorativos de origen americano a la arquitectura. Tercer Congreso Panamericano de Lima,* **La Prensa**, 30 de diciembre, Lima Perú.

1924 *Fisiografía y noticia preliminar sobre arqueología de la región de Sayape* (Apéndice de Lucas Kraglievich). Edición del autor, Buenos Aires.

1924 *Discurso en la Sociedad Geológica del Perú.* **La Prensa**, 31 de diciembre 1924, Lima, y **El Comercio**, 1 y 7 de enero de 1925, Lima.

1924 *El estilo Renacimiento Colonial.* **Revista de Arquitectura** N° 38, pp. 35-44 y N° 39, pp. 73-78, Buenos Aires.

1926 *La aplicación de estilizaciones autóctonas a la arquitectura moderna y a la práctica.* **Tárrega, revista argentina de arte** N° 24, Buenos Aires.

1926 *Resultados de una excursión arqueológica al cementerio prehispánico de Chillón.* Disertación en el Museo Nacional de Historia Natural Bernardino Rivadavia en la Facultad de Ciencias Exactas Físicas y Naturales, 18 de setiembre, Buenos Aires.

1926 *Cusco, la Meca del arte incaico.* **Excelsior**, 14 y 21 de noviembre, México.

1926 *Los motivos decorativos en el instrumental lítico de Patagonia prehistórica.* **Physis**, t. VIII, pp. 316-323, Buenos Aires.

1926 *La obra científica del doctor Hugo Obermaier.* **Physis**, Revista de la Sociedad Argentina de Ciencias Naturales, t. VIII, p. 381-385, Buenos Aires.

1926 *El arte prehistórico peruano.* **Anales de la Sociedad Argentina de Estudios Geográficos GAEA**, t. II, N° 2, Buenos Aires.

1927 **Catálogo de la Sección de Arqueología y Etnografía del Museo Nacional de Historia Natural Bernardino Rivadavia**. Modelo e instrucciones para su uso, Buenos Aires.

1927 **Programa de Prehistoria y Protohistoria Americanas.** Correspondiente al curso dictado en el primer año del Profesorado en Historia del Instituto Nacional del Profesorado Secundario, 1927, Buenos Aires.

1927 *Anotaciones a "Cementerios de párvulos del norte de La Rioja".* ***Eric Boman: Estudios arqueológicos riojanos, primera parte. Anales del Museo Nacional de Historia Natural Bernardino Rivadavia,*** *t. XXXV, pp. 1-79, Buenos Aires.*

1927 **Memoria de la Sección Arqueología y Etnografía del Museo Nacional de Historia Natural**. 13 pp., Buenos Aires.

1927 *Las sillerías incaicas del Cuzco.* **La Prensa**, sec. 4ª, 3 de julio, Buenos Aires.

1927 *Resultados generales de las nuevas investigaciones del Museo Nacional referentes a la antigüedad del hombre en la región de Sayape, San Luis.* Conferencia en el Salón de Actos de la Facultad de Ciencias Exactas, Físicas y Naturales, 13 de agosto en conmemoración del 16° aniversario de la muerte de Florentino Ameghino, Buenos Aires.

1927 *Sobre algunas semillas encontradas en el interior de un ajuar fúnebre en el cementerio de Chillón, Perú.* **Physis**, t. VIII, pp. 557-568, Buenos Aires.

1928 *Breves palabras sobre Arqueología.* Lectura en el Ateneo del Profesorado Secundario, en la estación de radio LVO, el 29 de marzo, Buenos Aires.

1928 **Memoria de la Sección Arqueología y Etnografía del Museo Nacional de Historia Natural Bernardino Rivadavia**, Correspondiente al año 1927, 16 pp., Buenos Aires.

1928 *La civilización incaica,* Conferencia dada en la Escuela Normal de Chilecito (La Rioja), por encargo del Ministerio de Justicia e Instrucción Pública, 5 de mayo, Chilecito.

1928 *Arqueología del noroeste argentino.* Conferencia en la Escuela Normal de Chilecito (La Rioja), por encargo del Ministerio de Justicia e Instrucción Pública, 9 de mayo, Chilecito.

1928 *Algunos aspectos de la técnica y de la estilización en el tejido americano prehistórico.* Conferencia patrocinada por la Junta Ejecutiva de Señoras de la Liga Patriótica Argentina en el Museo de Bellas Artes, 19 de julio. **La Fronda**, 29 de setiembre, Buenos Aires.

1928 *El arte en el antiguo Perú.* Conferencia patrocinada por la Comisión de Conferencias de la Casa del Pueblo, 21 de julio. **La Vanguardia**, 22 de junio, Buenos Aires.

1928 *Las llamadas "botijas" o "tinajas" de la provincia de San Luis.* **Physis**, t. IX, pp. 46-71, Buenos Aires.

1928 *Un tipo de paquete funerario del cementerio prehispánico de Chillón, Perú.* **Atti del XXII Congreso Internazionale degli Americanisti**, pp. 529-539, Roma, 1928.

1928 *Arquitectura de América precolombina, México y Perú.* **Apuntes de las clases dictadas en los años 1927 y 1928 como profesor suplente del profesor titular Arq. Becker**, pp.181-219, Buenos Aires.

1928 *Excursión arqueológica a los cerros de Sololasta e Intihuasi en la provincia de San Luis.* **Anales de la Sociedad Argentina de Estudios Geográficos GAEA**, t. III, Nº 1, pp. 217-234, Buenos Aires.

1928 *Nueva hipótesis sobre el destino de las placas grabadas de la Patagonia prehistórica.* **Physis**, t. IX, pp. 223-233, Buenos Aires.

1928 *La colección de telas peruanas prehispánicas del Museo Nacional de Historia Natural.* Disertación en el Salón de reuniones del Museo Nacional de Historia Natural Bernardino Rivadavia, 20 de septiembre, Buenos Aires.

1929 **Memoria de la Sección de Arqueología y Etnografía del Museo Nacional de Historia Natural Bernardino Rivadavia**. Correspondiente al año 1928, 13 pp., Buenos Aires.

1929 *Algunas características de las represas de la región occidental de la provincia de San Luis.* Trabajo presentado en la reunión de Comunicaciones de la Sociedad Argentina de Estudios Geográficas GAEA, 11 de mayo, Buenos Aires.

1929 *América prehistórica: ¿Cómo tejían los antiguos peruanos?* Conferencia pronunciada en la Sociedad Luz, el 6 de junio, Buenos Aires.

1929 *El arte del tejido en el Perú prehispánico.* Conferencia patrocinada por la "Asociación Cultural de Conferencias de Rosario". Salón de Actos de la Facultad de Ingeniería de Rosario, el 5 de octubre, Rosario.

1929 *La obra científica del doctor Walter Lehmann.* Disertación en la reunión de Comunicaciones celebrada en honor del Dr. Walter Lehmann por la Sociedad Argentina de Ciencias Naturales, 31 de agosto, Buenos Aires.

1929 *Tipo de cámara sepulcral en la quebrada de Coctaca, Jujuy.* **Physis**, t. IX, p. 327-334, Buenos Aires.

1929 *Los detalles suministrados por Wagner hablan a favor de la antigüedad de la cultura Chaqueña.* **Crítica**, el 16 de setiembre, Buenos Aires.

1930 *Descripción de dos nuevas placas rectangulares grabadas de la Patagonia prehispánicas. Algunas presunciones más sobre su probable utilización.* **Physis**, t. X, pp. 8-16, Buenos Aires.

1930 *La antigüedad del hombre en la región de Sayape, San Luis.* **Proceedings of the Twenty-third Intenational Congress of Americanists**, Nueva York.

1930 *Oración fúnebre pronunciada en ocasión del fallecimiento del Dr. Salvador Debenedetti.* **Anales de la Sociedad Científica Argentina**, t. CX, p. 360-362, Buenos Aires.

1930 *Dos matras araucanas de Malleo (Neuquén).* **La Prensa**, secc. 4ª, 22 de junio, Buenos Aires.

1930 **Memoria de la Sección de Arqueología y Etnografía del Museo Nacional de Historia Natural Bernardino Rivadavia**. Correspondiente al año 1929, 12 pp., Buenos Aires.

1930 *Discurso en honor del Dr. Roberto Lehmann-Nitsche con motivo de su jubilación.* 13 de mayo de 1930. **La Razón**, 14 de mayo, Buenos Aires.

1930 *Museo Nacional de Historia Natural: la Sección de Arqueología.* **La Prensa**, 1° de Junio, Buenos Aires.

1930 *Introducción al estudio del arte autóctono en la América del Sur.* Curso de cinco conferencias en el Colegio Libre de Estudios Superiores, 2, 9, 16, 23 y 30 de octubre, Buenos Aires.

1931 *Nota crítica al estudio del doctor José M. L. Viani. "Descripción de algunos ejemplares líticos de la antigua industria trenquelauquense".* **Anales de la Sociedad Científica Argentina**, t. CXII, pp. 242-245, Buenos Aires.

1931 *Nuevas pruebas de la unidad decorativa y del origen eskeiomorfo de los dibujos del instrumental lítico de la Patagonia prehispánica.* Comunicación a la Sociedad Argentina de Ciencias Naturales, el 6 de junio, Buenos Aires.

1931 *Sobre la conservación de cadáveres en los paquetes funerarios del litoral peruano del Pacífico.* **El libro de la Cruz Roja Argentina**, p. 145-148, Buenos Aires.

1931 *La estructura de los túmulos prehispánicos del Departamento de Gualeguaychú, Entre Ríos.* **Revista de la Sociedad Amigos de la Arqueología**, t. V, pp. 6-51, Montevideo.

1931 *Los "morteritos" de Cerro Varela, San Luis.* **Solar**, pp. 476-479, Buenos Aires.

1931 *Dos vasos indígenas hallados en Puerto Basilio, Entre Ríos.* **Solar**, pp. 161-172, Buenos Aires.

1931 *Nota crítica del estudio del doctor José M. L. Viani: "Descripción de algunos ejemplares líticos de la antigua industria trenquelauquense".* **Solar**, pp. 476-479, Buenos Aires.

1932 *La estructura de las construcciones "tumiliformes" prehispánicas de las inmediaciones del Río Dulce, Santiago del Estero.* **Physis**, t. XI, pp. 121 y 122, Buenos Aires.

1932 *Carta a propósito de la influencia del ingeniero C. A. Girado y de Emilio Greslebin en el desarrollo de los estudios arqueológicos y de ciencias naturales en la República Argentina.* **Physis**, t. XI, pp. 154-165, Buenos Aires.

1932 *Algunos ejemplos de simetría estática y de tendencia a la simetría dinámica en la cerámica prehispánica de la América del Sur*, **Physis**, p. 169, Buenos Aires.

1932 *Algunos datos sobre la arqueología del partido de Chascomús.* **Álbum conmemorativo Chascomús**, pp. 213-219, Buenos Aires.

1932 *Las represas de la región occidental de la Travesía Puntana.* **Publicaciones del Museo Antropológico y Etnográfico de la Facultad de Filosofía y Letras**, serie A, II, pp. 31-56, Buenos Aires.

1932 *Sobre la unidad decorativa y el origen esqueyomorfo de los dibujos del instrumental lítico de Patagonia prehispánica.* **Publicaciones del Museo Antropológico y Etnográfico de la Facultad de Filosofía y Letras**, serie A, II, pp. 99-119, Buenos Aires.

1932 *Anotaciones a Estudios Arqueológicos Riojanos de Eric Boman.* **Anales del Museo Nacional de Historia Natural Bernardino Rivadavia**, t. XXXV, Buenos Aires.

1932 *La cruz y sus derivadas en el estilo pampa.* Disertación en la escuela 16 del Consejo Escolar XIV, 24 de setiembre, Buenos Aires.

1932 *Formas decorativas de Patagonia prehispánica. Sus orígenes, evolución, influencias y supervivencias (resumen).* Presentado en el XXV Congreso Internacional de Americanistas, **Jahrbuch fur Prehistorische und Ethnographische Kunst**, pp. 139-153, Berlín.

1932 *El tejido sudamericano prehispánico. Su evolución técnica composición decorativa y aplicación moderna.* Curso dado en el Colegio libre de Estudios Superiores, 10-14 de junio, Buenos Aires.

1932 *Presentación y comentarios sobre "Algunas pictografías de la región cordillerana de los territorios del Río Negro y Chubut del Sr. Tomás Harrington".* **Physis**, t. IX, N° 39, pp.306-307, Buenos Aires.

1932 *Voto propuesto a la Sesión Plenaria del XXVI Congreso Internacional de Americanistas (La Plata).* Sobre la conservación, restauración y publicación de la ciudad arqueológica del Cuzco "Capital Arqueológica de Sud América". **Actas y trabajos científicos del XXV Congreso Internacional de Americanistas**, t. I, pp. XLIV-XLV, Buenos Aires.

1933 *A propósito de la importante donación de telas peruanas prehispánicas hecha por el señor Gustavo Muñiz Barreto al Museo de Luján.* **La Opinión**, 7 y 10 de junio, Luján.

1933 *Estudio sobre la obra del escultor Luis Perlotti.* **Exposiciones** N° 3, pp. 46-47, Buenos Aires.

1933 *La enseñanza del arte americano prehispánico y su aplicación moderna.* **Exposiciones** N° 3, Buenos Aires y en **Boletín de la Asociación Cultural Ameghino**, año II, N° 14, pp. 47-50, 1934, Luján.

1933 *El arte prehistórico peruano.* Conferencia sustentada en el Colegio Nacional de Mar del Plata, 8 de julio. En **El Progreso**, 9 de julio, Mar del Plata y **La Capital**, 9 de julio, Mar del Plata.

1934 *Nuevos datos descriptivos sobre el cultivo de maíz en el Perú prehispánico.* **Revista Argentina de Agronomía**, t. I, pp. 52 y sig., Buenos Aires.

1934 *La tendencia a la "simetría dinámica" en la forma de la cerámica del Cuzco.* **Revista del Museo Nacional**, t. III, N° 1 y 2, pp. 164-167, Lima.

1934 *Cuzco, capital arqueológica de América del Sur y el significado de su redescubrimiento.* Conferencia dada en la Asociación Peruana, el 10 de noviembre. **La Nación**, 11 de noviembre, Buenos Aires.

1934 *La enseñanza del arte americano prehispánico.* Breve disertación en el 26° Recital Artístico del Estudio de Ernesto Dodds, 6 de mayo, Buenos Aires.

1934 *El detalle constructivo de las antiguas esquinas coloniales en Buenos Aires.* **La Prensa**, Sección 3ª, 20 de mayo, Buenos Aires.

1935 *El "estilo arcaico" de América, su definición, evolución, supervivencias y puntos de convergencia con el neolítico europeo.* Conferencia en la Sociedad Geográfica, 30 de enero, Lima. Publicada en **El Comercio**, pág. 9, Lima; **La Crónica**, pp. 4 y 20, Lima; **La Prensa**, p. 9-10, 31 de enero, Lima.

1935 *La conservación del Cuzco incaico y colonial.* Disertación radiofónica desde el Estudio de Ernesto Dodds, LS 2, Radio Prieto y Transradio, en el IV° Centenario de Cuzco, 8 de abril de 1934. **La peñola**, Instituto Argentino de Bellas Artes, año I, N° 8, pp. 1-2, 21 de julio de 1936, Buenos Aires.

1935 *Disertación sobre arqueología americana.* Reunión del Rotary Club de Lima, 24 de Enero. **La voz rotariana**, vol. X, N° 110, pp. 37-40, 31 de enero, Lima.

1935 *Mi nueva visita al Perú.* **Perú**, Consulado General en la República Argentina, no. II, p. 4-6 y 57-58, Buenos Aires.

1935 *El arte, la diplomacia indiscutida en América.* Disertación por LR 8 Radio París, 31 de marzo, Buenos Aires.

1935 *Influencia de una raza en el folklore nacional.* Disertación por LR 8 Radio París, 31 de marzo, Buenos Aires.

1935 *El arte como definición de la especie humana.* Disertación por LR 8, Radio París, 2 de junio, Buenos Aires.

1935 *El arte y la confraternidad americana.* Disertación por LR 6, Radio La Nación, en La Hora de Bolivia, 10 de setiembre, Buenos Aires.

1935 *Génesis y evolución de los símbolos en el arte americano primitivo.* Disertación por LR 8 Radio París, 24 de noviembre, Buenos Aires.

1935 *Evocación de Tiahuanaco.* Disertación radiotelefónica desde el Estudio de Ernesto Dodds, por LR 8 Radio París, 30 de junio. **La Peñola**, Revista del Instituto Argentino de las Artes, año 1, N° 13, p.1, Buenos Aires.

1935 *El secreto de las placas grabadas de Patagonia Prehispánica, Argentina.* **Actas y Memorias de la Sociedad de Antropología, Etnografía y Prehistoria**, t. XIII, pp. 207-217, Madrid.

1935 *Conferencia sobre "El estilo arcaico en América" dada en la Sociedad Geográfica de Lima.* En **La Prensa**, 1° de enero, Lima; **El Comercio**, 31 de enero, Lima; **La Crónica**, 31 de enero de, Lima.

1935 *Impresiones al regresar de Lima en 1935, después de 10 años.* **El Comercio**, 18 de enero, Lima.

1934 *Discurso en la entrega de la placa de la Municipalidad de Lima, de la Delegación Argentina al IV° Centenario de Lima.* En **La Prensa**, 29 de enero, Lima; **La Crónica**, 1° de febrero, Lima.

1935 *Discurso con motivo de la incorporación al Instituto Histórico del Perú.* **El Comercio**, 1° de febrero, Lima.

1935 *Conociendo la arqueología del Norte del Perú se aclarará el problema de la cronología de las culturas peruanas.* **La Crónica**, 9 de febrero, Lima.

1935 *Consideraciones sobre el viaje al Perú.* **El Comercio**, 16 de febrero, Lima.

1935 *Perú comparte con México la cuna del arte sudamericano. La Arqueología.* **La Razón**, 2 de marzo, Buenos Aires.

1935 *Influencia boliviana en el arte argentino.* **Indoamérica**, Año I, N° 1, p. 32 (junio), Buenos Aires.

1935 *Actuación del arquitecto Héctor Greslebin en el 4° Centenario de la Fundación de Lima.* **La Nación**, 23 de febrero, Buenos Aires.

1935 *Conversando con el intelectual argentino, señor Héctor Greslebin.* **El Comercio**, 1° de febrero, Lima.

1935 *Viaje arqueológico al país de los antiguos chimús, costa norte del Perú.* Disertación en el Instituto Popular de Conferencias, 6 de setiembre, Buenos Aires. **La Prensa**, p. 10, 7, 8 de setiembre, Buenos Aires. **La Crónica**, p. 19, 20 y 22 de octubre, Lima.

1935 *El estilo arcaico de América.* Disertación dada en el Salón de actos de La Razón, 25 de noviembre. **La Nación**, 28 de noviembre, p. 10, Buenos Aires.

1936 *La primacía del arte en la gestación de la emancipación americana.* **La Crónica**, pp. 13 y 22, 13 de setiembre.

1936 *El sentido integral del arte en el remoto pasado del hombre.* Disertación en el Instituto Argentino de las Artes, 5 de junio de 1935. **La Peñola**, año I, Nº 1, 2 de junio, Buenos Aires.

1936 *Florentino Ameghino, símbolo de la ilustración y de la cultura argentina.* Disertación en la Academia de Ciencias de Buenos Aires, en el homenaje del XXVº de su fallecimiento, 10 de agosto. En **La Prensa**, 11 de agosto, Buenos Aires; **La Nación**, 11 de agosto, Buenos Aires; **El Mundo**, 11 de agosto, Buenos Aires.

1936 *Las culturas de la costa norte del Perú y su determinismo geográfico.* Conferencia dada el 19 de octubre en el Colegio Nacional General José de San Martín de Rosario.

1936 *Figuras geometrizadas y símbolos automáticos en el arte pampa y araucano.* Conferencia en la Asociación Letras-Bellas Artes, 20 de noviembre de 1936, Buenos Aires.

1936 *El signo en zig-zag en el instrumental lítico de la Huaca del Sol de Trujillo, Perú.* **Publicación de Homenaje de sus amigos a Lucas Kraglievich, in memoriam**, pp. 53-60, Buenos Aires.

1936 *La conservación del Cuzco incaico y colonial.* Disertación radiotelefónica por LV 2, Radio Prieto y Transradio, en ocasión del IVº centenario de Cuzco. **La Peñola**, Nº 5, 21 de julio, Buenos Aires.

1937 *El Museo Nacional de Lima y de la defensa del patrimonio histórico arqueológico del Perú.* **La Prensa**, Sección 2ª, 4 de abril de 1937, Buenos Aires.

1938 *El trazado de ciudades en la América prehispánica.* Disertación en la Sociedad Central de Arquitectos, 8 de setiembre. **Revista de Arquitectura**, Nº 214, p. 482, Buenos Aires.

1938 *Presentación del Embajador Extraordinario del Ecuador.* Sociedad Central de Arquitectos, 11 de julio. **Revista de Arquitectura**, Nº 212, p. 360-372, Buenos Aires.

1938 *Formas decorativas de Patagonia prehispánica. Sus orígenes, evolución, influencias y supervivencias.* **Ipek**, Jahrbuch fur prahistorische und ethnographische kunst, vol. 12, pp. 139-153, Berlín.

1938 *Excavaciones arqueológicas en Chilecito (La Rioja).* Comunicación dada en la Academia de Ciencias de Buenos Aires, 18 de agosto, Buenos Aires.

1939 *Ciudades del Perú prehispánico.* Conferencia en la reunión anual de arquitectos, 1° de setiembre. **Revista de Arquitectura**, p. 441-443, Buenos Aires.

1940 *Los revestimientos decorativos en las huacas de la costa Peruana del Pacífico.* **La Prensa**, 3ª sección, 18 de febrero, Buenos Aires.

1940 *Arqueografía de la Tambería del Inca (Chilecito, La Rioja).* Ensayo de urbanismo prehispánico que auspicia la Sociedad Central de Arquitectos en homenaje al Vº Congreso Panamericano de Arquitectos, Buenos Aires.

1940 *Arqueografía de la Tambería del Inca.* **Revista de Arquitectura**, pp. 152-154, Buenos Aires.

1940 *Una ciudad prehispánica (La Tambería del Inca de Chilecito).* Exposición de la Sociedad Central de Arquitectos y del Comité Argentino del V° Congreso Panamericano de Arquitectos en La Plata.

1940 *La arquitectura americana prehispánica.* **Revista de Arquitectura**, pp. 120-12, Buenos Aires.

1940 *El concepto de tiempo y de espacio a través de las figuras geométricas y "símbolos automáticos" del arte prehistórico.* **Academia de Ciencias de Buenos Aires**, t. I, p. 113, Buenos Aires.

1940 *El tupu Mochika.* **Revista de Arquitectura**, p. 375, Buenos Aires.

1940 *La arquitectura prehispánica del noroeste argentino.* Comisión Nacional de Cultura. Conferencias del ciclo 1940 dictadas por los Becarios, t. I, pp. 31-78, Buenos Aires.

1940 *Sistematización del estudio de la historia de la arquitectura americana.* Ponencia oficial argentina al V° Congreso Panamericano de Arquitectos (Montevideo). **Revista de Arquitectura**, p. 199, Buenos Aires.

1940 *Noticia sobre "La vieja casa de Pizarro" por Eduardo Martín Pastor.* **Revista de Arquitectura**, pp. 577-579, Buenos Aires.

1940 *Conclusiones aprobadas en el V° Congreso Panamericano de Arquitectos. Tema IV. Sistematización del estudio de la Historia de la Arquitectura Americana.* **Revista de Arquitectura**, p. 199, Buenos Aires.

1940 *Los libros de Americanística;* notas sobre "Edificios coloniales artísticos e históricos de la República Mexicana que han sido declaradas monumentos" y "Una casa habitación del siglo XVIII en la ciudad de México". Publicaciones del Instituto Nacional de Antropología e Historia de la Dirección de Monumentos Coloniales. **Revista de Arquitectura**, N° 236, pp. 472-473, Buenos Aires.

1941 *El fuego, importante factor olvidado en la erosión eólica de los suelos.* **La Prensa**, Sección Segunda, 9 de febrero, Buenos Aires.

1941 *Apuntes de Prehistoria, Arqueología y Protohistoria Americanas.* Dictados en el Instituto Nacional del Profesorado Secundario de Buenos Aires, diciembre, Buenos Aires.

1941 *Caracteres principales de la cerámica prehispánica de la América del Sur.* Conferencia pronunciada en la Escuela Nacional Industrial de Cerámica, 26 de junio, Buenos Aires.

1942 *Sobre el descubrimiento de una forma de techar los recintos pircados rectangulares, realizados en La Tambería del Inca, Chilecito, La Rioja, Argentina.* 20°. Congreso Internacional de Americanistas, primera sesión, 1939, México. **Actas de la Primera Sesión**, t. I, pp. 261-276, México, 1943.

1942 *La construcción antisísmica de los Incas.* **La Prensa**, Sección Segunda, 15 de febrero, Buenos Aires.

1943 *La empuñadura, tipo mixto, de la espada argentina, modelo del profesor Herminio Eccheri.* **Estilo Tiahuanaco**, Buenos Aires.

1944 **Introducción a la aplicación moderna de los sistemas constructivos antisísmicos de los Incas**. Publicación de la Facultad de Ciencias Matemáticas, Físico-Químicas y Naturales aplicadas a la industria, Monografía N° 2, t. III, Rosario.

1944 *Introducción a la aplicación moderna de los sistemas constructivos antisísmicos de los Incas.* Conferencia dada en la Sociedad Científica Argentina, por la Academia de Ciencias de Buenos Aires, 17 de mayo, Buenos Aires.

1944 *La leyenda del Cerro del Morro y el folklore de la provincia de San Luis.* **La Prensa**, Sección segunda, 2 de julio, Buenos Aires.

1945 *San Juan y la arquitectura antisísmica incaica.* **Crítica**, 14 de febrero, p. 10, Buenos Aires.

1946 *Dos relatos ranquelinos de San Luis.* **La Prensa**, Sección segunda, 27 de enero, Buenos Aires.

1946 *Antiguas ciudades enterradas descubiertas por la aviación.* **Ariel**, año 2, N° 10, diciembre, pp. 22-23, Buenos Aires.

1947 *La arquitectura de España en época de Cervantes.* Conferencia en el Hogar Andaluz, Ciclo Cervantino, 19 de julio, Buenos Aires. **Guía quincenal de la actividad cultural y artística argentina**, año I, N° 8, pp. 35-36, agosto, Buenos Aires. **Hogar Andaluz**, año IV, N° 26, setiembre, Buenos Aires.

1947 *La Antártida ante la Americanística.* Conferencia dada en el Liceo Militar General San Martín, 1° de octubre, San Martín.

1948 *Cuzco capital arqueológica de Sud América.* **Revista del Instituto y Museo Arqueológico de la Universidad del Cuzco**. N° 12, pp. 139-142, Cuzco.

1948 *Palabras como miembro honorario de la Academia Argentina de la Guitarra en homenaje al "Día de la Tradición".* 13 de noviembre, Buenos Aires.

1948 *El hombre del caballo negro (Leyenda Puntana),* **Almanaque Puntano** (s/d).

1949 *Los primeros recursos constructivos del hombre*. Conferencia dada en la Escuela Industrial de la Nación Ing. Luis A. Huergo, 8 de enero, Buenos Aires.

1949 *El significado del Día de las Américas.* Conferencia dada en el Liceo Militar General San Martín, 14 de abril.

1950 *La primera industria humana.* Curso en la Escuela Industrial de la Nación Ing. Luis A. Huergo, 1 al 11 de febrero, Buenos Aires.

1951 *La técnica antisísmica en la arquitectura de los Incas (Resumen).* Comunicación enviada el 22 de julio de 1951 al Congreso Internacional de Peruanistas en el Instituto de Historia de la Universidad Mayor de San Marcos, Lima.

1951 *San Martín organizador.* Disertación en el Instituto Nacional del Profesorado Secundario, el 16 de agosto, Buenos Aires.

1954 *La Antártida ante la Americanística.* Conferencia, 15 de junio, en el Instituto Nacional del Profesorado Secundario, Buenos Aires.

1954 *Arte prehispánico.* Curso de perfeccionamiento dictado en el Instituto Nacional del Profesorado Secundario, patrocinado por la Confederación Estudiantil de Institutos Especializados, 18 de agosto al 29 de setiembre, Buenos Aires.

1954 *El significado del día de las Américas.* Conferencia dada en el Instituto Nacional del Profesorado Secundario, 13 de abril, Buenos Aires.

1956 *Antropogeografía.* Apuntes del curso en el Instituto Nacional del Profesorado Secundario, pp. 1-81, Buenos Aires.

1957 *Recuerdos de un viaje a los cerros de Sololasta e Intihuasi en 1919.* Conferencia en el Centro Puntano, 30 de mayo, Buenos Aires.

1957 *Valoración actual de la arquitectura colonial iberoamericana.* **Horizonte**, Revista del Centro de Estudiantes del Instituto Nacional del Profesorado Secundario, pp. 1-9, mayo, Buenos Aires.

1958 *Apuntes de disciplinas auxiliares de la historia.* Dictados en el Instituto Nacional del Profesorado Secundario, Buenos Aires.

1958 *Introducción al estudio del arte autóctono de la América del Sur.* Suplemento N° 11 de la **Revista de Educación** del Ministerio de Educación, La Plata.

1958 *El paisaje primitivo de La Pampa.* **Revista de Educación**, N° 6, pp. 412-421, La Plata.

1958 *Apuntes de Prehistoria General y Arqueología Americana.* Dictados en la cátedra de primer año de la Sección de Historia del Instituto Nacional del Profesorado Secundario. Editados por el Centro de Estudiantes del instituto del Profesorado, Buenos Aires.

1959 *Recuerdos de viaje por sierras de San Luis.* **Revista de Educación**, N° 3, pp. 407-426, La Plata.

1959 *El hombre y la técnica.* Disertación en el Salón de Actos de la Penitenciaría Nacional, 8 de mayo, Buenos Aires.

1959 *Evolución cíclica de la representación del Triunfo de la Iglesia y el Juicio Final en el arte escultórico del Medioevo.* **Anales de Historia Antigua y Medieval (1958-1959)**, pp. 92-125, Buenos Aires.

1960 *Disertación en el Instituto Nacional del Profesorado Secundario sobre "La relación existente entre el friso de la Puerta del Sol de Tiahuanaco y los capítulos IV y V del Apocalipsis de San Juan",* 27 de abril, Buenos Aires. **La Prensa**, 28 de abril, Buenos Aires.

1960 *Valoración actual de la arquitectura colonial Iberoamericana.* **Revista de Educación**, pp. 114-124, nos. 9-10, Buenos Aires.

1960 *El antiguo Perú.* Disertación en el Liceo Nacional de Señoritas N° 7, 25 de noviembre, Buenos Aires.

1960 *Nota sobre la evolución de la técnica arquitectónica.* **La Ingeniería** N° 981, pp. 43-45, II parte, Buenos Aires.

1961 *La adoración del cordero en el friso de la Puerta del Sol.* Conferencia dada en el Instituto Terrero, 14 de marzo, La Plata.

1961 *Interrogatorios Ranquelinos.* **Cuadernos del Instituto Nacional de Investigaciones Folklóricas** N° 2, pp. 51-70, Buenos Aires.

1962 *La divina proporción en el friso de la Puerta del Sol de Tiahuanaco.* Comunicación a la Sociedad Argentina de Historia, 7 de mayo. **La Prensa**, 15 de mayo, Buenos Aires.

1963 *cristianismo precolombino.* Conferencia y Mesa redonda en el círculo de Amigos de Marina, 24 de julio, Buenos Aires.

1964 *Cristianismo precolombino (Tiahuanaco).* Conferencia dada en el Instituto Malincrodt de Martínez, 24 de julio, Buenos Aires.

1964 *Los subterráneos secreto de la "Manzana de las Luces" en el viejo Buenos Aires.* Disertación en el Instituto Nacional de Antropología dada en el Museo Mitre, 20 de agosto de 1964, Buenos Aires. Publicado en **Cuadernos**, Instituto Nacional de Antropología N° 5, pp. 31-73 (1966/67), Buenos Aires, editado en 1969.

1964 *Relata el arquitecto Héctor Greslebin aspectos de los antiguos subterráneos secretos de Buenos Aires.* **La Prensa**, 9 de setiembre, Sección Segunda, p. 13, Buenos Aires.

1964 *Disertación sobre los subterráneos secretos de Buenos Aires.* Canal 13, 30 de setiembre, Buenos Aires.

1964 *La existencia del cristianismo precolombino.* Disertación en el Colegio Guadalupe, 22 de octubre, Buenos Aires.

1966 *El Apocalipsis en América precolombina.* Conferencia dada en el Colegio San Ramón, 29 de marzo, Buenos Aires.

1966 *Platería Pampa.* Disertación en Museo Nacional de Arte Decorativo, 11 de agosto, Buenos Aires.

1967 *Sobre el simbolismo del estilo draconiano.* **Primer Congreso de Historia de Catamarca**, t. III, Junta de Estudios de Catamarca, pp. 1-29, Buenos Aires.

1967 *La Platería Araucana y Pampa. Estudio e ilustraciones a través de la colección Maguire.* **Loncagué: relatos de frontera. La Pampa, costumbres, leyendas y artesanías,** editado por John W. Maguire, pp. 173-251, Buenos Aires.

1967 *Palabras del arquitecto Héctor Greslebin* en el acto de su homenaje. **Cuadernos del Instituto Nacional de Antropología**, N° 6, pp. 384-387, Buenos Aires.

1968 *Una nueva representación de la figura humana draconiana.* Comunicación en el Instituto Nacional e Antropología, 18 de setiembre, Buenos Aires.

Capítulo XI

Bibliografía

Alanís, Rodolfo
1947 *Material arqueológico de la civilización diaguita*, Museo Arqueológico Inca Huasi, La Rioja.

Alva Martínez, Ernesto
1996 La búsqueda de una identidad, en *La arquitectura mexicana del siglo XX*, Conaculta, México.

Álvarez, Manuel F.
1900 Creación de una arquitectura nacional, en *Las ruinas de Mitla y la arquitectura nacional*, pp. 273-282, México.

Amábilis, Manuel
1930 *El pabellón de México en Sevilla*, Edición del autor, México.

Ambrosetti, Juan
1915 El Museo Etnográfico de la Facultad de Filosofía y Letras, *Revista de Arquitectura* Nº 1, Buenos Aires.

Amigo, Roberto
2000 *Tras un inca*, FIAAR, Buenos Aires.

Anda Alanís, Xavier de
1994 Tradición y nacionalismo como alternativas de identidad en la arquitectura moderna mexicana, en A. Amaral (coord.), *Arquitectura neocolonial. América Latina, Caribe, Estados Unidos*, Memorial-Fondo de Cultura Económica, San Pablo.

[1] Dado que este texto fue redactado en 2007, varias publicaciones que figuran en prensa fueron publicadas posteriormente; se ha respetado el manuscrito del autor (Nota del Editor).

Ayala R., Carlos
1990 La Arquitectura Neoindígena y Neocolonial, *Boletín CIFA*, Universidad de San Carlos, N° 2, Guatemala.

Belaúnde, Pedro
1994 Perú: mito, esperanza y realidad en la búsqueda de raíces nacionales, en *Arquitectura neocolonial. América Latina, Caribe, Estados Unidos*, Memorial-Fondo de Cultura Económica, San Pablo.

Berlín, Enrique
1969 Luis Martín, inquieto arquitecto neoclásico, en *Anales del Instituto de Arte Americano* vol. 22, pp. 103-110, Buenos Aires, 1969.

Boman, Eric y Greslebin, Héctor
1923 *Alfarería Draconiana*, Edición de los autores, Buenos Aires.

Braun, Barbara
1993 *Precolumbian art and the poscolumbian world: Ancient american sources of modern art*, H. N. Abrams Inc, New York.

Caterina, Luis María
1995 *La Liga Patriótica Argentina*, Editorial Corregidor, Buenos Aires.

Dorward, Frances R.
1987 The evolution of mexican indigenista literature in the XXth century, *Revista Interamericana de Bibliografía* vol. XXXVII, no. 2, pp. 145-159.

Durao, Juan J.
1935 *La Rioja, Museo Incahuasi*, Museo Inca Huasi, La Rioja.

Eder, Rita
1984 Las imágenes de lo prehispánico y el nacionalismo, *Los Universitarios* no. 9, pp. 11-14, México.

Foglia, Carlos A.
1963 *Perlotti, el escultor de Eurindia*, Ediciones Áureas, Buenos Aires.

Fontana Company, Mario A.
1935 *El arqueólogo argentino arquitecto Héctor Greslebin y su obra*, Separata de la Revista Amigos de la Arqueología, Montevideo.

González, Joaquín V.
1957 *La tradición nacional* (1888), Hachette, Buenos Aires.

Gamio, Manuel
1916 *Forjando Patria (Pro Nacionalismo)*, Librería de Porrúa Hermanos, México.

Guido, Ángel
1924 En defensa de Eurindia, *Revista de El Círculo*, Rosario.
1940 *Redescubrimiento de América en el arte*, Universidad del Litoral, Rosario.

Guillén, Víctor M.
1944 El Cuzco en una mansión argentina, *Revista del Instituto Americano de Arte del Cuzco*, N° 3, Cusco.

Gutiérrez, Ramón y Gutiérrez Viñuales, Rodrigo
2000 Fuentes prehispánicas para la conformación de un arte nuevo en América, *Temas de la Academia* N° 2, Buenos Aires.

Gutiérrez Viñuales, Rodrigo
1999 Un viejo resplandor (Evocaciones de Granada), de Antonio Pérez Valiente de Moctezuma y Alfredo Guido (1924). En: *España y Argentina entre la tradición y la modernidad,* manuscrito inédito, Granada.
2000 *Arquitectura historicista de raíces prehispánicas*, manuscrito inédito, Granada.
2001 Revista Áurea: americanismo en una época de transformaciones, en *Francisco Gianotti: del Art Nouveau al Racionalismo en la Argentina,* pp. 47-54, Fundación Cedodal, Buenos Aires.

Gutman, Margarita
1986 La casa de Ricardo Rojas o la construcción de un paradigma, *Documentos de arquitectura nacional y americana* no. 21, pp. 47-60, Resistencia.

Herkenhoff, Paulo
1995 The jungle in Brazilian modern design, *The Journal of Decorative and Propaganda Arts 1875-1945*, N° 21, Miami.

Honour, Hugh
1975 *The New Golden Land: European Images of America from the Discoveries to the Present Time*, Pantheon Books, Nueva York.

Ingle, Marjorie
1984 *The Mayan Revival Style,* Peregrine Smith Books, Layton.

Instituto de Cacau da Bahia
1931 *Instituto da Cacau da Bahia, sede central* (obra del Ing. Pereira das Neves), Edición Oficial, Bahia.

Iriarte, Isabel
2004 La donación de un fardo Paracas a la Argentina: circunstancias y protagonistas, *Separata,* nos. 7 y 8, pp. 1-29, Rosario.

Jiménez, Víctor y Rogelio González
1992 *El ex Obispado de Oaxaca, un caso singular en la arquitectura colonial mexicana*, El Tule, Oaxaca.

Kohl, Philip y José Pérez Gollán
2002 Religion, Politics and Prehistory, *Current Anthropology* vol. 41, no. 4, pp. 561-586.

Kugelman, Helga von
1994 Así repercute la Gloria del Mundo; aproximación a la reconstrucción de los arcos de triunfo de don Carlos de Sigüenza y Góngora y Sor Juana Inés de la Cruz, en *Arte, Historia e Identidad en América,* pp. 707-718, vol. 3, UNAM, México.

Kuon Arce, Elizabeth y otros
2009 *Cuzco-Buenos Aires: ruta de la intelectualidad americana*, Universidad San Martín de Porres, Cuzco.

Majluf, Natalia
1994 El indigenismo en México y Perú: hacia una visión comparada, *Arte, historia e identidad en América, visiones comparadas*, vol. II, pp. 611-628, UNAM, México.

Mayer, Karl H.
1993 Examples of the Maya Revival Style in architecture, *Mexicon* vol. XV, no. 5, pág. 86, Graz.

Nadal Mora, Vicente
1935 *Manual de arte ornamental americano autóctona*, Librería El Ateneo, Buenos Aires.

Parodiz, Juan José y Enrique Balech
2004 *El Museo Argentino de Ciencias Naturales B. Rivadavia... en pantuflas*, manuscrito inédito, Buenos Aires.

Ramírez, Fausto
1986 Vertientes nacionalistas en el modernismo, en *El Nacionalismo y el Arte Mexicano, IX Coloquio de Historia del Arte*, UNAM, México.

Pascual, Ángel
1922 Mansión Neo-Azteca, *Revista de Arquitectura*, no, 21, Buenos Aires.

Phillips, Ruth A.
2007 *Pre-columbian revival: definig and exploring a U. S. architectural style: 1910-1940*, Tesis de doctorado en Historia del Arte, City University of New York.

Piqueras Cotolí, Manuel
1930 Algo sobre el ensayo de estilo neoperuano, en *Perú (1930) antología*. Lima.

Politis, Gustavo
S/f *Política nacional, arqueología y universidad en Argentina*, manuscrito inédito.

Querejazu, Pedro
1999 El arte. Bolivia en pos de sí misma y del encuentro con el mundo, en *Bolivia en el siglo XX. La formación de la Bolivia Contemporánea*, Ed. Harvard Club de Bolivia, pp. 553-583, La Paz.

Rodríguez Prampolini, Ida
197. La figura del indio en la pintura del siglo XIX, fondo ideológico, *Arte, Sociedad e Ideología* vol. 3, pp. 56-66, México.

Rojas Garcidueñas, José
1976 Indigenismo en el México de los siglos XVIII y XIX, *Revista de la Universidad de México* vol. XXX, no. 7, pp. 1-7, México.

Rojas, Ricardo
1909 *La Restauración Nacionalista, informe sobre educación*, Ministerio de Justicia e Instrucción Pública, Buenos Aires.
1993 *Eurindia* (1924), 2 vols, CEAL, Buenos Aires.
1946 *Blasón de Plata*, Losada, Buenos Aires.

Salazar, Luis
1895 La arqueología y la arquitectura, en: *Actas del XI Congreso Internacional de Americanistas*, México.

Schávelzon, Daniel
1988 *La polémica del arte nacional en México (1850-1910),* Fondo de Cultura Económica, México.
1988 Los túneles de Buenos Aires: 140 años entre la memoria y el olvido, *Todo es Historia* N° 201, Buenos Aires.

1991 *La conservación del patrimonio cultural en América Latina (1750-1980),* Instituto de Arte Americano, Buenos Aires.
1996 Arthur Posnansky y la arqueología boliviana: una bio-bibliografía, *Beitrage zur Allgemeinen und Vergleichenden Archaologie*, tomo 16, pp. 335-358, Meinz.
2005 *Túneles de Buenos Aires: historias, mitos y verdades del subsuelo porteño*, Sudamericana, Buenos Aires.
2011 Una odisea continental: las piernas de Cuahutémoc, que perdió los pies en Tula, en: *Arqueología Mexicana* 113, pág. 84-88, México.

Schávelzon, Daniel y Beatriz Patti
1989 Una corriente artística desaparecida: Héctor Greslebin y el arte neoprehispánico argentino (1915-1935), *1ras. Jornadas de Teoría e historia de las artes*, Fundación San Telmo, pp. 111-115, Buenos Aires.
1992 La búsqueda de una arquitectura americana: H. Greslebin, en *Cuadernos de Historia del Arte*, no. 14, pp. 37-63, Mendoza.
1992 Los intentos por la creación de una estética nacional: la obra inicial de H. Greslebin (1915-1930), *Boletín de Arte* no. 10, pp. 12-23, La Plata.
1997 Lenguajes, arquitectura y arqueología: Héctor Greslebin en sus años tempranos, *Cuadernos de Historia*, pp. 89-123, Instituto de Arte Americano, Buenos Aires.

Schávelzon, Daniel y Jorge Tomasi
2005 *La imagen de América: los dibujos de arqueología americana de Francisco Mujica Diez de Bonilla*, Ediciones Fundación Ceppa, Buenos Aires.

Shumway, Nicolás
1993 *La invención de la Argentina: historia de una idea*, Emecé, Buenos Aires.

Siller, Juan A.
1987 *La presencia prehispánica en la arquitectura neo-maya de la península de Yucatán*, *Cuadernos de Arquitectura Mesoamericana* no. 9, pp. 51-67, México.

Tosto, Pablo
1966 *Antografía escultórica*, Librería Hachette, Buenos Aires.

Urruela, Ana María
1992 El indio en la literatura hispanoamericana: un esbozo, *Anales de la Academia de Geografía e Historia de Guatemala,* vol. LXVL, pp. 113-123, Guatemala.

Vasconcelos, José
1925 *La raza cósmica. Misión de la raza iberoamericana. Notas de viajes a la América del Sur*. París-Madrid-Lisboa, Agencia Mundial de Librería, México.

Willey, Gordon y Sabloff, Jeremy
1975 *History of American Archaeology*, W. H. Freeman and Co, San Francisco.

AGRADECIMIENTOS

Este trabajo se basa en una serie de estudios hechos con Beatriz Patti. El resultado final es en gran medida obra de Jorge Tomasi. Los hijos de Greslebin nos facilitaron el acceso a los documentos, dibujos y planos que ahora están en archivos públicos. Carlos Hilger nos facilitó copias de los dibujos del archivo del Museo Etnográfico, donde su ex director José Pérez Gollán nos facilitó el acceso al resto de la documentación; allí Vivian Spolianski nos dedicó su tiempo y pasión por el tema. Ramón Gutiérrez y su hijo Rodrigo nos han sido de una ayuda inapreciable y ellos han publicado sobre Greslebin y sobre el arte Neoprehispánico. Agradecemos a la Dra. Ana Igareta del Museo de Ciencias Naturales de La Plata por acercarnos el material que se encuentra en la institución. El personal de la hemeroteca de la Biblioteca Nacional colaboró con nuestros insólitos pedidos. Carlos Ceruti nos facilitó la correspondencia entre Greslebin y Antonio Serrano.

NOTAS

Nota de terminología

La palabra que Héctor Greslebin escribe asiduamente "Tiahuanaco", por el conocido sitio prehispánico de Bolivia, la reproducimos de esa misma manera anticuada cuando la citamos; en cambio en nuestros textos usamos la grafía moderna (recuperada de la realmente antigua): Tiwanaku. Lo mismo sucede con la palabra Cuzco-Cusco en que respetamos la grafía del autor.

Nota a las imágenes

Buena parte de las imágenes incluidas fueron tomadas de las publicaciones originales y a fin de conservar el valor documental hemos decidido mantener el epígrafe. El resto de las fotografías o dibujos son del archivo Greslebin, ahora en el Museo Etnográfico de la Facultad de Filosofía y Letras y en el Cedodal. Cuando no hay referencia de archivo es porque las fotos fueron tomadas por el autor en la casa de la familia Greslebin cuando la totalidad de los documentos estaban allí en 1992.

Cronología gráfica de la vida y obra de Héctor Greslebin

Biografía
Hechos Contemporáneos

1893 Nacimiento

Ricardo Rojas publica "La Restauración Nacionalista" ***1909***

Estudios

1911 Viaja a Europa con su padre

1912 Comienza los estudios de arquitectura

1913 Director de "La Revista de Arquitectura"

Ambrosetti publica en "La Revista de Arquitectura" ***1915***

1916 Publica "El Fraccionamiento de nuestras plazas"

1916 Publica "Como una nueva arquitectura se puede convertir en estilo"

1916 Publica un análisis de la casa de Martín Noel

Editorial nacionalista en la revista ***1917***

Práctica y estudios arquitectónicos

1917 Recibe el diploma con medalla de oro

1917/18 Asiste a las clases de Ambrosetti, Debenedetti, Outes y Lehman Nitsche en el Museo Etnográfico

Trabajo en el museo

1918 Comienza a concurrir al Museo de Historia Natural con Eric Boman

1918 Nombramiento de adscripto honorario al Museo

1918 Primeros estudios de alfarería con Boman

San Luis

Conservador del Museo

Tarea docente en el Instituto Superior del Profesorado

1919 Clases de historia de la arquitectura donde incorpora el tema de lo colonial

1919 Se muda a San Luis
Investigaciones sobre los indios ranqueles *1920*

1920 1° Congreso Panamericano de Arquitectos

1920 Proyecta el Mausoleo con Ángel Pascual

1920 Publica sobre la manzana de las luces

1923 Regresa a Buenos Aires

1923 Publica sobre la alfarería draconiana junto a Boman

1923 Realiza tapices para comparar los estilos draconianos y santamarianos

1923 Publica una investigación sobre el establecimiento "La Borda"

Ricardo Rojas publica Eurindia *1924*

1924 A la muerte de Eric Boman toma su cargo en el Museo como conservador de las colecciones arqueológicas.

1924 Publica "El estilo Renacimiento Colonial"

1924 Proyecta y construye sus primeras casas

1924 Comienza tarea docente en el Instituto Superior del Profesorado que mantendría hasta su jubilación.

1925 Comienza a trabajar junto a Perlotti

1925 Proyecto para el Monumento de los Constituyentes

1926 Profesor suplente de Historia de la Arquitectura en la facultad de CEyN

1926 Publica "El arte prehistórico peruano"

1927 Conferencia del 16º Aniversario de la muerte de Ameghino: Sobre la presencia humana en la región puntana

1928 Presenta en el XXIII Congreso de Americanistas el estudio "La antigüedad del hombre en la región de Sayape".

1928 Proyecto para la quebrada de Humahuaca Segundo Premio con Perlotti

Primera excavación en La Tambería del Inca

1929 Proyecta y construye su tercera casa

Proyecto para GAEA

1930 Se aleja del Museo por diferencias con la dirección ***1930***

1932 Delegado en el Congreso Internacional de Americanistas en La Plata. Plantea y se aprueba la declaración de Cuzco como capital arqueológica

1934 Publica "El detalle constructivo de las antiguas esquinas coloniales"

1935 Edición de parte de sus trabajos en Berlín

Excavaciones en La Tambería ***1938***

1940

1940/50 Tarea docente menor

1950

1959 Se jubila como docente *1960*

1960 Publica "Evolución cíclica de la representación del Triunfo de la Iglesia y del Juicio Final en el arte escultórico del medioevo"

1964 Publica su trabajos sobre los túneles de la Manzana de las Luces

1966 Publica "Sobre el simbolismo del arte Draconiano"

1970

1976 Fallecimiento

ANEXOS

TEXTOS SOBRE LAS EXCAVACIONES EN LA TAMBERÍA DEL INCA, LA RIOJA (1928 Y 1938)

LA NACION — Juev

3 marzo 1938

Han sido prolijamente estudiadas las casas de la Tambería del Inca

Realizó esa labor el profesor de arqueología del Instituto Nacional del Profesorado

VIAJE RECIENTE

Acaba de regresar de la provincia de La Rioja el profesor de arqueología americana del Instituto Nacional del Profesorado Secundario arquitecto Héctor Greslebin, becado por la Comisión Nacional de Cultura para estudiar el conjunto de construcciones primitivas conocido por la Tambería del Inca, en las inmediaciones de la ciudad de Chilecito. Esta comisión de estudios, que también ha contado con el auspicio del gobernador de La Rioja, fué integrada por el profesor de historia Andrés A. D'Alesio, adscripto a la mencionada cátedra. Se dirigió a comienzos de enero hacia la ciudad de La Rioja para estudiar el material arqueológico de la provincia que se conserva en el Museo Inca Huasi, dirigido por el R. P. fray Bernardino Gómez, del cual realizó un estudio detallado y reproducciones de piezas originales que serán utilizadas en estudios monográficos por los ex alumnos del Instituto Nacional del Profesorado Secundario.

El profesor Greslebin dictó en el citado museo una serie de lecciones destinadas a ilustrar al personal en lo referente a la conservación y catalogación del material que posee. Fué también motivo de estudio la importante colección arqueológica que pertenece al ingeniero Carlos Vallejo. La estada en la ciudad de La Rioja se completó con excursiones dirigidas por el R. P. Gómez, entre otras, un reconocimiento de las inmediaciones del dique de Los Sauces y del Pucará de la Puerta de la Quebrada.

Concluidos estos estudios preliminares, la expedición se trasladó a la ciudad de Chilecito a fin de dar término a los estudios de terreno iniciados por el profesor Greslebin en 1928, con el patrocinio del Museo Argentino de Ciencias Naturales Bernardino Rivadavia. La estada en la Tambería del Inca duró 41 días, efectuándose sobre las ruinas un relevamiento complementario al de 1928 y anotándose detalles especiales de la cintura perimetral y del conjunto de los 49 edificios que contiene, estudio que pone de relieve las normas de construcción utilizadas y evidencia la instalación en dicho valle de un pueblo poseedor de una técnica de piedra, que supo tener en cuenta los recursos y características del ambiente y llegó aún a alcanzar cierto refinamiento cultural, puesto de relieve en la orientación sistemática de los edificios.

En esta expedición se tuvo la suerte de aclarar, por vez primera, de una manera definitiva para la arquitectura de piedra de nuestro noroeste, el tipo de cubierta de las habitaciones rectangulares, debido a la prolija investigación de los restos carbonizados que conservan los escombros, hallazgo que puede servir de guía en futuras investigaciones. Se comprobó una ocupación aún más antigua del valle por estos primitivos, en niveles profundos, anteriores a los alcanzados por el limo de relleno sobre el cual está edificada la Tambería del Inca. Los esqueletos humanos extraídos muestran numerosas manchas negruzcas, que deberán ser estudiadas especialmente. Los entierros de niños en urnas alternan con los de adultos en un mismo local, dispuestos estos últimos en forma directa o secundaria.

Fué también estudiado todo el antiguo sistema de riego, que justificó la instalación y desarrollo de esta ciudad, con seguridad un pueblo de labradores y pastores. El material arqueológico extraído fué escasísimo y se encontró todo fragmentado. Los alrededores del lugar fueron detenidamente visitados, realizándose nuevas excursiones al Pucará del Portezuelo, descubierto por el Sr. Greslebin en 1928, sobre la cadena de cerros Famatina-Chilecito. Los llamados bañados de Orquera y barriales de San Miguel y de Anguinan fueron nuevamente estudiados por la expedición, en compañía del director de Samay-Huasi, profesor Severo Villanueva. Se estudiaron también las colecciones arqueológicas locales del señor Luis E. Tofanelli y del pintor Mario Anganuzzi.

Al terminar su estudio, el profesor Greslebin insistió en una anterior iniciativa suya que data de 1928, la de transformar esta Tambería del Inca en un parque. Con el propósito de planear una restauración modernizada del lugar, estudió con el intendente de riego de Chilecito, ingeniero Guillermo Ovalle, la posibilidad de dotar de agua al círculo amurallado de 500 metros de diámetro que abarca esta antigua ciudad y que se convertiría en un nuevo lugar de esparcimiento para la ciudad de Chilecito y del turismo en general.

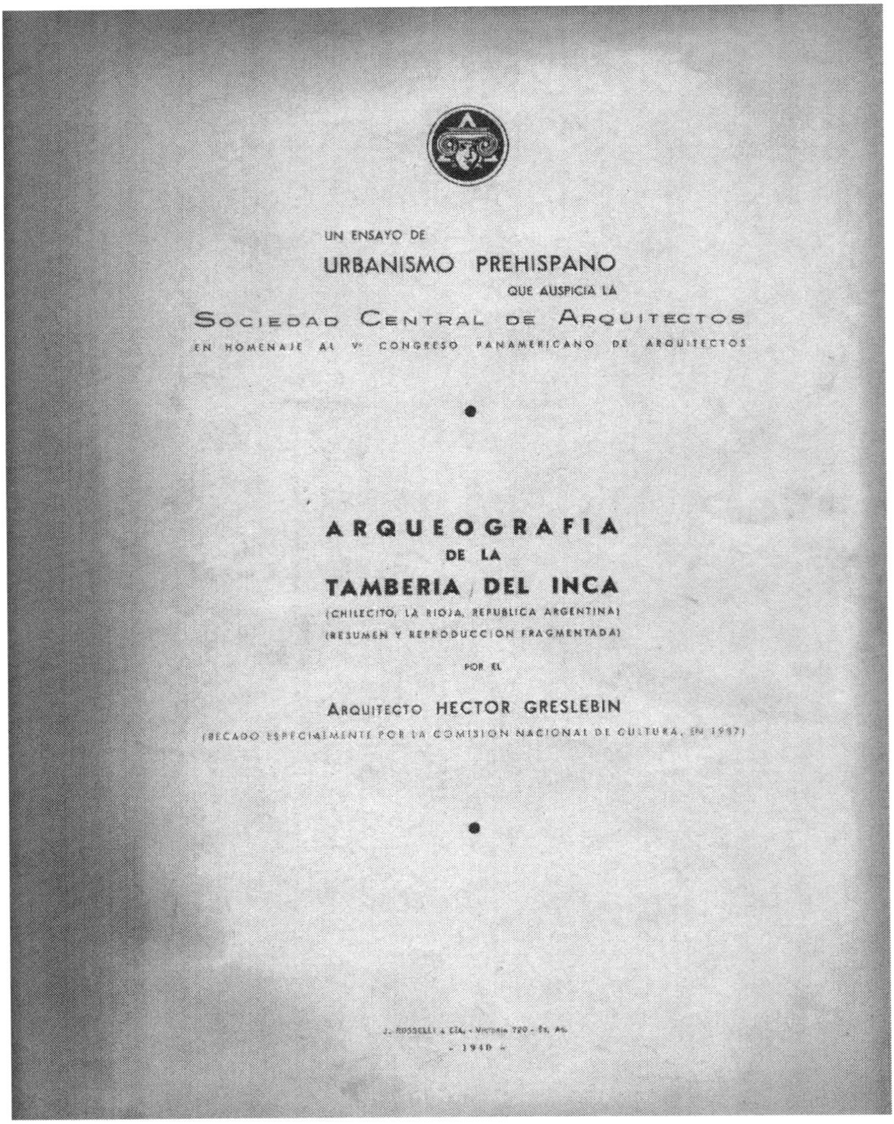

UN ENSAYO DE
URBANISMO PREHISPANO
QUE AUSPICIA LA
SOCIEDAD CENTRAL DE ARQUITECTOS
EN HOMENAJE AL Vº CONGRESO PANAMERICANO DE ARQUITECTOS

ARQUEOGRAFIA
DE LA
TAMBERIA DEL INCA
(CHILECITO, LA RIOJA, REPUBLICA ARGENTINA)
(RESUMEN Y REPRODUCCION FRAGMENTADA)

POR EL

ARQUITECTO HECTOR GRESLEBIN
(BECADO ESPECIALMENTE POR LA COMISION NACIONAL DE CULTURA, EN 1937)

J. ROSSELLI & CIA. - Victoria 720 - Bs. As.
- 1940 -

RELEVAMIENTO Y DESCRIPCION DE LA TAMBERÍA DEL INCA, CHILECITO, PROVINCIA DE LA RIOJA, REPÚBLICA ARGENTINA (1)

INTRODUCCION

Han transcurrido ya dos lustros con holgura de aquella fecha en que fuera designado Adscripto Honorario a la Sección de Arqueología y de Etnografía del Museo Nacional de Historia Natural "Bernardino Rivadavia" de Buenos Aires, a pedido de mi querido e ilustre maestro el profesor Eric Boman. Las rígidas disciplinas históricas y artísticas que aprendiera en la Escuela de Arquitectura de la Facultad de Ciencias E. F. y Naturales de Buenos Aires, influyeron en mis estudios posteriores de Arqueología, intensificando un aspecto correlativo de las mismas. Otros estudiosos de la materia, tutelados por antecedentes diferentes, han abrazado la misma disciplina americanista, dando preferencia, como es justo, al acervo de conocimientos acumulados por vocación o aprendizaje. Debo declarar, por mi parte, que siempre he estimado por igual los diferentes y diferenciados esfuerzos que concurren a la dilucidación del enigma americano, esfuerzos que deben ser el reflejo de una labor personal, prueba evidente de capacidad y no una simple relación de tareas técnicas y de diagnósticos encomendados a terceros, en forma exagerada.

La arquitectura es a la vez técnica y arte complejos, que traducen al máximo en el programa cumplido, definidos aspectos sociales y los variados grados de cultura alcanzados por los pueblos. Sus estudios monográficos han preponderado en la antigüedad sobre los de las demás artes y técnicas y está a la vista del hombre medianamente ilustrado la ininterrumpida cadena evolutiva que une las pirámides de Egipto con nuestros modernos rascacielos.

Grandiosas son las revelaciones modernas que nos suministran los estudios de las arquitecturas antiguas en la América del Norte y en la América Central, basadas en prolijos relevamientos y descripciones, constituyendo de por sí un todo, sin necesidad de derivar a otros aspectos culturales que pudieran mostrar lo descubierto. Mas, sobre este particular, grande es el contraste que presenta nuestra arqueología de la América del Sur, pudiéndose contar las obras que merecen tenerse en cuenta, con los dedos de una sola mano. Cierto es, que la Arqueología de la América del Norte ha formado un apto personal de investigadores sobre el terreno, en escuelas especiales y que ha dispuesto de dinero en abundancia, haciéndosele así el honor a la ciencia más cara.

Dije ya anteriormente, que la arqueología de la América del Sur pretendía pasar directamente de la primera etapa, de la simple afición, a la última de la generalización, a la síntesis, sin haber cumplido la etapa intermedia del relevamento y de la excavación. Las descripciones de los edificios y las fotografías tomadas por los viajeros se repiten, mas los planos exactos o los croquis pasables, ajustados directamente sobre el terreno, no se proporcionan. Quizá resida esta falla en la seguridad excesiva que tuvo el explorador al realizar un apunte, dando su trabajo por terminado sobre el terreno, pero incoherente cuando se trata de pasarlo en limpio en el gabinete, según he tenido ocasión de comprobarlo, aún en eminentes investigadoers nuestros. Relevar es un arte, es siempre más difícil que proyectar y se requiere método y una gran práctica para consignar en la libreta hasta la más insignificante medida, que luego viene a resultar una fórmula de pasaje para resolver el resto del dibujo.

(1) Durante los años 1928 y 1938 realicé dos expediciones arqueológicas al lugar llamado "La Tambería del Inca", cercana a la ciudad de Chilecito, en la región central norte de la provincia de La Rioja. En la primera ocasión, acompañado por mi ayudante, el señor Enrique Palavecino, emprendía los trabajos de relevamiento y excavación en mi carácter de Encargado de las Colecciones de Arqueología y Etnografía del Museo Nacional de Historia Natural "Bernardino Rivadavia" de Buenos Aires. Luego, en la segunda jornada de 1938 fuí secundando inteligentemente en mis tareas por mi ex-alumno de arqueología en el Instituto Nacional del Profesorado Segundario, profesor y arquitecto Andrés A. D'Alesio, adscripto a mi cátedra en el citado Instituto. Esta última expedición se cumplió bajo el alto patrocinio de la Comisión Nacional de Cultura que me otorgó generosamente los recursos necesarios, una beca, para terminar mis trabajos.

Con fecha 26 de mayo de 1939 fué entregado a la Comisión Nacional de Cultura un amplio informe titulado "**Arqueografía de la Tambería del Inca**", compuesto de 85 páginas de oficio escritas a máquina, 168 fotografías de lugares y edificios, 112 fotografías de planos relevados y dos grandes láminas referentes a la ubicación general y relevamiento del yacimiento. En curso de terminación se encuentra la segunda parte de la misma obra, titulada "**Arqueología de la Tambería del Inca y consideraciones generales sobre la arqueología del noroeste argentino**".

— 5 —

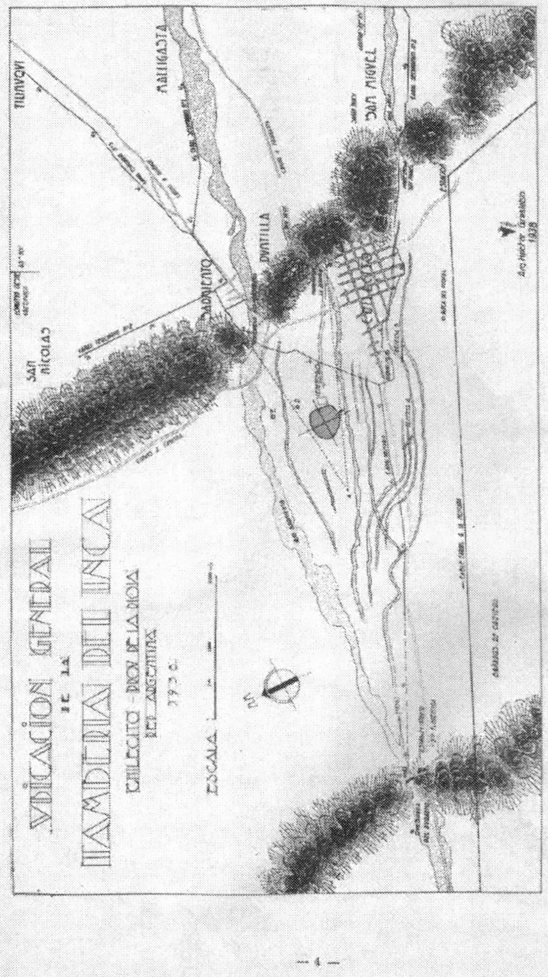

Fig. 1. — Ubicación general de la Tambería del Inca. Sobre el plano de las Obras de Riego de Chilecito de la Dirección General de Irrigación. Escala 1:1000.

— 4 —

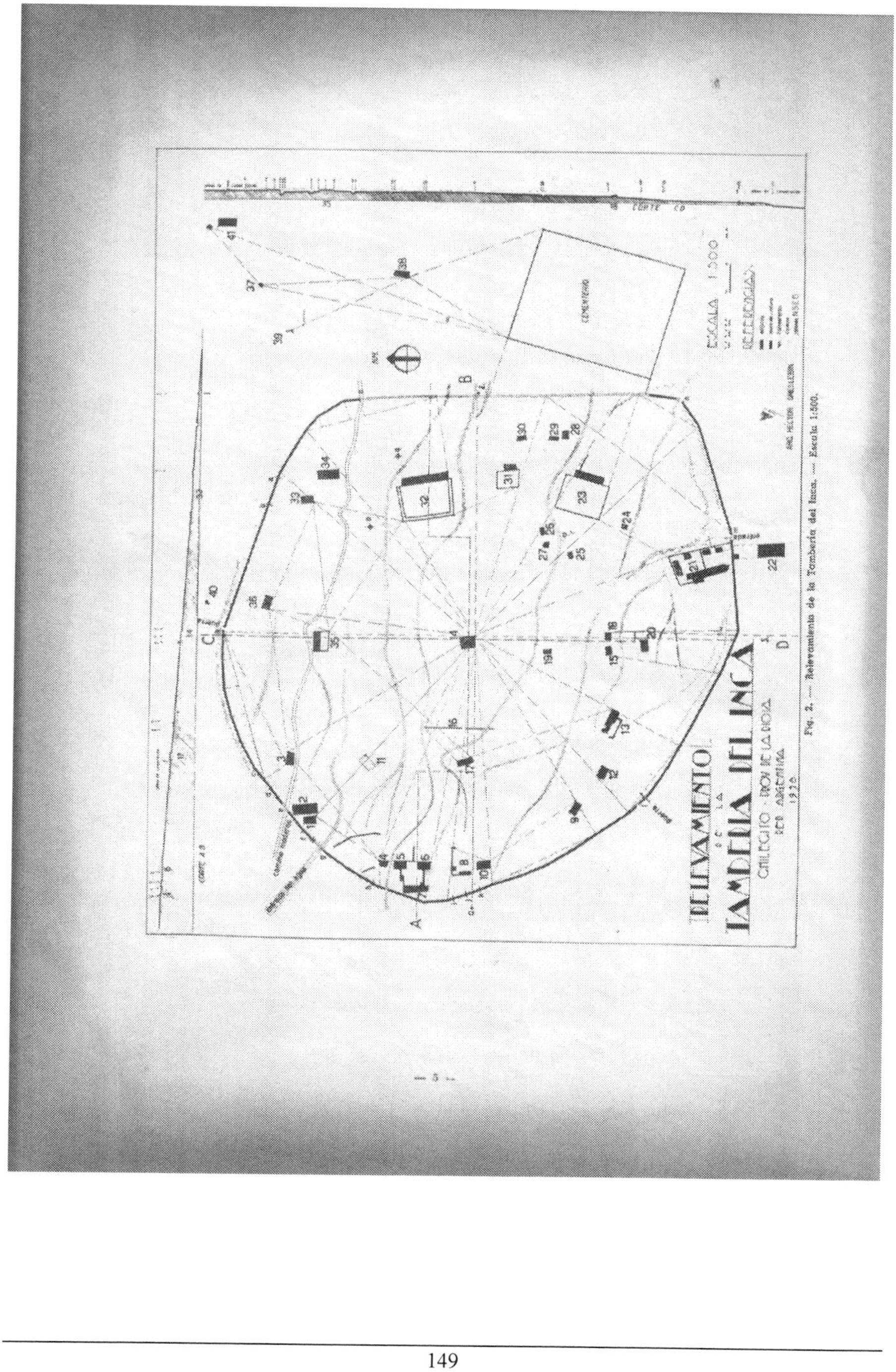

Fig. 2. — Relevamiento de la Tambería del Inca. — Escala 1:500.

Es forzoso insistir en el relevamiento y en la exacta descripción de lugares aún reconocidos anteriormente por otros investigadores, sobre todo en materia de arquitectura. Sus observaciones, la mayor parte de las veces, sólo merecen consignarse como noticias preliminares, como invitaciones a la realización de una tarea más profunda. Mas, se teme que insistiendo se pierda originalidad. A este respecto, los arquitectos tenemos presente siempre la frase de Guadet, de aquel arquitecto francés que estimaba como verdaderamente original en arquitectura, hacer muy bien lo que otros habían hecho simplemente bien. Por ello, a pesar de las visitas de Max Uhle y de Salvador Debenedetti a la Tambería del Inca de Chilecito, nos hemos esforzado en realizar el presente estudio, estimulados por el interés que en nosotros han despertado sus noticias, con la pretensión de ser originales, a la manera de Guadet.

La Tambería del Inca es un amplio recinto, de forma aproximadamente ovalada, ubicada a 1.200 metros de altura sobre el nivel del mar, entre la Sierra de Famatima y la cadena de cerros Paimán-Chilecito. Su superficie es de unas 16 hectáreas y comprende 35 conjuntos de construcciones cercados por un muro de cintura, también en piedra, de una altura media equivalente a 1,60 m. (Figura 1). La sección de este muro es la trapezoidal, con su base mayor de 1,30 metros sobre el terreno y la menor de 0,60 m., permitiendo esta última el caminar encima, definiendo por lo tanto una camino de ronda. (Figura 2).

Esta población indígena prehispánica se halla ubicada entre la pendiente oriental de la Sierra de Famatina, en su porción correspondiente de la provincia de La Rioja y el contrafuerte o cadena de cerros Chilecito-Paimán, próximo a la ciudad de Chilecito. Está ubicada en un gran "barreal", que afecta forma triangular, apoyando su base sobre el citado contrafuerte y su vértice, a unos 2.500 metros de esta base, se halla dirigido hacia la Sierra de Famatina. (Figura 3). El barreal, es un limo fértil que ha descendido de la Sierra de Famatina al parecer en tiempos relativamente modernos sepultando los vestigios de una primitiva población, los que se hacen presentes en las excavaciones profundas. Sobre su superficie, inclinada de oeste a este con una pendiente de 1:23, serpentean gruesos zanjones o torrenteras. La inclinación del terreno facilita el rápido escurrimiento de las aguas de lluvias que no encuentran tampoco rodados a su paso. Las avenidas de agua que descienden de la Sierra de Famatina y los aportes de agua de lluvia fueron sabiamente utilizados y derivados por estos primitivos pobladores, practicando cultivos al interior del recinto en los espacios libres. Se halla esto demostrado por la menor resistencia que ofrece el terreno al interior del cerco, comparada con los terrenos adyacentes. Un cambio de dirección en los aportes de agua, efectuado en época que no nos es posible precisar, ha debido ser una de las causas que contribuyó a la despoblación de este lugar, no señalado en los relatos de los cronistas.

La circunstancia de que en nuestras excavaciones no hayamos encontrado el menor vestigio de intervención europea, unida a las características que ofrece la arquitectura estudiada, no nos permite dudar, que la llamada Tambería del Inca es una pequeña ciudad indígena construída con anterioridad a la llegada de los españoles y que además, nunca fué posteriormente ocupada por ellos. Este lugar fué anteriormente visitado por el Dr. Max Uhle (1) y el Dr. Salvador Debenedetti (2).

Los 40 conjuntos de edificios señalados en el relevamiento que muestra la figura 2, cuyo original se ha dibujado a la escala de 1:500, han sido minuciosamente descriptos en el citado informe elevado a la Comisión Nacional de Cultura. Tócanos en esta ocasión, presentar un breve resumen de las principales características que ofrecen estos edificios, tanto en su conjunto como en sus detalles.

DESCRIPCION DEL RECINTO OCUPADO POR LA TAMBERIA DEL INCA

La Tambería del Inca, cuya ubicación acabamos de definir, es una superficie aproximadamente ovalada, que mide unas 16 hectáreas. Desde las faldas de las últimas estribaciones del Nevado de Famatina, hasta la cadena de pequeños cerros o mogotes conocida con el nombre de Chilecito-Paimán, en cuya pendiente occidental se encuentra la ciudad de Chilecito, el terreno muestra un plano inclinado, de ocho kilómetros de longitud, con una pendiente general de 1:23, o sea de 2°30, que facilita un rápido escurrimiento de las aguas de lluvia, las que han abierto en esta superficie profundos zanjones o torrenteras que en profundidad llegan a alcanzar la altura de 3 metros. Junto con las aguas de lluvia de las grandes avenidas han rodado innumerables piedras que se han ordenado a veces revistiendo el lecho de dichos zanjones, con lo que queda asegurada una forma de base que resiste a la erosión de las nuevas crecientes. Yotras veces, estos rodados han formado maci-

(1) Max Uhle, **Fortalezas incaicas: Incallacta - Machupichu, en Revista Chilena de Historia y Geografía**, tomo XXI, páginas 9-10, Santiago de Chile, 1917.

(2) Salvador Debenedetti, **Los yacimientos arqueológicos occidentales del valle de Famatina (Provincia de La Rioja)**, en **Physis (Rev. de la Soc. Arg. de Ciencias Naturales)**, t. III p. 386-404, B. Aires, 1917.

— 6 —

zos amontonamientos en los cuales se distinguen sus tamaños por las diversas profundidades a que se encuentran, siendo evidentemente mayores los más inferiores y a veces utilizados para fabricar morteros sobre sus superficies. Así, desde el establecimiento minero "Santa Florentina" (figura 1), distante 4 kilómetros de La Tambería, corre este plano inclinado con dirección Este hacia el portezuelo "Los Sarmientos".

En una época que no nos es posible precisar, pero que por cierto está dentro de los tiempos pleistocenos, ha descendido de la pendiente oriental de la sierra de Famatina un aluvión de barro que se ha dispuesto en forma de triángulo isósceles con su vértice A orientado hacia el Nevado de Famatina y con su base B C apoyada en la cadena de cerros Chilecito-Paimán. Esta acumulación terrosa, desprovista de piedras según se reconoce en los profundos cortes que en ella han efectuado posteriormente las aguas, ha sobreelevado el plano inclinado anterior ocupado por los rodados primitivos. Al norte y al sur de este triángulo se mantienen los primitivos mantos de rodados que no han sido alcanzados por la invasión de barro, siendo el tamaño de los mismos hasta de 80 centímetros. Este "barreal" triangular, que comprende LaTambería, se halla completamente desprovisto de piedras, es de escasa vegetación y, como dijimos, tiene su vértice A aproximadamente a 1.000 metros al oeste de La Tambería y su base BC apoyada en la cadena de cerros Chilecito-Paimán. Una sección norte-sur en estebarreal, paralela a la base del triángulo, muestra al oeste del muro de cintura una forma curva centrada con la mediana del triángulo, con suave pendiente a los costados norte y sur, hasta alcanzar los primitivos lechos de rodados.

Luego, a nuestro entender, este barreal triangular alcanzó una curvatura máxima, y las sucesivas crecientes derivaron al norte y al sur del mismo, circunstancia por la cual no pudieron acumularse sobre su superficie nuevos rodados. En cambio, sobre la superficie curva del barreal han corrido con gran fuerza las aguas de lluvia en la misma dirección anterior, formando pequeñas erosiones o torrenteras sobre el terreno, según hemos tenido en 1938 la oportunidad de observarlo directamente, llamándonos la atención la violencia del escurrimiento aún para lluvias de pocos milímetros. Estas consideraciones hechas para la zona triangular ubicada al oeste de La Tambería nos aseguran que el lugar ocupado por la misma ha estado en un principio completamente desprovisto de piedras. Los materiales de construcción, tanto los de la pirca correspondiente al muro de cintura como los correspondientes a las diversas pircas de los edificios, han debido ser transportadas del norte y del sur del barreal, de un centenar de metros. No somos, por lo tanto, partidarios de aquella hipótesis que explica a estas construcciones elevadas con piedras recogidas del mismo terreno inmediato, quedando así también libre la tierra de obstáculos para ser sembrada. Si así hubieran ocurrido las cosas no se presentaría un espesor hasta de 2 metros en el manto de limo sin contener piedra alguna. Si este manto ha estado recubierto de piedras y luego se han retirado las de la superficie se encontrarían en los niveles inferiores nuevas piedras, lo que es característico al norte y al sur del barreal. Las pocas piedras que a veces se advierten en las trincheras definidas por las aguas han sido rodadas de los edificios.

Al oeste del cerco, el menisco de barro ha puesto a estas gentes a cubierto de nuevas crecientes y, por lo tanto, no han podido nuevamente transportarse rodados. Notamos también en las piedras de las pircas tamaños bastante uniformes, elegidos, empleados tanto en la construcción del cerco como en la de los muros de los edificios, carácter que no ofrecen las formas y tamaños de los rodados acumulados de modo natural al norte y al sur del barreal. Tampoco hemos observado en La Tambería los rodados de gran tamaño. Además, al deshacer la porción del muro de cintura que corresponde al costado oriental del cerco y sus edificios contiguos para construir el muro del moderno cementerio, sólo ha quedado sobre el terreno un borde de tierra, que acusa los anteriores trazados, pero que no muestra materiales de menores tamaños o residuos, es decir, que estos rodados no han sido acarreados ni han existido en el lugar.

Los primeros habitantes de La Tambería han elegido, por lo tanto, la porción intermedia libre de piedras de este manto terroso, de este barreal, para construir su ciudad. Al este y al oeste de la misma les ha quedado terreno suficiente para sembrados, regados por las mismas aguas de lluvia, las que han sido dirigidas, como quedan rastros de ello sobre el terreno. Toda la superficie ocupada por La Tambería se encuentra salpicada por gran cantidad de cerámica fragmentada, arrastrada por las aguas de lluvia, ofreciéndose con mayor densidad en las proximidades del costado oriental del cerco. En cambio, en el terreno situado al oeste del pircado, del muro de cintura, no se ofrecen tiestos de ninguna clase. Tampoco existen acumulaciones de los mismos sobre el cerco occidental, vale decir, que tampoco han sido arrastrados a este límite. En cambio son frecuentes los restos de cerámica al este de La Tambería, significando que han sido arrastrados aguas abajo desde este lugar, siguiendo las torrenteras que cruzan las distintas poblaciones.

Cuando las aguas de lluvia han insistido en un mismo zanjón, han cavado profundas trincheras de bordes perpendiculares y de espesores que varían entre 1 y 3 metros. Cuando la profundidad de estas trincheras es grande, tanto al oeste de La Tambería como en su

— 7 —

misma superficie interna, las aguas de lluvia han alcanzado el primitivo lecho de rodados y es entonces fácil el reconocer que estos rodados son similares a los del norte y del sur, dispuestos en todas posiciones y afectando tamaños que hace imposible el confundirlos con las piedras caídas de los edificios y rodadas al lecho de las torrenteras. Este manto de rodados primitivos se alcanza siempre en las excavaciones profundas de los edificios y, sobre él, en algunos casos, se han encontrado directamente superpuestos mantos de cenizas. Este detalle podría a primera vista hacer sospechar que el lugar ha sido ocupado por otros pobladores antes de la llegada de los constructores de La Tambería. Pero también, debemos de tener en cuenta que los pisos de las habitaciones han debido ser profundizados, a veces hasta este manto de rodados, ya sea para enterrar a sus muertos o tal vez para vivir en ambientes semisubterráneos. Los cadáveres de adultos se encuentran muchas veces directamente debajo de estos cimientos, en los ángulos, como también restos de vasijas, cenizas, carbones, no indicando estas diversas circunstancias, a nuestro entender, la superposición del pueblo que construyó el pircado con otro pueblo que enterró desordenadamente en el mismo lugar en una época anterior. Por el contrario, la ubicación de los pocos restos de adultos encontrados en los niveles inferiores corresponden a ángulos de habitaciones, haciendo más bien pensar en costumbres funerarias.

No tenemos duda alguna que el terreno ocupado por La Tambería es de menor consistencia que la del que se encuentra al este y al oeste, a pesar de pertenecer al mismo barreal. Esto se explica, observando la dirección, ancho y profundidad de las torrenteras, como también su frecuencia y distancias entre las mismas, significando que el interior del recinto ha sido trabajado intensamente. Los zanjones modernos, que se inician a inmediaciones de los edificios 1 y casa 35 alcanzan 2 metros de profundidad. Puede medirse la violencia de escurrimiento de las aguas y la erosión vertical que causan en tan pocos metros, señalando por lo tanto un terreno muy flojo, aconsejando el establecimiento de estos muros curvos o rectos transversales como se reconoce en las inmediaciones del edificio 1 y según se presenta el muro 16. Si en la actualidad estos detalles no se reconocen en otros sitios debe ser debido a la poca altura que han tenido los alineamientos secundarios de las acequias y al menor tamaño de los elementos que los integraban. El agua de lluvia caída al interior del mismo recinto de La Tambería ha cavado trincheras de muros casi verticales, alcanzando el primitivo lecho de rodados, que se ha defendido de estas constantes erosiones por sus grandes piedras.

El recinto de La Tambería se halla cruzado de oeste a este por un sistema de torrenteras que nacen en su mismo interior, a partir de las inmediaciones del muro occidental de cintura y cruzan los 450 metros de extensión con una pendiente aproximada de 1:16. Estas torrenteras carecen de ramificaciones secundarias, siendo cauces únicos por lo general, pudiéndose distinguir seis, que han sido marcadas sobre la lámina 2 con líneas de puntos. El ancho de las mismas es variable, alcanzándose medidas hasta de 6 metros y sus profundidades que comienzan a señalar 1,50 metros, apenas a los 40 metros al oeste del cerco, terminan en 3 metros en las inmediaciones del edificio 21 (figura 4).

Llama poderosamente la atención, que en su recorrido de oeste a este las torrenteras han sorteado los edificios, desviándose pocos metros antes de alcanzarlos, pasando cerca de sus costados norte o sur, tomando luego direcciones paralelas a los mismos. ¿Por qué, por ejemplo, el edificio 17 no ha sido cruzado por la torrentera o el 21 ha dejado de mostrar seccionada su esquina noreste? Creemos haber encontrado la respuesta, después de haber recorrido el recinto diariamente durante tanto tiempo, pensando en el fenómeno. Es indudable, que el terreno de La Tambería es más flojo que el del barreal exterior, puesto que en este último no se forman las torrenteras con la misma o mayor profusión. Es indudable, también, que las partes de terreno contiguas a los cuatro costados de cada edificio han debido ser pisoteadas durante largo tiempo y han adquirido por ello mucha mayor dureza que el resto del recinto, formando una especie de vereda sobre la cual no incide la torrentera (figura 7). Luego, la menor consistencia de los espacios intermedios debemos explicarla por el cultivo. La misión de los muros curvos, como la de los que se encuentran a inmediaciones de los edificios 4 y 1 y de los rectos, como el 16, ha sido oponerse al avance brusco de las aguas de lluvia a fin de impedir la destrucción del terreno, utilizando al mismo tiempo este caudal para el regadío.

Otra circunstancia, que explica la mayor falta de consistencia del terreno ocupado por La Tambería, es la fuerte pendiente que desciende del muro de cerco hacia el centro del poblado, sobre todo en su costado norte, debido al transporte violento de tierras por el agua, en pocos metros, siendo más violentas estas pendientes que la pendiente general que caracteriza al barreal fuera de este recinto pircado. La tierra del interior del recinto ha sido retirada y transportada por las aguas de lluvia fuera del mismo, a través de las brechas que han abierto las torrenteras en la parte oriental del muro de cintura. Mientras que al exterior del recinto existe siempre un único plano, un equilibrio de niveles por el constante acarreo de materiales desde el oeste. Cuando el agua insiste cava el lecho de limo y encuentra los rodados del nivel primitivo. Como ejemplo típico puntualizaremos únicamente la erosión que alcanza el terreno en las inmediaciones del edificio 21. (Figura 4).

Fig. 3. — Plano inclinado de limo y rodados tomado desde el contrafuerte Chilecito-Paimán, que comprende el manchón de limo triangular con el Cementerio moderno y La Tambería del Inca.

Este edificio 21 tiene su frente norte y la mitad de su costado este amenazado por una torrentera que apenas se acentúa sobre el terreno unos 100 metros al oeste, en las inmediaciones del edificio 13. Sin el razonamiento anterior, de una mayor dureza del terreno adyacente a las construcciones, sería difícil explicar el trazado de la torrentera en la esquina noreste del edificio 21, que corre paralela a su frente norte, y luego, bruscamente, se tuerce hacia el sur, con un ángulo de 90 grados que corresponde al de los lados del edificio. En la figura 4 se pone de relieve la gran profundidad que alcanza la torrentera en tan pocos metros al torcer su curso. Se ve claramente, en estos cortes del terreno desprovistos de piedras, de cenizas, de industria, de restos antropológicos, que este pueblo constructor de La Tambería es posterior a la invasión del barreal.

Fig. 4. — Torrentera al este del edificio 21.

No se conocen caminos o veredas entre los edificios. Las sendas que se señalan son modernas, debidas al tránsito de peatones y de mulas desde Chilecito hacia Famatina, habiéndose llegado en varios lugares, como en **e**, a deteriorar el muro de cintura.

El corte A C de la figura 2, ejecutado de oeste a este, nos muestra la fuerte pendiente que favorece al rápido escurrimiento de las aguas. En los 450 metros de este corte encontramos 27,35 metros de desnivel entre A y C vale decir, una pendiente de 1:16. Esta proporción corresponde aproximadamente a 3º de inclinación, teniendo en cuenta los zig-zag cumplidos en planta con la línea A C.

El corte C D muestra una curva centrada sobre el mismo eje A B y tiene 445 metros de largo. Su punto medio es la zona más alta y corresponde al edificio 14. El terreno, al norte de este punto medio, es casi horizontal, pues sólo desciende unos 17 centímetros, en el punto C. En cambio, en el punto D tenemos un descenso de 6,10 metros con relación a este punto medio; el arco así formado en el corte C D está aproximadamente en eje con el que forma

— 8 —

el gran barreal triangular, pudiéndose decir, que estos primitivos han elegido el punto más alto para fundar la ciudad, en el sentido norte - sur. En este corte transversal C D podemos observar altos y bajos en el perfil, que corresponden a las cuencas o vertientes de las torrenteras.

En resumen, el lugar elegido para fundar la población indígena hoy llamada La Tambería del Inca, estaba y está actualmente a cubierto no sólo de las grandes avenidas del Famatina, sino también de las grandes avenidas de agua de lluvia, correspondientes a la porción occidental del gran triángulo, las que derivan actualmente hacia el norte y el sur al acercarse al muro de cintura. Esta gran superficie de tierra, o "Barreal", se hallaba libre de piedras tanto en la superficie como en su espesor, según lo demuestran los cortes practicados por las torrenteras.

EL MURO DE CINTURA.

El núcleo central de "La Tambería del Inca" se define por un muro de pirca, construido, según se ha dicho, directamente apoyada su porción visible sobre el terreno sin la interposición de cimiento alguno, con rodados cuyo tamaño oscila entre 30 y 50 cm. En nuestra opinión, deben haber sido acarreados desde las proximidades, no sólo por la uniformidad de los mismos, por el peso que representa cada unidad y que hace factible dicho transporte, sino también por la ausencia de grandes piedras en el núcleo de la pirca, que bien podrían haber formado las primeras absisas. Unicamente, por excepción, en el costado S. O. se encuentran dos o tres grandes piedras incorporadas al cerco, que deben haber estado anteriormente aisladas en el lugar o que han sido acarreadas de los lechos de los zanjones próximos, que siempre contienen piedras de gran volumen.

Este muro de circunvalación traza una línea aproximadamente ovalada, constituída por una poligonal de 39 lados desiguales, con el eje mayor en el sentido N. O. a S. E. de una longitud de 507,50 m. y el menor de 410 m. Este trazado no es uniforme, pues consta de tramos rectos desiguales en longitud, sólo algunos orientados en el sentido de norte a sur y la casi totalidad son envolventes de grandes curvas. Si se observa que únicamente existen en las inmediaciones externas del cerco las casas 22, 38, 39 y 40 y los círculos 37 y 41, que hemos podido estudiar, se puede admitir que, primeramente se construyó este muro de cerco y que luego se fueron recostando contra él, o aproximadamente las viviendas, de las cuales la 1, 7, 10, 12, 20, 21, 29, 30, 33, 34, y 36 definen las posiciones más cercanas al mismo. En otra forma, habrían comprendido en este cerco la casa 22 y habrían utilizado el apéndice del muro sur de la casa 21 en su confección. Que las habitaciones son posteriores a la ejecutación del recinto lo prueba este mismo detalle de la necesidad de variar la orientación de la casa 21 en su costado S. situación aún más clara al observar las direcciones de las casas 1 y 2 con respecto al muro de circunvalación.

Muy probablemente, si el cerco hubiera sido ejecutado con posterioridad a la edificación de los edificios habrían utilizado los costados de estos mismos, sin dejar pasajes y habrían conservado mayores líneas del muro de cintura orientadas en un sentido determinado, ya que demuéstrase esta predilección en la observación de los trazados de los edificios, tanto en sus orientaciones generales como en las plantas rectangulares. Ahora bien, al construir posteriormente los edificios no los arrimaron del todo al cerco para facilitar la vigilancia a lo largo del mismo, y así, han dejado un metro de separación entre el cerco de circunvalación y el edificio número 2, espacio que hace las veces de camino de ronda.

Elegido el lugar a poblar, han debido, primeramente, trazar el muro del cerco. Esta consideración resulta, entre otras, no sólo por lo que se acaba de afirmar, sino también por el hecho de que el espesor del muro, en todo su perímetro, alcanza uniformemente el ancho de 1,30 m. en la primera absisa transversal de la base. La sección del muro es trapezoidal, con pendientes que varían entre 1:7 y 1:14, siendo en él vertical el paramento externo. Sólo en algunos parajes se observa una sección que muestra un lado del trapecio escalonado, formando una especie de banquina, que, por su ancho y por la altura del suelo a la cual se encuentra, podemos considerar ejecutada intencionalmente, con fines prácticos, y utilizada para vigilancia de los alrededores, tal vez para defensa.

¿Cuál ha sido la finalidad del muro de cintura? Según Uhle, (1) citado a este respecto por Debenedetti, La Tambería del Inca "se asemeja a un campamento romano antiguo por el sistema rectangular de fosos que la defienden".

Nosotros creemos, teniendo en cuenta la poca altura que ha debido tener el muro y que Debenedetti en 1916 aprecia en 1,50 m. "más o menos uniforme", siendo que "su estado de conservación es casi perfecto", que este muro no ha podido ser inexpugnable ni alcanzar aún mayor altura. Y no hemos podido encontrar el sistema rectangular de fosos mencionado por Uhle, a no ser que en su rápida visita haya tomado por fosos las torrenteras causadas por el agua de lluvia, que suelen presentar una sección aproximadamente rectangular. En cambio, contendría fácilmente el ganado o podría en parte proteger los sembrados internos cortando los vientos. Tampoco se explica su presencia como muro de contención

— 10 —

de aguas o de desviación de las mismas, pues si así fuese no se hubiera construido en su costado Este, que, aunque falta en la actualidad, se sabe que su material fué empleado en la construcción del nuevo muro de cerco del cementerio de Chilecito.

Las piedras que forman el muro tienen sección trapezoidal, triangular y rectangular; sus tamaños varían entre 30 y 50 cm.

Los lados mayores de las piedras de superficie triangular, o trapezoidal, definen la línea de paramento, tanto en el frente externo como en el interno.

Las piedras se ubican, sobre todo las largas, alternando en el sentido longitudinal y transversal, ofreciendo trabas al superponerse los abaisas en ambos lados del paramento.

Puede considerarse que la sección regular que ha debido tener el muro ha sido la trapezoidal, como dijimos, que tiene su base mayor sobre el terreno, uniforme de 1,30 m. de largo; su base menor de 60 cm. y su altura aproximadamente de 1,60 a 1,75 metros. La base menor ha debido permitir caminar encima, definiendo por lo tanto, un camino de ronda (figura 7).

Fig. 5. — Sección del muro de cerco en (j) mostrando la conservación del relleno de tierra hasta 1,60 metros de altura.

En 1916, Debenedetti dice en el citado trabajo, respecto a este muro de cerco: "Una muralla de piedra rodea las construcciones a manera de cintura; su estado de conservación es casi perfecto; su altura, más o menos uniforme, oscila alrededor de 1,50 m. y fué levantado utilizando rodados sueltos" (pág. 389). En la actualidad, está este cerco muy lejos de presentar un "estado de conservación casi perfecto". A ambos lados del mismo se han desmoronado las piedras de sus abelsas superiores. Creemos que este estado de conservación "casi perfecto" ha sido apreciado con poca exactitud, pues, la comparación de las fotografías tomadas por mí en 1928, con el estado actual del muro, nos demuestra que en estos lugares **no se ha movido una sola piedra en 10 años,** luego no es posible admitir estos desmoronamientos desde 1916 hasta 1928, dado el menor tráfico y el menor interés en dicha época por obtener a costa de este recinto piedra de construcción para edificios modernos. Este control fotográfico nos demuestra asimismo, la acción lentísima de destrucción del pircado asentado en tierra.

Debenedetti dice en su trabajo: "Es posible que la entrada a este recinto picardo se haya efectuado por el sur, pues, hacia esta parte se encuentra una abertura de 7 metros". Efectivamente, junto al edificio 21, en **m.** a dos metros al este del ángulo formado por uno de sus costados mayores con el cerco, se encuentra interrumpido el muro, en una longitud de cinco metros, faltando las piedras del muro sobre la superficie del terreno. Hemos notado las mochetas de esta abertura bien definidas, sobre todo la occidental. Tienen, la oriental 1,50 m. de ancho en la base por 0,80 m. de altura y la occidental, la más definida por el trabajo de las piedras, mide 1,65 m. de ancho por 60 centímetros de altura; medidas de base excepcionales si las referimos a la regularidad de la sección del muro en la base, que siempre acusa 1,30 m. de ancho. Luego, es muy posible, como dice Debenedetti, que esta abertura o interrupción del muro haya sido su portada Sur.

También al Norte, justamente en el lugar donde clavamos nuestro jalón N., se encuentra interrumpido el muro de cerco y faltan piedras sobre el terreno. Se advierte el arreglo de la mocheta occidental, que puede indicar por el trabado de las piedras la existencia de otra entrada en este costado norte del cerco. La abertura tiene en total 5,60 m., distribuídos, 1,90 m. al O. del jalón y 3,70 al E. del mismo. El ancho de la mocheta en la base es de 1,40 metros.

Aproximadamente al S. del edificio 12 en **e** existe otra pequeña abertura en el muro, que apenas alcanza los 2,20 m. de longitud. Las secciones del muro se definen por tres hile-

— 11 —

Fig. 6. — Banquina en el paramento interno del muro de cintura, frente al edificio 3.

ras, perfectamente arregladas, como pies derechos. La sección del muro es en este paraje, con banquina, 1,40 m. en la base, 0,70 m. en la absisa superior y 1,30 m. de altura. Esta sección se conserva a unos pocos metros de la puerta, lugar en el cual se ha desmoronado la muralla, quedando únicamente las tres absisas de que hemos hablado.

Además de estas dos interrupciones del recinto, no atravesadas por caminos o por torrenteras, circunstancias que les dan el carácter de verdaderas portadas, nos encontramos con el muro de cerco interrumpido dos veces a inmediaciones de las casas 1 y 2. La interrupción del Norte (e), es debida a un camino practicado en época moderna que luego ha sido convertido en torrenteras por las aguas de lluvia. La interrupción del Sur (f) es más importante, alcanzando una longitud de 13 metros. En el lecho de esta trinchera abierta por las aguas no se encuentran piedras suficientes como para poder deducir la continuidad anterior del cerco en dicho lugar. Las pocas piedras caídas deben de pertenecer a los pies derechos de esta abertura. El muro afecta una franca sección trapezoidal, teniendo 1,30m. en la base mayor, 0,90m. en la menor y 1,10 m. de altura. Las primeras hiladas han sido apoyadas directamente sobre el manto de limo, vale decir, que en este lugar no ha habido un recubrimiento posterior de limo contra el cerco. La profundidad de la zanja alcanza en este lugar 1,70 m. Si comparamos esta sección por cierto fragmentada, con la sección tipo que hemos establecido, notamos que corresponde por completo, en la sección inferior, para un trapecio de 1.10 m. de altura. por lo tanto, sin poderlo afirmar con exactitud, en este lugar puede haber existido una abertura en el muro, correspondiente a la entrada de las aguas pluviales, cuyo cauce estaría representado por el zanjón actual, habiendo derivado el resto de las mismas que se escurren desde una zona más al O. del cerco, en zanjones que lo bordean en todo este costado occidental, en la parte exterior.

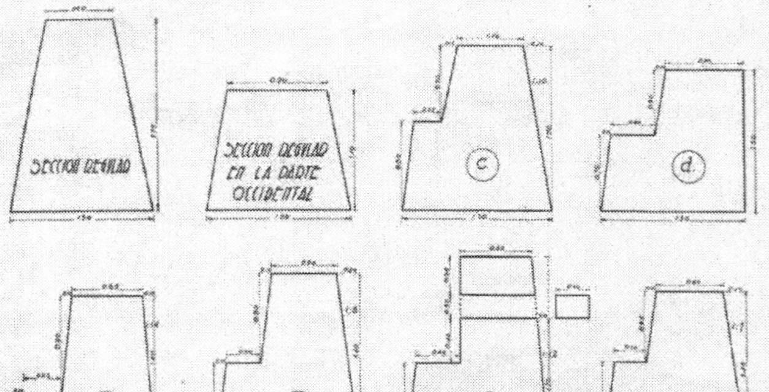

Fig. 7. — Secciones diversas del muro de cintura según los cortes especificados en la lámina 2.

— 12 —

La hipótesis que acabamos de exponer, de la existencia de una abertura occidental que ha permitido el pasaje y entrada de aguas de lluvias, por cierto a un nivel muy superior al que ofrece el fondo del zanjón, se encuentra corroborada por la existencia de un muro curvilíneo, que arranca próximamente de esta abertura Sur, a pocos metros del mismo cerco, lugar por donde han debido derivar un primer canal secundario para regar los conjuntos inmediatos a las casas 4 á 7. La circunstancia de estar constituído este mureta por 3 ó 4 hileras de piedra, refuerza la hipótesis de su empleo como muro de contención de tierras y director de riego.

Si la sección regular es la trapezoidal, pueden en cambio observarse en diversos lugares del cerco, desde las inmediaciones del edificio 3, hasta el 12, por el costado occidental, algunos tramos del muro que ofrecen una variante a esta forma trapezoidal regular. Si el paramento externo se mantiene con la pendiente acostumbrada, o casi recto, en cambio, el interno se escalona, formándose una banquina de 0,25 m. hasta 0,45 m. de ancho, según puede verse en la figura 6 y en la lámina respectiva de la figura 7. La altura de esta banquina también varía desde el nivel del suelo, pero bien puede comprenderse que es dispositivo cómodo, a pesar de las variantes que ofrece, para establecer la vigilancia desde el interior. En las otras secciones de muros no puede reconocerse si ha existido tal dispositivo debido al avanzado estado de destrucción en que se encuentra el muro, que apenas llega a la altura en que se define la banquina.

DESCRIPCION DE LOS EDIFICIOS

Durante el viaje de estudio realizado en 1928, únicamente los días comprendidos entre el 1 y 11 de mayo, fueron dedicados a relevar, por vez primera, el recinto de La Tambería del Inca. Al mismo tiempo que se trazaban las primeras líneas para tener un croquis de ubicación de los edificios se realizaban en el interior de los mismos las correspondientes excavaciones de tanteo. Fruto de esta primer labor intensa de terreno, a pesar del poco tiempo de que se dispuso, fué un primer croquis aproximado del conjunto a escala de 1: 500, pasado en limpio 10 años después, en el trimestre octubre-diciembre de 1937, es decir, después de la ordenación de los datos del relevamiento consignados en los apuntes.

Así, según lo consigno en el Primer Informe Trimestral elevado a la H. Comisión Nacional de Cultura, el primer trimestre de la Beca fué empleado en pasar en limpio y en poner a escala los datos de viaje obtenidos en 1928. Fuí secundado eficazmente en esta tarea de gabinete por el Adscripto a mi cátedra en el Instituto Nacional del Profesorado Secundario, el profesor y arquitecto Andrés A. D'Alesio, de quien ya he hecho mención. Los 40 edificios del recinto y de sus adyacencias fueron dibujados a escala de 1:100. El conjunto fué dibujado a escala de 1:500, respondiendo a la triangulación efectuada mediante el pequeño tránsito o brújula de bolsillo Brunton. En otra forma, en tan pocos días, durante esta excursión de 1928 no hubiera sido posible obtener tantos rumbos y medidas. (1).

Este croquis preliminar de La Tambería y los correspondientes borradores en escala de 1:100 de los conjuntos de los edificios, han permitido, durante la segunda campaña de 1938, la realización de un plano exacto de conjunto, a la misma escala, utilizando para esta rectificación un teodolito Breitauhpt, de 1 minuto de aproximación, y obteniendo las medidas con cinta de acero de 50 metros de longitud. Esta doble tarea de medición se justificaba por las repetidas orientaciones de los edificios consignadas en el relevamiento preliminar. También, el trazado de los cortes del conjunto del recinto, como el de los cortes de los detalles de los edificios fué tarea cumplida en 1938, tarea que exige precisión para que algo signifique, respecto a los niveles generales y a la estratigrafía realizada por el hombre. Fué esta una nueva razón para repetir el relevamiento del recinto y de los edificios, con mucho más tiempo, con instrumentos más exactos y con una colaboración eficaz.

Para el trazado del conjunto de La Tambería se eligió una estación central ubicada en el ángulo S. E. del edificio XIV, el cual corresponde aproximadamente al centro geométrico del espacio cercado, por el muro de cintura. Desde este lugar se trazaron numerosas líneas radiales, principales, y otras auxiliares a las esquinas de los edificios, estableciendo sus diversos rumbos con relación al norte magnético. Luego, fueron tomadas con cinta de acero las medidas desde este centro hasta las diversas esquinas de los edificios como también las longitudes de los lados importantes de los mismos para obtener la triangulación del conjunto. El muro de cerco se obtuvo en algunos casos prolongado estas líneas anteriores hasta cortarlo y midiendo las distancias de los edificios al mismo. O bien, una vez ubicados definitivamente los perímetros de los edificios, se prolongaban los lados convenientes de los mismos hasta cortar el cerco. En algunos sectores se hizo uso de poligonales entre puntos

(1) Este croquis preliminar del conjunto a escala 1:500 fué agregado al Primer Informe Trimestral elevado a la H. Comisión Nacional de Cultura.

bien conocidas, como única forma de obtener todas las variantes del muro de cintura. La operación de mensura de las diversas distancias fué dificultada sobremanera por la gran cantidad de grietas y torrenteras que ofrece el terreno, lo que obligaba a realizar constantes rodeos.

El orden numérico asignado a los diversos edificios ha sido consecuencia del orden de realización de los primeros relevamientos y excavaciones. El campamento del año 1928 fué establecido en las inmediaciones del edificio III, junto al camino moderno que cruza La Tambería en la parte norte. La numeración de los edificios indica únicamente el orden de realización de los trabajos. Esta misma numeración, por razones obvias, fué conservada en 1938. Además, el material arqueológico extraído en 1928, que conserva el Museo Nacional de Historia Natural de Buenos Aires en su Sección de Arqueología, tiene su numeración referida al catálogo de dicho año y a cada uno de estos edificios.

Aún cuando el tamaño y las formas de las piedras empleadas en la construcción de los muros, al ser interpretadas sobre una superficie plana nos darían una sucesión de pequeñas curvas, para definir el trazo de los mismos se ha preferido el reemplazarlas por líneas rectas. Como los muros de los edificios son de paramentos verticales, el espesor que los representa en planta es uno sólo. En cambio, el muro de recinto, de sección trapezoidal, ha sido representado en la figura 2 por el espesor máximo, el que corresponde a su abscisa de base, es decir, por 1,30 metros de ancho.

Para obtener la sección de los diversos edificios se ha procedido siempre eligiendo un plano de comparación, que se señala por las letras P. C. en los diversos detalles de los mismos. El trazado del rumbo de estos muros se ha determinado por medio de dos jalones colocados en las esquinas externas de los lados principales. Solamente en aquellos casos en que el muro se ha desmoronado hacia el exterior se han colocado los jalones en los ángulos internos de los rectángulos, obteniéndose así rumbos tan exactos como los anteriores, dado que estos muros de La Tambería presentan en sus diversas abscisas y tanto al exterior como al interior inclinaciones y espesores uniformes.

Con un rayado a 45 grados, ejecutado de derecha a izquierda, han sido señaladas las excavaciones efectuadas en 1928. Y con otro rayado en sentido contrario las ejecutadas en 1938. Si en esta última ocasión se ha vuelto a veces a insistir en lugares anteriormente cavados, aparece esto denunciado en el plano por un cuadriculado oblícuo.

Las medidas de los lados de los edificios, tomadas en 1928, fueron en algunos casos tal vez más exactas que las que pudieron relevarse en 1938, para reconstruir la primitiva forma del edificio. Así, los desmoronamientos de los muros producidos por las excavaciones alteran rumbos y espesores. En 1938 se rectificaron medidas tomando como forma exacta el rectángulo o paralelogramo interno y luego se le agregaron los espesores de los muros en sus cuatro costados. Combinando datos creemos dar en nuestros planos las formas más exactas del primitivo trazado de estos edificios. Tiene ello singular importancia cuando se comparan estas medidas, ángulos y falsas escuadras con las de otros edificios similares o diferentes de otros conjuntos para establecer las correspondencia respectivas y las dependencias en base a los procedimientos técnicos utilizados para construir las formas.

Las excavaciones se efectuaron a diversas profundidades, procurando siempre alcanzar el primitivo lecho de rodados, según se ha dicho en el capítulo anterior. Las superficies de suelo que contenían restos materiales o humanos presentaban a veces una consistencia menor que el resto del local. Esta falta de consistencia aumentaba con la profundidad de la excavación y advertía que era inútil insistir en los lugares que dejaban de presentarla. Pero en otros casos, la parte superior del terreno presentaba cierta consistencia y dureza uniformes, aún cuando las capas inferiores contuvieran material. Es decir, tal uniformidad indicaba con su consistencia el gran tiempo transcurrido y la acción del pisoteo.

Tan solo hemos anotado en las láminas las medidas principales de los edificios, tomadas en dos sentidos. Cuando existían diferencias entre las longitudes de los lados paralelos de los rectángulos únicamente se han acotado las mayores dimensiones. Con ello hemos deseado no complicar la lectura de los dibujos. Pero sí, las formas de los recintos, hasta en sus más mínimos detalles, han sido prolijamente determinadas tomando en cuenta todas las medidas y ángulos del relevamiento. Solamente ha sido consignado el rumbo de uno o cuando más de dos direcciones de los muros del edificio. Y en las descripciones que siguen hemos evitado repeticiones, descripciones de características demasiado visibles que harían interminable el texto, conspirando contra la visión de conjunto. Unicamente se ha hecho resaltar aquellas características especiales de los detalles revelados por la atenta observación y la comparación.

— 14 —

En la imposibilidad de referirnos uno a uno a los diversos trazados de los edificios comprendidos dentro del muro de cintura, extractaremos a continuación sus características generales, de la detallada descripción que hemos hecho de sus 41 recintos. (1)

En el centro del recinto se muestra el edificio 14, importante montículo de tierra que se halla cubierto por un irregular amontonamiento de piedras. La triangulación que hemos efectuado del recinto nos indicó, que era precisamente este lugar del edificio 14 el centro geométrico del conjunto. La zona central circunscripta a este edificio 14 se halla desprovista de construcciones y según las razones invocadas ha debido ser utilizada para el cultivo. Los restantes edificios se agrupan siguiendo preferentemente la línea del muro de cintura. Algunos de ellos se disponen sumamente próximos al muro, como los edificios numerados 1, 2, 4, 5, 6, 8, 10 y 21, dejando siempre un pequeño espacio entre los mismos y el muro de cintura, para conseguir una comunicación periférica interna.

Fig. 8. — Dispositivo de absisas en el edificio 35.

Las orientaciones observadas en estos edificios varían. Así, algunos se disponen con su eje mayor casi en dirección N. E. y otros con este mismo eje aproximadamente en dirección E. O. Los muros son pircados, es decir, de piedras obtenidas de cantos rodados elegidos, asentado sobre mortero de tierra, alcanzando elevaciones variables entre 0,80 y 1,60 metros, variando igualmente sus espesores entre 0,60 y 1 metro de ancho. En algunos conjuntos se nota que algunas absisas penetran en el terreno a manera de cimiento, pero, en general, estos muros se encuentran apoyados directamente sobre el terreno primitivo, siendo las primeras hiladas de punta. (Fig. 8).

Afectan estos edificios, invariablemente, formas rectangulares casi perfectas. Sus trazados parecen efectuados a cordel, habiéndose seleccionado las caras de las piedras para formar el paramento externo. Las divisiones que subdividen los recintos son siempre perpendiculares a los muros principales y dividen el gran espacio rectangular primitivo en pequeños rectángulos o cuadrados. Carecen de veredas, pero en cambio se nota en una zona de un espesor de un metro, paralela a estas formas rectangulares, una gran dureza del terreno conseguida por el fuerte pisoteo. Es curioso observar que las torrenteras formadas por las aguas de lluvia sobre la superficie del barreal nunca avanzan sobre estos edificios en su recorrido de este a oeste, según puede observarse en el plano de la figura 2. Cuando se aproximan, tuercen rápidamente su cauce y lo bordean paralelamente, lo que se explica fácilmente, por correr sobre un terreno más flojo que ha perdido consistencia por el roturado de las tierras.

Existe cierta tendencia en definir patios entre los edificios o en anexarlos. Lo primero ocurre en los edificios 5, 6 y 7 y lo segundo lo muestran los edificios 13, 8, 23, 31, 32 y 35.

El edificio 21 ha sido indudablemente el principal, un verdadero "Palacio". Con su simétrico trazado, dividido en dos grandes patios escalonados que salvan con habilidad las diferencias de nivel, traduce cierta elegancia en el conjunto, que debe necesariamente ser expresión del alto grado de organización social alcanzado por estos primitivos pobladores.

Los hallazgos consistentes en útiles del menaje y en entierros de adultos y de niños en urnas, han sido realizado casi exclusivamente en las esquinas de los edificios.

El núcleo de terreno sobre el cual se halla construído cada edificio conserva un nivel medio que es siempre superior por sus cuatro costados al nivel de sus alrededores. El piso de las habitaciones ha debido estar al mismo nivel del primitivo piso de La Tambería, con-

(1) Las descripciones de edificios que se dan a continuación corresponden al trabajo **"Sobre el descubrimiento de una forma de techar los recintos pircados rectangulares, realizados en el Tambería del Inca, Chilecito, provincia de La Rioja, República Argentina"**, enviado al XXVII Congreso Internacional de Americanistas de Méjico, de Agosto 1939.

— 15 —

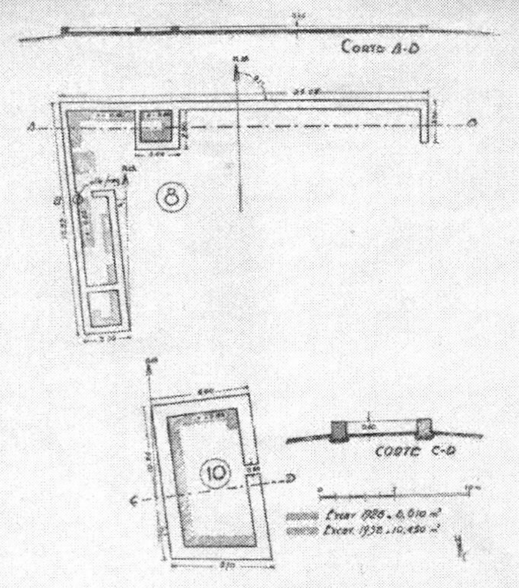

Fig. 8. — Plano de los edificios 8 y 10.

servando, como se dijo, por la mayor consistencia que imprime el pisoteo, características que también ofrecen las lajas de terreno próximas a los muros.

La descripción que transcribimos acerca de las características del edificio 21, es también aplicable a la casi totalidad de los edificios:

"En el interior de todas las habitaciones, desde un nivel que corresponde a 20 cm. debajo del actual nivel del piso de las mismas, se encuentran grandes capas de cenizas, hasta de 10 cm. de espesor, que demuestran se ha hecho fuego al interior, porque la zona inmediatamente inferior a esta capa ha sido convertida en ladrillo. Estas cenizas contienen fragmentos de carbones, fragmentos de cañas quemadas y hasta ha sido hallado un pequeño marlo de maíz junto al cerco C de la casa".

"Es difícil explicar esta repartición más o menos uniforme de cenizas al interior de las habitaciones. Si han estado techadas, se deben suponer condiciones especiales del techo para defenderse del humo, debiendo existir un espacio abierto entre la parte superior de la pirca y el mismo. Mas, lo probable, es que hayan sido techadas con paja según lo muestran los restos que se advierten en estas cenizas y por la repartición uniforme de las mismas en el interior de las habitaciones. La violencia del fuego ha transformado la tierra en ladrillo, es decir, los techos habrían sido destruídos por un incendio y el espesor de 20 centímetros entre estas cenizas y el nivel actual superior puede responder a la quincha o torta primitiva caída al interior de la habitación o sinó a la acumulación eólica de la tierra, pues los recintos están bien aislados unos de otros, son cerrados y no puede interpretarse este desnivel como arrastre producido por las aguas. En parte alguna del recinto de La Tambería se reconocen restos de tierra endurecida, tapia o adobe, que podrían haber completado o remplazado estas bases de pirca de piedra".

"Para cada habitación el nivel de la primera abelsa de la pirca es el mismo en las cuatro esquinas y debe de corresponder al primitivo nivel del terreno por las observaciones que hemos hecho en el muro de cerco y en otros lugares de La Tambería. Este nivel de la primera abelsa es también, aproximadamente, el mismo nivel de las primeras capas superiores de cenizas. Los tiestos se encuentran al interior de las habitaciones, tanto entre las capas de cenizas como también enterrados a un metro de profundidad, siendo difícil la explicación de estas últimas posiciones, de este sincronismo con otras capas de cenizas tan

— 16 —

Fig. 10. — Restos de viguetas transversales, carbonizadas, correspondientes a la estructura del techo, en el corte EF del edificio 13.

profundas, pues habría que suponer la ocupación del paraje en épocas muy anteriores al trazado de estos muros. O bien, un anterior dispositivo semi-subterráneo de habitaciones, ascendiendo las cenizas hasta 20 cm. del nivel actual por sucesivos rellenos. El dispositivo semisubterráneo podría haberse cumplido, porque el relleno es consistente y los cortes que se han hecho hasta cerca de dos metros de profundidad, no han sido desmoronables".

Fué en el edificio 8, del cual ya hemos dicho que pertenece a la categoría de aquellos que presentan muros agregados definiendo patios, donde por vez primera, durante las excavaciones de 1938, advertimos entre las capas de tierra y de cenizas los restos carbonizados de paja y de ramaje correspondientes al techo desmoronado, en el interior de uno de los recintos rectangulares. La descripción de este edificio, que corresponde a la figura 9, menciona la circunstancia del hallazgo de estos restos del antiguo techo.

"El edificio 8, que hemos representado en la figura 9, debe de considerarse incompleto con el trazado que actualmente presenta. Tampoco creemos que hayan sido retirados del terreno las piedras correspondientes a las restantes habitaciones. Participa de la serie de recintos que ofrecen habitaciones alineadas cuadrando patios, huertos o tal vez corrales, pues debemos de considerarlo incompleto en sus costados este y sur".

"El ancho de 2 m. y de 2,30 m. que ofrecen las habitaciones está indicando la luz regular de estos recintos, que corresponde a las posibilidades de ser techados. Este edificio ha conservado actualmente horizontal su nivel depiso, tanto en las habitaciones laterales como en el patio. A sus costados, al exterior, se observa un descenso parejo del terreno circundante, lo que prueba la mayor firmeza de su piso. Su forma sobre el terreno se halla definida por dos hiladas horizontales de piedras medianas. Toda la superficie ocupada por las habitaciones del oeste ha tenido un piso de greda sobre el cual se encuentran restos de palos quemados de sección diversa y paja".

"Descubriendo el terreno con sumo cuidado y aligerando la capa de tierra por medio de soplidos se advierten palos carbonizados de 2,5 cm. a 1 cm. de diámetro, que se presentan cruzados formando ángulos variables. Esta "jarilla" se ha convertido en carbón, debido seguramente a la circunstancias que al incendiarse los postes y vigas de sostén, el techo se ha desplomado y la tierra la ha cubierto, produciéndose su transformación en carbón. El cruzamiento de esta jarilla es completamente irregular y se alcanza a reconocer bien como se traman las ramas. Quitando esta primer capa se encuentra otra capa de ramas más gruesas, al parecer de algarrobo, de 5 a 8 cm. de diámetro. No es posible reconstruir bien las primitivas direcciones de esta segunda capa de ramas, debido a que estos restos son muy escasos y han quedado en posiciones varias por el derrumbe del techo. Es frecuente en la superficie de estos recintos, a 20 cm. del nivel actual del terreno, el hallazgo de estos restos de paja sobre tierra quemada o endurecida, alternando a una misma altura con grandes cantidades de cenizas, que se encuentran uniformemente en todas las casas con los restos de aquellas pajas y vigas quemadas deltecho. Se encontró una vasija fragmentada en a, dispuesta boca abajo, junto a la puerta de entrada de los pequeños recintos".

Fué en el edificio 13, cuyo plano representamos en la figura 11, donde se encontraron nuevas pruebas de la anterior existencia de esta estructura del techo. Podemos observar en

— 17 —

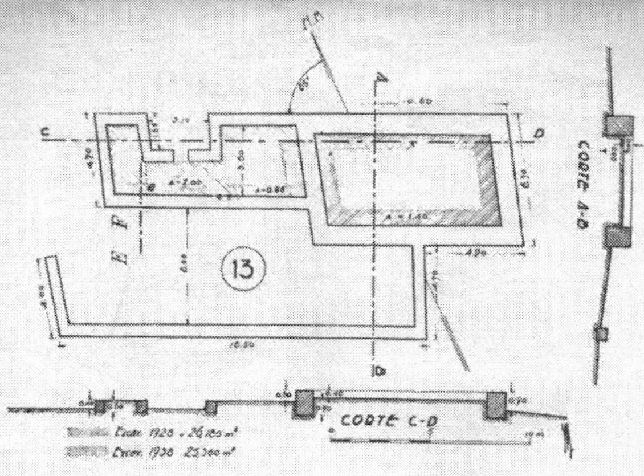

Fig. 11. — Plano del edificio 13.

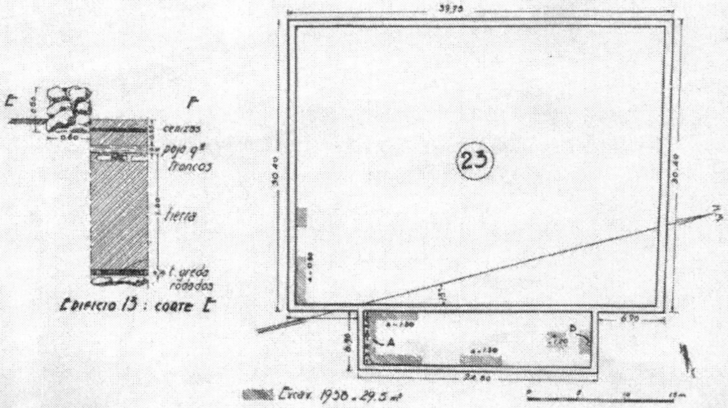

Fig. 12. — Plano del edificio 23.

— 18 —

la planta tres características diferentes. Primeramente, al este, un recinto cuadrilátero, romboide, de dimensiones similares a las de los edificios 9 y 12, pues mide 10,80 m. de largo por 6,70 m. de ancho. Sus muros son fuertes, anchos de 1 m. y ofrecen un relleno intermedio de 90 cm., sobresaliendo un metro del nivel del ambiente exterior. Sobre el lado oeste del cuadrilátero se encuentra un agregado cuya altura no alcanza a igualar la anterior, quedando a 50 cm. de la pirca, según puede apreciarse en el corte longitudinal C. D. Este agregado, de 10 m. por 4,70 m., ofrece en su parte media, al norte, un recinto de 3,10 m. por 1,85 metros a manera de pórtico de entrada. Una puerta de 75 cm. da acceso al interior.

Al sur de las estructuras que se acaban de describir se extiende un patio de 18,50 m. de largo por 6 m. de ancho, estrechándose estos últimos a 4 m. en la porción correspondiente a la estructura de mayor altura. Este patio parece abierto en su esquina noroeste, pues faltan piedras que indiquen la anterior existencia de su cierre. Las dos primeras estructuras tienen su frente norte sobre una misma línea, que declina 65° al oeste.

La gran cantidad de cenizas, carbones, paja quemada, restos de vigas quemadas, que se encontraron en las excavaciones practicadas en 1938 nos dan la seguridad que este recinto ha sido techado; y además, estos restos por su forma de presentación, nos explican la técnica del dispositivo empleado. El corte E. F. nos muestra la superposición de capas de cenizas, paja quemada y troncos quemados, estos últimos de 8 a 10 cm. de diámetro, que constituían las viguetas del techo. Indudablemente, en la porción E. F. donde se ha practicado el corte, tenemos sólo 1,70 m. de luz y debemos suponer un techo a una sola agua. Mas, también, podría acontecer que la porción de pared que ofrece la puerta de comunicación en el "vestíbulo" de entrada haya estado destinada a dividir la luz total del recinto. Las viguetas se encontraron dispuestas perpendicularmente a los muros laterales.

El edificio 23 está formado por dos rectángulos adosados (figura 12). El mayor de 29,75 metros de largo por 30,40 m. de ancho y el menor, que se apoya sobre su costado oriental, mide 24,80 m. de largo por 6,70 de ancho, disponiéndose centrado con relación al anterior. No se encontró indicio alguno de abertura. Faltan casi todas las piedras del costado oriental, las que deben haber sido llevadas para realizar la construcción del muro del cementerio actual. El rectángulo mayor debe haber tenido una altura promedio de 80 cm. en su pircado. En cambio, el rectángulo adosado, según se dijo, sólo tiene una hilada o dos que lo define, habiéndose cavado esta parte con anterioridad a 1928.

Es imposible reconstruir el perfil del corte debido al mal estado de la pirca, y además, a las falsas pendientes que han creado las aguas de lluvia, que definen planos convergentes al centro del rectángulo mayor.

Detalle de especial mención es el hallazgo en este lugar de horcones de maderas con sus extremidades carbonizadas, ubicados en los puntos medios de los lados menores del rectángulo, según se señalan en los puntos A y B y en sus correspondientes detalles de la figura 13. Es indudable que este recinto ha sido techado, obteniéndose luces aproximadamente de tres metros, fácilmente salvables con troncos de árboles.

El edificio 32, compuesto como el 23 y 31 por dos rectángulos adosados, mirando el mayor al oeste, señala la adopción de un partido constructivo que alcanza aún su mayor significación al confirmarse en este nuevo ejemplo la orientación similar del gran rectángulo, como en el caso del edificio 31. Es indudable que la superficie ocupada por el rectángulo menor ha sido destinada a habitación, no sólo por los frecuentes hallazgos de cerámica fragmentada que se han realizado, sino también por el descubrimiento hecho aquí, por vez primera, de residuos de carbones, indicando que son el producto de la incineración de postes u horcones que han debido sostener el techo de ramaje. El primer horcón descubierto fué el señalado en el plano de la figura 15 con el número 1, y luego, observando su ubicación en el eje del recinto y las distancias constantes aproximadas a 3 metros con relación a los muros principales, se practicaron sondeos para obtener nuevos horcones, en lugares distanciados aproximadamente de éstos, 3 metros entre sí, sobre el eje del recinto. (Fig. 15).

Es así como aparecieron los horcones 2 y 3. El 2 a sólo 2,00 metros del muro transversal y el 3 a 5 metros de este último horcón 2, encontrándose ambos ubicados aproximadamente en el eje del recinto. Estos hallazgos dieron luego la pauta para excavar los edificios 23 y 33, en porciones sospechadas de contener estos restos de columnas, lo que quedó plenamente confirmado.

El pequeño rectángulo del este mide 39,40 m. de largo por 6,20 metros de ancho, sus muros son de 60 cm. de ancho y sólo sobresalen en la actualidad de una o dos hiladas sobre la superficie del terreno. También aquí debemos suponer que se ha efectuado la extracción de materiales de la pirca con la finalidad ya anunciada de construir el muro del cementerio moderno, circunstancia que no nos ha permitido realizar un corte correcto del techo, debiéndosele interpretar para representarlo.

— 19 —

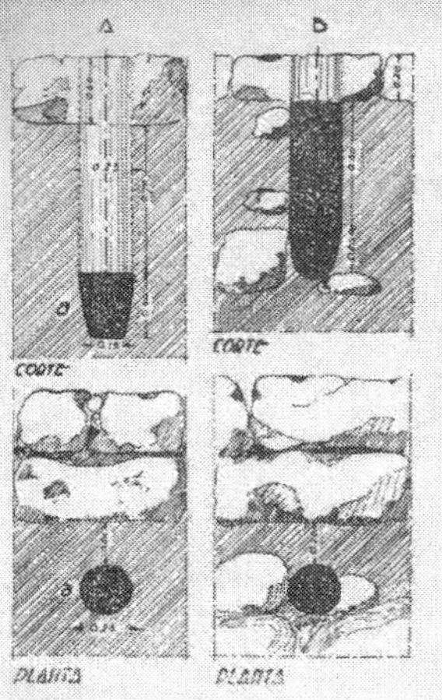

Fig 13. — Detalles de los restos de horcones del edificio 23.

El rectángulo mayor mide 46.70 m. de largo por 32,10 m. de ancho, como medidas máximas. En sus costados norte, sur y oeste, se define un curioso muro doble de contención, mal conservado, por lo cuál deben de considerarse aproximadas las medidas que ofrecemos en el corte C. D. El núcleo de este muro doble se define por un macizo trapezoidal de piedras y tierra, cuya base mide 4,20 m. Sus costados inclinados se hallan recubiertos de rodados y el eje menor se expresa por una plataforma de piedra de 2 m. de ancho, a un nivel superior en 70 cm. al nivel de la base. Esta extructura se señala como un verdadero muro de contención de aguas, no sólo por su forma y desarrollo, sino también por sus justas proporciones para endicar una represa de 80 cm. en su profundidad actual, la que pudo haber sido mucho mayor anteriormente.

El espacio ocupado por las habitaciones es de mayor dureza que el resto, lo que podría también indicar que ha sido sembrada la parte correspondiente al rectángulo mayor. En este espacio hemos señalado los horcones 1, 2 y 3, cuyos detalles respectivos se ofrecen en la figura 14, a la que dejamos la descripción de los mismos. Una amplia capa de cenizas cubre a poca profundidad la superficie del lugar que hemos supuesto destinado a las habitaciones siendo uniforme y francamente visible en la porción sureste de la misma, en **a**. En toda la superficie ocupada por este rectángulo menor del edificio 32 se encontró a poca profundidad gran cantidad de fragmentos de cerámica, según lo muestra la figura 15 en el lugar marcado **b**.

El edificio 33 afecta forma muy cercana a la rectangular, siendo las medidas máximas de sus lados 18,10 m. de largo por 7,70 m. de ancho. Esta forma se halla señalada por sólo un par de abslsas de base, no viéndose piedras rodadas a sus alrededores, circunstancia que indica una vez más que han sido empleadas en la construcción del muro de cerco del cementerio moderno, dada su proximidad al mismo. Todo el interior del recinto, a 40 cm. de profundidad se ofrecen capas de cenizas y de tierras cocidas. También en este recinto, sobre el eje de su costado sur, hemos realizado el hallazgo de restos de carbones correspondientes a un horcón de madera, de 22 cm. de diámetro, calzado con piedras.

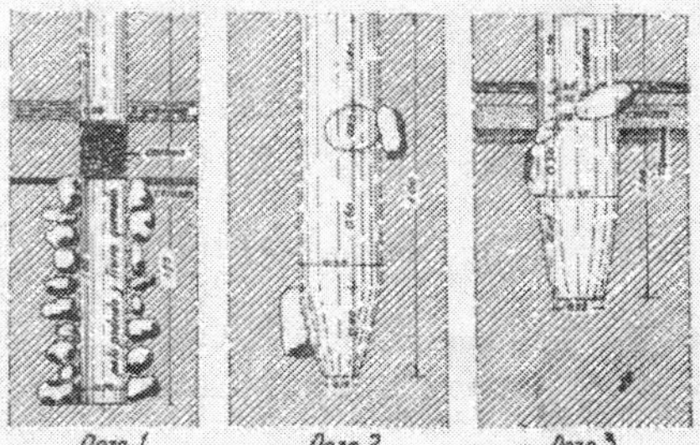

Fig. 14. — Detalles de los horcones del edificio 32.

— 29 —

Acabamos de exponer, en forma seriada, los diversos hallazgos realizados en la llamada Tambería del Inca de Chilecito, que nos han llevado a comprobar la existencia de una estructura de techo a dos aguas para cubrir los recintos rectangulares sin convertir en tímpanos de piedra los muros cabeceros de los mismos. A los hallazgos de los edificios 8 y 13, que indudablemente acusan una forma simple de techar,a una sola agua, agregamos los de los edificios 23 y 32, que muestran a través de sus rectángulos menores los francos vestigios de un techo a dos aguas sostenido por cumbreras, y éstas por medio de horcones ubicados en el eje de la construcción. Ha debido este techo ser relativamente pesado, de ramas, paja y barro, aislante del frío y del calor, como también de las lluvias, que al desmoronarse por el incendio intencional de esta población, ha hecho que sus diversos componentes se convirtieran en cenizas y en carbones, operación que se ha cumplido lentamente, a cubierto de la atmósfera, por la capa de tierra superior que ha debido contener el techo. Sólo así ha sido posible que llegaran hasta nosotros estos restos carbonizados, que aclaran la anterior estructura del techo.

Por este sistema de techar es posible ampliar la luz de los recintos. Es un paso avanzado hacia la gran arquitectura. Las grandes luces quedan reducidas a pequeñas luces. En los muros cabeceros, en lugar de continuar elevando la pared a manera de tímpano han colocado "horcones", columnas, en el mismo eje de los muros cabeceros para apoyar la cumbrera. La igualdad de nivel que alcanzan siempre los muros laterales, la sección de los postes, sus distanciamientos, demuestras una vez más que el techo es a dos aguas.

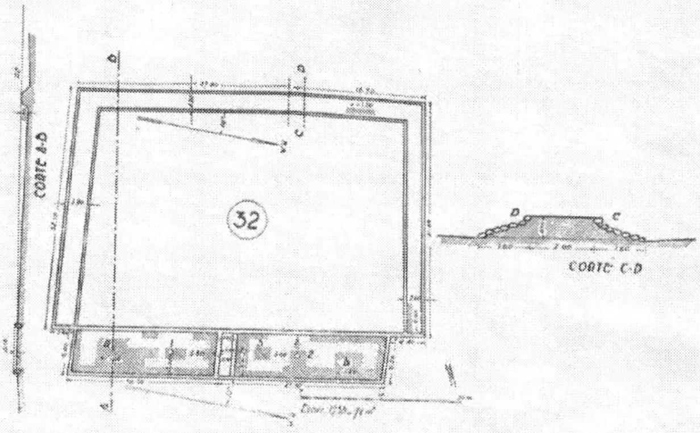

Fig. 15. — **Plano del edificio 32 mostrando en su rectángulo menor el dispositivo de horcones para sostener el techo.**

Debenedetti (1) en sus estudios sobre las viviendas del Pucará de Tilcara nos dice que estos techos, formados por troncos de variable espesor, por cañas apretadas unidas con tientos, cubierto el todo con una capa de barro amasado con piedras de 10 a 15 cm. de espesor, era sin excepción, de una sola agua. Pero, puede observarse en el detalle que ofrece este autor que esa única pendiente del techo se obtenía por diferencia de nivel entre los muros, de igual altura, pero apoyados sobre un terreno escalonado, en terrazas. En nuestro caso, siendo un terreno llano, el techo de las grandes luces ha debido ser salvado a dos aguas. De otra manera hubiéramos encontrado la diferencia de altura correspondiente entre las absisas superiores de los muros laterales.

Si los primitivos habitantes de la llamada Tambería del Inca de Chilecito hubieran tenido conocimiento del clásico tímpano de las formas rectangulares constructivas de los Incas propiamente dichos, no hay duda que con él habrían remplazado los horcones de los

(1) Salvador Debenedetti, **Los ruinas del Pucará, de Tilcara. Quebrada de Humahuaca** (provincia de Jujuy), en **Archivos del Museo Etnográfico de la Facultad de F. y Letras.** Número II, (primera parte), Buenos Aires, 1930, p. 24-27.

— 21 —

muros cabeceros. También se debe de pensar en un espacio libre, existente entre la abeisa superior de la pirca y el declive del techo, espacio que no debe de haber sido rellenado con tierra, pues se hubieran encontrado los vestigios de este relleno sobre el terreno.

Como todos los edificios, tan separados unos de otros, muestran al interior capas uniformes de cenizas y una sobreelevación de este nivel que corresponde al espesor del techo desmoronado, debemos concluir que esta pequeña ciudad fué quemada intencionalmente, siendo la segunda causa de su abandono. La primera, como se dijo, fué el cambio de cauce de las aguas de los deshielos.

Los estudios detallados que hemos realizados en 1928 y 1938 en este lugar y nuestra experiencia de terreno, nos hacen pensar en la conveniencia de extremar los cuidados para descubrir en el transcurso de las excavaciones los vestigios del techo. Por Historia de la Arquitectura sabemos la importancia fundamental que tiene la evolución del techo en el establecimiento de correlaciones y emigraciones de pueblos. Se nos antoja, que esta forma descripta de techo a dos aguas que acabamos de estudiar, por sus vestigios en la llamada Tambería del Inca de Chilecito, es diferente a la incaica propiamente dicha y tal vez representa un estadio anterior de su desarrollo, dado que la arquitectura, especialmente con sus formas de techar, no suele caminar a saltos, sino sumando experiencia.

DESCRIPCION DEL EDIFICIO 21

Como ejemplo en esta ciudad del más alto grado alcanzado en el desarrollo de un programa arquitectónico debemos referirnos al edificio 21.

Sobre el costado sur del muro de cintura se dispone perpendicularmente el edificio 21, según su eje longitudinal, inclinado de 15° al oeste con relación al norte magnético (figura 16). Este recinto, es el más importante de La Tambería, no sólo por el área que ocupa, sino también por el número y distribución regular de las habitaciones que contiene. Su forma tiende a la rectangular, 55,70 m. de largo por 27 m. de ancho. Al interior de esta línea quebrada, recta en sus costados este y norte, escalonada en el oeste y ligeramente curva en el sur donde se halla identificada con el muro de cintura, se define un gran patio rectangular que presenta en su parte central un escalón de 60 cm., obtenido con un pequeño muro de sostenimiento según puede observarse en el corte AB. Este escalón, largo de 17,15 m. sirve para contener las tierras en la mitad del patio y para impedir que por el fuerte declive que presenta el mismo se formen agrietamientos en el terreno con el correr de las aguas de lluvia.

El patio central se cuadra por recintos rectangulares, la mayor parte de ellos perfectos en su trazado, lo que está indicando un especial conocimiento del ángulo recto para la porción central del edificio, aún cuando el trazado perimetral del mismo no haya conseguido reproducir ajustadamente esta forma rectangular. Está demostrada esta intención de ajustar a ángulos rectos, las esquinas del patio central, por las diferencias de medidas que presentan los recintos X, XI y XII con el perímetro en su costado norte, como también las ofrecen las habitaciones III y IV con el costado oeste.

En este gran conjunto, contiguo además a la portada principal que comunica con la región al sur de La Tambería, ancha de 5 metros, se pone de relieve un refinamiento constructivo, la ejecución de un programa deliberado, una distribución y agrupamiento de locales que evidentemente ha debido ser expresión de un determinado complejo social con idiosincracias funcionales. Han sido salvadas hasta las diferencias de nivel de 2,30 m. que existe entre el costado norte y el muro de cintura, lo que se observa perfectamente en el corte A B de la figura 16. El terreno ha sido fuertemente consolidado por el pisoteo y las torrenteras, que han cavado profundas trincheras, corren paralelas a los muros sin hacer conseguido, a pesar de los años transcurridos desde el abandono del parque, abrir boquetes en el pircado de su perímetro.

Según puede observarse a través de los cortes AB y CD la esquina más alta con relación al plano inclinado de La Tambería es la N. O. La forma rectangular de este edificio 21, en el sentido de su longitud, ha debido disponerse sobre un pronunciado desnivel del terreno y esto ha hecho que tal diferencia quede salvada en dos partes, lo que se nota muy

— 22 —

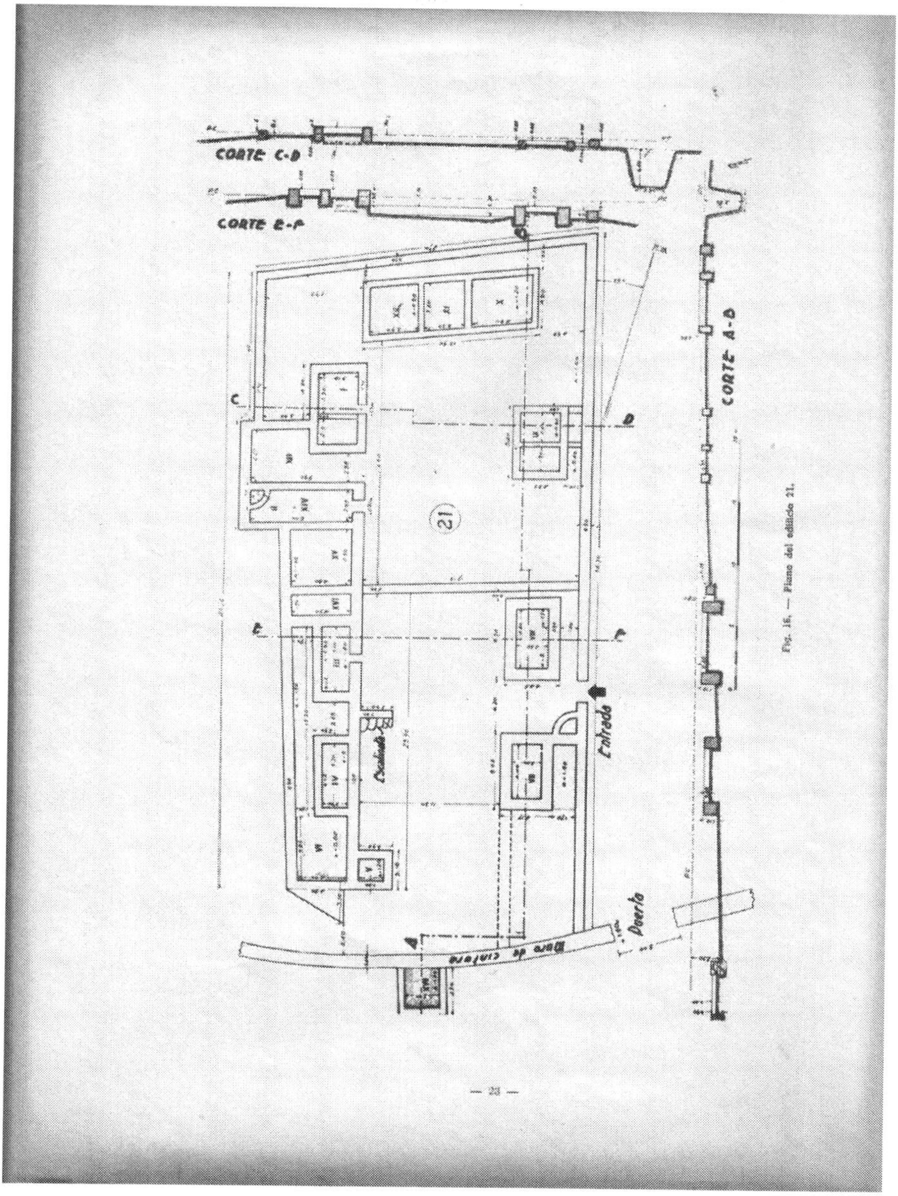

Fig. 16. — Plano del edificio 21.

bien observando el pequeño muro de contención intermedio del patio, que en la actualidad alcanza una altura de 50 cm. dividiendo el rectángulo de este patio en dos porciones. La norte ofrece la cota más alta, nuestro O en el plano comparativo; es el nivel actual del terreno ocupado por el corredor existente entre el muro norte y el grupo de habitaciones X, XI y XII. Luego, el nivel del piso de estas tres habitaciones desciende 35 cm. con respecto al mismo y el patio comienza con una diferencia de otros 30 cm. con relación a este piso interno.

Desde el extremo norte del patio hasta el tope del murete transversal de contención, hay una diferencia de nivel de 50 cm., la que debe haber existido anteriormente, si consideramos el trazado de la habitación IX, cuyo piso interno está 20 cm. más bajo que el de las habitaciones X, XI y XII. Además, la altura de sus muros es también más baja con relación al plano de comparación elegido, pudiendo verse en la sección transversal AB, que se ubica a tono con la pendiente que corresponde a la primitiva del terreno. En el sentido del eje longitudinal de esta casa 21 se ha producido, pues, el escurrimiento de las aguas, lamiendo éstas el terreno a partir de las casas X, XI y XII y determinando dos planos inclinados según puede verse esto acentuado en el corte transversal EF. Mas, indudablemente, no debe de ser esta la forma de la sección primitiva del patio en esta porción norte. Esta porción norte pudo también ser horizontal sin molestar los niveles internos de las habitaciones y entonces el murete transversal habría actuado como verdadero muro de contención de tierras.

También en esta mitad sur del patio se reconoce la misma pendiente primitiva y se nota el escalonamiento de las habitaciones VII y VIII a lo largo de la misma, sobre el costado este. En cambio, en el costado oeste, el conjunto de habitaciones desde I hasta IV y los corredores adyacentes a las mismas definen una plataforma longitudinal. Tal plataforma indica que el lado oeste ha estado aproximadamente al mismo nivel del costado norte, en toda su longitud, de norte a sur. La diferencia de 1,35 m. entre esta plataforma y el nivel de la porción sur del patio ha sido salvada por una pequeña escalinata, recortada sobre una pirca que acompaña su pendiente. Se define por piedras chatas, irregulares, que prácticamente dibujan cinco descansos o escalones.

Al lado de la habitación IX, entre ésta y el cerco, como también en el interior de la habitación I, se encuentran debajo del nivel del piso de la habitación, correspondiendo también a un nivel inferior al de la primer abeisa,restos de muros, que con relación a los muros actuales se encuentran orientados, siendo antiguos trazados de las habitaciones o variantes en el detalle de las mismas. Mas, todo pertenece a la misma época.

En la primer abeisa de las pircas algunas piedras alargadas se colocan verticalmente introducidas de punta en el cerco.

El núcleo que define la edificación 21, como el de todas las casas encerradas en el recinto, conserva un nivel medio que es siempre superior por sus cuatro costados al nivel de sus alrededores. Los zanjones modernos de escurrimiento de las aguas de luvia se detienen siempre a pocos menos de estos muros y luego los acompañan casi paralelamente. Esto indica, a nuestro modo de ver, que el piso de las casas ha debido ser el primitivo piso de La Tambería, conservado por la mayor consistencia del pisoteo, características que ofrecen también las fajas de terrenos próximas a los muros. En cambio, el resto del recinto de La Tambería no ocupada por los edificios ha sido cultivado y por ello su piso ha sido más removido, más flojo. En él las aguas de lluvia han cavado profundas torrenteras, las que se detienen junto a los perímetros ocupados por las casas y aún se tuercen si se dirigen perpendicularmente en dirección a los muros.

Este edificio 21 cuenta con un agregado al sur del muro de cintura, que consiste en un recinto rectangular de 4,20 m. por 3,80 m., siendo el único agregado que presenta el muro de cintura. En la esquina S. O. existe un pequeño pasaje de 2,40 m. que establece la circulación entre el interior del recinto y el interior del edificio, limitado por un agregado triangular formado por un conglomerado de piedras.

La entrada principal del edificio 21 es de 1,70 m. de ancho, abierta sobre el costado este y próxima por lo tanto a la puerta sur del muro de cintura. También sobre el gran patio central presentan puertas las habitaciones I, III y XIV, así como la XIII abre sobre el mismo por un corredor de 2,35 m. de ancho. La existencia de estas puertas, de los restos de pajas, cenizas y carbones en el interior de las habitaciones, sumadas al hecho de tener los muros de las mismas 1,35 m. de alto, nos dicen que han debido ser techadas, pero con un espacio libre intermedio, dispuesto entre techo y abeisa superior del muro para permitir la salida del humo hacia el exterior. Este edificio fué cavado en 1938.

En síntesis, si el grado de organización social alcanzado por estos habitantes primitivos ha debido traducirse necesariamente en su arquitectura, el edificio 21, con relación a los restantes que contiene el recinto de La Tambería, ha sido el principal, algo así como un verdadero "palacio".

— 24 —

A mitad de camino entre La Tambería y la Pirca del Puquial (ver plano de la figura 2) encontramos en 1928 una piedra de grandes dimensiones con un petroglifo grabado obtenido por percusión, conseguido el dibujo sin profundidad apreciable, el que reproducimos en la figura 17. Esta misma piedra ha sido posteriormente trasladada a la finca Samay-Huasi donde en 1938 la hemos visto nuevamente, colocada a la entrada del Establecimiento.

Tenemos un interés especial en mostrar la foto de la figura 17, porque en 1928 hemos visto este petroglifo en su sitio (1), con las llamitas y su zig-zag orientados hacia La Tambería, lo que nos llamó poderosamente la atención, pues este petroglifo puede muy bien ser un plano de tamberías señalándose La Tambería del Inca por el círculo del extremo norte donde finaliza el zig-zag, con el cual se ha debido interpretar el camino; y las tamberías o viviendas de Nonogasta, etc., por los círculos del extremo sur del zig-zag; representando los círculos inferiores de este dibujo, que debemos interpretar en dirección oeste, la tambería que se encuentra en la Quebrada del Durazno por el menor (2) y la gran Tambería ubicada a 4.000 metros en la Sierra de Famatina por el mayor, sobre la cual tenemos muy importantes noticias. El hecho de haberse representado varias llamas caminando en la misma dirección, paralelamente al zig-zag, hacia La Tambería del Inca, prueba una vez más, a nuestro modo de ver, que este importante recinto tenía la función de contener el ganado y su muro de cintura, puede haber respondido a esta finalidad principal. La piedra mide 80 cm. por 65 m. y 77 cm. de altura (3).

Figura 17. — Petroglifo encontrado en 1928 en el Puquial, probablemente el plano del camino que conduce a La Tambería del Inca.

---

(1) En el artículo "Samay Huasi o la Casa del Descanso" publicado por Severo Villanueva en el número 21 de la Revista Geográfica Americana (año II, vol. III., Junio de 1935, Buenos Aires), se afirma que nuestro petroglifo fué trasladado a Samay Huasi por el Dr. Joaquín V. González, lo que significa que nuestro amigo ha estado mal informado al respecto, pues el Dr. González murió en 1923 y yo tuve ocasión de fotografiarlo en su sitio en 1928.

(2) Tambería explorada por el profesor A. A. D'Alessio en 1936.

(3) No es mi propósito en este informe, entrar en estudios comparativos, dado el escaso tiempo de que dispongo, dada la extensión que tiene el mismo; pero sí, en apoyo de esta interpretación que asignaría en una forma comprobable a los petroglifos el valor de planos de caminos y de ubicación de tamberías o pucarás, debo citar desde ya la curiosa coincidencia que con nuestro petroglifo del Puquial ofrece en sus dibujos el petroglifo próximo de Totoral, publicado por Bémon (Vorspanische, etc. p. 33, fig. 2), si se le observa invertido, lo que por cierto significa que esta piedra ha sido movida. O sino, ello podría indicar la forma de orientar el dibujo si se la mira de frente o de la parte superior.

Indudablemente, que observando las características de las curvas en zig-zag que ofrece un camino de montaña, vemos que sus lados no forman ángulos agudos y que presentan un dibujo redondeado como el de nuestros petroglifos. La línea ondulada terminada en círculos bien puede ser la expresión de caminos tendidos entre tamberías. Puede verse lo mismo en el petroglifo de la figura 7 publicado por Aparicio ("La Prensa", 5 agosto 1934) para la localidad de Campanas y Chañarmuyo. Quien tome una foto del camino de montaña (ruta 75) que lleva de La Rioja al Dique de Los Sauces puede igualmente comprobarlo. Y aún, con el dato anterior de Bémon, de Totoral sobre la misma Sierra de Famatina, todavía nos acercaríamos más al paisaje que ha podido inspirar el grabado realizado sobre nuestro petroglifo del Puquial, si observamos la fotografía de este camino al Famatina, sobre todo, la que publica F. Escardó Méndez ("Hacia las Cumbres", p. 43, Buenos Aires, 1905).

— 25 —

CONCLUSION

En los muchos días que hemos dedicado al estudio y relevamiento de esta ciudad prehispana llamada "La Tambería del Inca", realizando aquella exégesis que sólo alcanza a calificarse por la concentración, intensidad y continuidad de la labor, hemos asistido al desfile de los razonamientos que han debido inducir a este pueblo primitivo a levantarla en este paraje.

En primer término, y sin titubeos, se eligió la parte central de un "barreal" triangular desprovisto de rodados, fácil de regar por simple gravitación desde uno de sus vértices con el agua que descendía de la Sierra de Famatina. Dentro de este "barreal", en el punto más alto del menisco transversal y cortando el eje longitudinal, en un lugar al cual no tienen acceso las grandes avenidas de agua de la sierra, se trazó un muro de circunvalación, de forma ovalada, de sección trapezoidal uniforme, de 1,30 metros en su base. Unicamente se interrumpió esta cintura para facilitar el pasaje del agua desde el norte y la entrada y salida del recinto en sus rumbos norte y sur. Un montículo de forma diferente a la de los restantes edificios, marcó el centro geométricode la pequeña ciudad. El resto de las construcciones, con las características que hemos anotado, se subordinaron en su distribución a este muro de cintura, que permitía cercar el ganado y poner a salvo la ciudad del arrastre y erosiones que causan la simple agua de lluvia que provenía del mismo vértice del barreal, cortando el terreno con fuertes torrenteras.

Desde el recinto formado por una habitación única hasta el complicado edificio 21, existen programas variados, repetidos, significando con ello su adaptación a determinados regímenes y hábitos sociales. El trazado de los muros es recto, a cordel, cruzándose en ángulos intencionalmente rectos. Las posibilidades de techar con maderas del lugar han permitido establecer en las habitaciones únicamente una luz no mayor de tres metros, habiéndose colocado horcones, a manera de columnas, en aquellos recintos cuyas luces superan esta dimensión.

Los restos de muros y de divisiones de piedras destinados al regadío existentes dentro del recinto, prueban que el agua se distribuyó con un lógico y perfecto sistema circulatorio para regar los cultivos especiales. Un sistema de señales, de planos indicadores, de "petroglifos" según damos muestra, ha debido indicar a los pueblos de otros valles y cerros el camino a seguir para alcanzar La Tambería. Punto estratégico que domina los portezuelos de Los Sarmientos, La Puntilla y San Miguel, a sido a su vez dominado por el Pucará de Los Sarmientos, sobre la cadena de cerros Paimán-Chilecito, de acuerdo a lo descripto en el trabajo principal.

Rodeada esta ciudad por sembrados distribuídos sobre toda la superficie del barreal, pudiendo su muro de cintura contener numeroso ganado, se preparó a florecer, construyendo numerosos edificios que llegaron poco a poco hasta invadir las canchas de rodados circundantes. Mas, alguna extraordinaria avenida de la Sierra de Famatina, o los efectos perturbadores de algún temblor que descomponen los niveles utilizados, cambió el cauce del río que por la angosta quebrada desemboca en el valle y privó de agua a la ciudad recién construída. Decimos esto último, porque así parece confirmarse con la muestra de los edificios recién trazados y la presencia de escasos restos arqueológicos hallados en las excavaciones. Sigue a esto el abandono y el incendiointencional de la ciudad, pudiendo ser la causa de lo primero la falta de acceso del agua al barreal por el cambio del régimen del río Los Sarmientos. El incendio, como el de aquella Troya, ha sido sin duda intencional, pues los edificios, distantes unos de otros, han sido quemados y sus restos, las cenizas del techo de paja y las trabazones de sus vigas, las hemos encontrado quemadas y enterradas a pocos centímetros de la superficie actual del terreno. Tal vez la peste, la guerra, o simplemente el acto ritual que pudo preceder al abandono dellugar originaron la trágica medida.

Esta es una historia antigua leída en el transcurso de las investigaciones arqueológicas. Mas, no solamente la historia se repite. Se repiten también en época histórica los acontecimientos que señala la arqueología. Un nuevo suplicio de Tántalo sufre más de una población del noroeste argentino. Se ven palidecer y oscurecer sus extensos sembrados y viñedos, y, a veces, el ímpetu de las corrientes arranca de cuajo sus raíces. A la vera del río, ya seco o convertido en incontenible torrente, las pintorescas poblaciones de enjudia colonial soportan el suplicio, no alcanzando a captar el agua o a detener el castigo. Y sobre aquellos lugares que el indígena abandonara, los pueblos modernos insistieron en vivir, esforzándose por medio de recursos técnicos en dominar los inconvententes naturales, consiguiendo apenas, tras de costosas erogaciones y esfuerzos, alcanzar pequeños paliativos para remediar sus males.

— 26 —

Chilecito es una ciudad moderna edificada también sobre un barreal triangular, contiguo y similar al que contiene la Tambería del Inca, orientado igualmente su vértice hacia la Sierra de Famatina. Se proveyó de agua de la sierra talvez por aquel cambio de cauce que privó del riego a La Tambería y luego, las importantes obras de ingeniería supieron estabilizar y asegurar el caudal. A pesar de todo, en 1938, en el momento de realizar nuestros estudios experimentamos en la ciudad la zozobra de un posible cambio de cauce del río, indicado por la destrucción de las defensas y significando por lo tanto la destrucción de la misma ciudad. Los destrozos mayores fueron causados en el pueblo de Malligasta.

Difícil es al urbanista moderno, que cuenta con los procedimientos científicos de captación de aguas del subsuelo, comprender esta lucha del hombre con el medio y la insistencia en seguir poblando lugares amenazados de destrucción o de persistente sequía. Para el primitivo, el agua es un imperativo categórico y los sitios donde brota o corre deben ser por él elegidos para poblar, a pesar de los inconvenientes que presenten. En sus manos, la planimetría sólo puede alcanzar pequeñas modificaciones, orientadas siempre dentro de las líneas generales naturales. ¿Cómo conseguir traer agua de mayores alturas sin que la velocidad de la misma perjudique al terreno cavando trincheras? Indudablemente, el "sifón", la solución moderna con que cuentan las nuevas obras de riego de Chilecito no fué descubierta por los pobladores de este lugar. Sólo encontramos en nuestra arqueología sudamericana un ejemplo parecido en el trazado de la llamada "Cloaca máxima" de Tiahuanaco.

El agua es por lo tanto el elemento principal que tuvo en cuenta el urbanista primitivo, carente de recursos para obtenerlo del subsuelo con la regularidad y el cubaje necesarios para atender un gran centro poblado como el que acabamos de describir. A su presencia se sacrifican la planimetría, la seguridad ante el enemigo, la perpetuación en el lugar y aquella tranquilidad que desconoce la necesidad de tener el oído siempre atento para escuchar a tiempo el rugir de la próxima creciente.

FOTOGRAFIAS DEL AUTOR

— 37 —

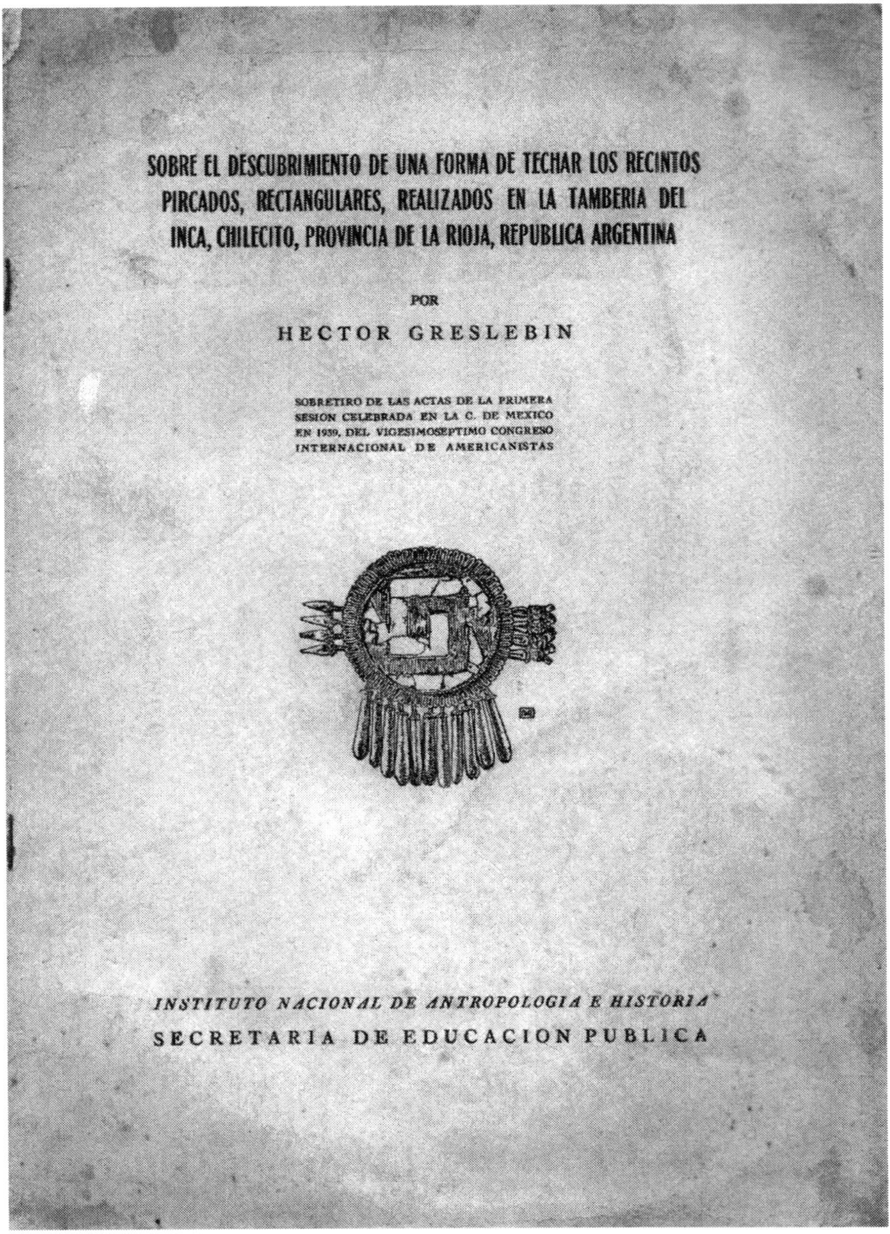

SOBRE EL DESCUBRIMIENTO DE UNA FORMA DE TECHAR LOS RECINTOS PIRCADOS, RECTANGULARES, REALIZADOS EN LA TAMBERIA DEL INCA, CHILECITO, PROVINCIA DE LA RIOJA, REPUBLICA ARGENTINA

POR

HECTOR GRESLEBIN

SOBRETIRO DE LAS ACTAS DE LA PRIMERA SESION CELEBRADA EN LA C. DE MEXICO EN 1939, DEL VIGESIMOSEPTIMO CONGRESO INTERNACIONAL DE AMERICANISTAS

INSTITUTO NACIONAL DE ANTROPOLOGIA E HISTORIA

SECRETARIA DE EDUCACION PUBLICA

SOBRE EL DESCUBRIMIENTO DE UNA FORMA DE TECHAR LOS RECINTOS PIRCADOS, RECTANGULARES, REALIZADOS EN LA TAMBERIA DEL INCA, CHILECITO, PROVINCIA DE LA RIOJA, REPUBLICA ARGENTINA

POR EL ARQUITECTO HECTOR GRESLEBIN

Durante los años 1928 y 1938 realicé dos expediciones arqueológicas al lugar llamado "La Tambería del Inca", cercano a la ciudad de Chilecito, en la región central norte de la provincia de La Rioja. En la primera, acompañado por mi ayudante, el señor Enrique Palavecino, emprendí los trabajos de relevamiento y excavación en mi carácter de Encargado de las Colecciones de Arqueología y Etnografía del Museo Nacional de Historia Natural "Bernardino Rivadavia", de Buenos Aires. Luego, en la segunda jornada de 1938, fuí secundado inteligentemente en mis tareas por mi ex-alumno de arqueología en el Instituto Nacional del Profesorado Secundario, profesor y arquitecto Andrés A. D'Alesio, adscripto a mi cátedra en el citado Instituto. Esta última expedición se cumplió bajo el alto patrocinio de la Comisión Nacional de Cultura que me otorgó generosamente los recursos necesarios, una beca, para terminar mis trabajos.

Con fecha 26 de mayo de 1939 fué entregado a la Comisión Nacional de Cultura un amplio informe intitulado *Arqueografía de la Tambería del Inca*, compuesto de 85 páginas de oficio escritas a máquina, 168 fotografías de lugares y edificios, 113 fotografías de planos relevados y dos grandes láminas referentes a la ubicación general y relevamiento del yacimiento. En curso de terminación se encuentra la segunda parte de la misma obra, titulada *Arqueología de la Tambería del Inca y consideraciones generales sobre la arqueología del noroeste argentino.*

La comunicación que presentamos a la alta consideración de las deliberaciones del XXVII Congreso Internacional de Americanistas, corresponde a las "Consideraciones y comparaciones arquitectónicas" de esta Segunda Parte, aún inédita. Nos ha parecido que los hallazgos efectuados en el transcurso de estas prolongadas excavaciones cobran singular importancia para explicar el mecanismo de techar, que lleva a la construcción de habitaciones de forma rectangular, en piedra, con muros de pirca, que se presentan en toda la amplia región de nuestro noroeste argentino y regiones limítrofes. Creemos que por vez primera se ha encontrado la documentación necesaria, *in situ*, que explica la técnica del techado que lleva a esta forma rectan-

261

gular de construcción, demostrándose que los sólidos muros de piedra estaban destinados a recibir una cubierta relativamente pesada y no a ser simplemente el límite sobre el terreno de simples tiendas de cuero o enramadas de paja.

*

La Tambería del Inca es un amplio recinto, de forma aproximadamente ovalada, ubicado a 1.200 metros de altura sobre el nivel del mar, entre la Sierra de Famatina y la cadena de cerros Paimán-Chilecito. Su superficie es de unas 16 hectáreas y comprende 35 conjuntos de construcciones cercados por un muro de cintura, también en piedra, de una altura media equivalente a 1.60 metros (Fig. 1). La sección de este muro es la trapezoidal, con su base mayor de 1.30 metros sobre el terreno y la menor de 0.60 metros, permitiendo esta última el caminar encima, definiendo, por lo tanto, un camino de ronda (Fig. 2).

Esta población indígena prehispana se halla ubicada entre la pendiente oriental de la Sierra de Famatina, en la porción correspondiente de la provincia de La Rioja y el contrafuerte o cadena de cerros Chilecito-Paimán, próximo a la ciudad de Chilecito, en un gran "barreal", que afecta forma triangular, apoyando su base sobre el citado contrafuerte y su vértice, a unos 2.500 metros de esta base, se halla dirigido hacia la Sierra de Famatina. El barreal, es un limo fértil que ha descendido de la Sierra de Famatina al parecer en tiempos relativamente modernos, sepultando los vestigios de una primitiva población, los que se hacen presentes en las excavaciones profundas. Sobre su superficie, inclinada de Oeste a Este con una pendiente de 1 : 23, serpentean gruesos zanjones o torrenteras. La inclinación del terreno facilita el rápido escurrimiento de las aguas de lluvia que no encuentran tampoco rodados a su paso. Las avenidas de agua que descienden de la Sierra de Famatina y los aportes de agua de lluvia fueron sabiamente utilizados y derivados por estos primitivos pobladores, practicando al interior del recinto cultivos en los espacios libres. Se halla esto demostrado por la menor resistencia que ofrece el terreno al interior del recinto, comparada con los terrenos adyacentes. Un cambio de dirección en los aportes de agua, efectuado en época que no nos es posible precisar, ha debido ser una de las causas que contribuyó a la despoblación de este lugar, no señalado en los relatos de los cronistas.

La circunstancia de que en nuestras excavaciones no hayamos encontrado el menor vestigio de intervención europea, unida a las características que ofrece la arquitectura estudiada, no nos permite dudar, que la llamada Tambería del Inca es una pequeña ciudad indígena construída con anterioridad a la llegada de los españoles y que además, nunca fué posteriormente ocupada por ellos. Este lugar

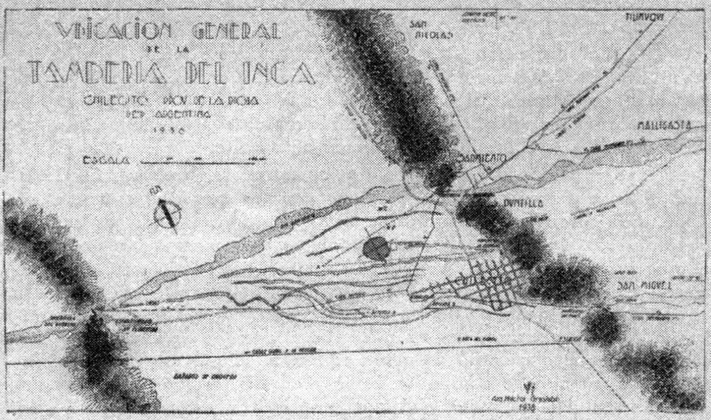

Fig. 1. Ubicación general de La Tambería del Inca.

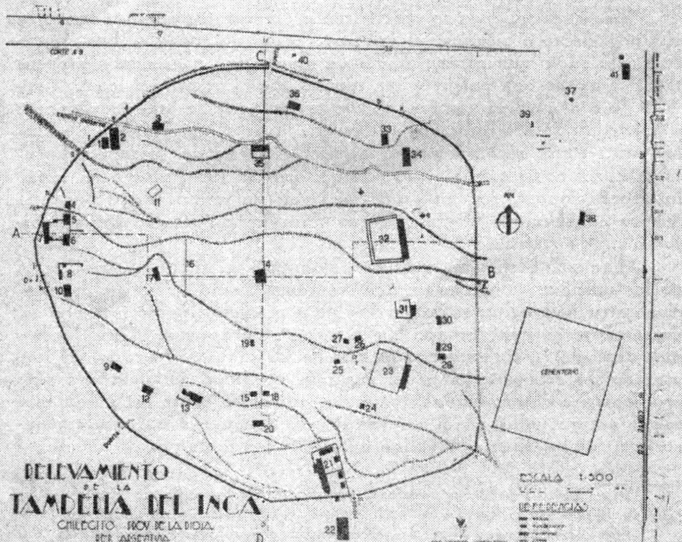

Fig. 2. Relevamiento de La Tambería del Inca.

263

fué anteriormente visitado por el Dr. Max Uhle [1] y el Dr. Salvador Debenedetti [2].

El orden numérico asignado a los diversos edificios ha sido simplemente consecuencia del orden de realización de los primeros trabajos. Para obtener las secciones de los diversos edificios se ha procedido siempre eligiendo un plano de comparación que se señala por las letras P. C., en los diversos planos de detalle.

"Las medidas de los lados de los edificios, tomadas en 1928, fueron en algunos casos tal vez más exactas que las relevadas en 1938, para reconstruir la primitiva forma del edificio. Así, los desmoronamientos de los muros que producen las excavaciones alteran rumbos y espesores. En 1938 se rectificaron medidas, tomando como forma exacta el rectángulo o paralelogramo interno y luego se le agregaron los espesores de los muros en sus cuatro costados. Combinando datos creemos dar en nuestros planos las formas más exactas del primitivo trazado de estos edificios. Tiene ello singular importancia cuando se comparan estas medidas, ángulos y falsas escuadras con las de otros edificios similares o diferentes de otros conjuntos, para establecer las correspondencias respectivas y las dependencias, en base a los procedimientos técnicos utilizados para construir las formas".

"Las excavaciones se efectuaron a diversas profundidades, procurando siempre alcanzar el primitivo lecho de rodados. Las superficies de suelo que contenían restos materiales o humanos presentaban a veces una consistencia menor que el resto del local. Esta falta de consistencia aumentaba con la profundidad en la excavación y advertía que era inútil insistir en los lugares que dejaban de presentarla. Pero, en otros casos, la parte superior del terreno presentaba cierta consistencia y dureza uniformes, aun cuando las capas inferiores contuvieran material. Es decir, tal uniformidad indicaba con su consistencia el gran tiempo transcurrido y la acción del pisoteo".

"Tan sólo hemos anotado en las láminas las medidas principales de los edificios, tomadas en dos sentidos. Cuando existían diferencias entre las longitudes de los dos lados paralelos de los rectángulos, únicamente se han anotado las mayores dimensiones. Con ello hemos deseado no complicar la lectura de los dibujos. Pero sí, las formas de los recintos, hasta en sus más mínimos detalles, han sido prolijamente determinadas, tomando en cuenta todas las medidas y ángulos apreciados en el relevamiento. Solamente ha sido consignado el rumbo de una o cuando más de dos direcciones de los muros

[1] Max Uhle. *Fortalezas incaicas: Incallacta-Machupichu*, en *Revista Chilena de Historia y Geografía*, t. XXI, páginas 9-10. Santiago de Chile, 1917.

[2] Salvador Debenedetti. *Los yacimientos arqueológicos occidentales del Valle de Famatina (Provincia de La Rioja)*, en *Physis*, (Rev. de la Soc. Arg. de Ciencias Naturales), t. III, pp. 386-404. B. Aires, 1917.

del edificio. Y en las descripciones que siguen hemos evitado repeticiones, descripciones de características demasiado visibles, que harían interminable el texto, conspirando contra la visión de conjunto. Unicamente se han hecho resaltar aquellas características especiales de los detalles, reveladas por la atenta observación y comparación".

*

Los 40 conjuntos de edificios señalados en el relevamiento que muestra la figura 2, cuyo original se ha dibujado a la escala de 1 : 500, han sido minuciosamente descritos en el citado informe elevado a la Comisión Nacional de Cultura. Tócanos en esta ocasión, presentar un breve resumen de las principales características que ofrecen estos edificios, tanto en su conjunto como en sus detalles.

En el centro del recinto se muestra el edificio 14, importante montículo de tierra que se halla cubierto por un irregular amontonamiento de piedras.* La triangulación que hemos efectuado del recinto nos indicó, que era precisamente este lugar del edificio 14 el centro geométrico del conjunto. La zona central circunscrita a este edificio 14, se halla desprovista de construcciones y según las razones invocadas ha debido ser utilizada para el cultivo. Los restantes edificios se agrupan siguiendo preferentemente la línea del muro de cintura. Algunos de ellos se disponen sumamente próximos al muro, como los edificios numerados 1, 2, 4, 5, 6, 8, 10 y 21, dejando siempre un pequeño espacio entre los mismos y el muro de cintura, para conseguir una comunicación periférica interna.

Las orientaciones observadas en estos edificios varían. Así algunos se disponen con su eje mayor casi en dirección NS, y otros con este mismo eje aproximadamente en dirección EO. Los muros son pircados, es decir, de piedras obtenidas de cantos rodados elegidos, asentadas sobre mortero de tierra, alcanzando elevaciones variables entre 0.80 y 1.60 metros, variando igualmente sus espesores entre 0.60 y 1 metro de ancho. En algunos conjuntos se nota que algunas absisas penetran en el terreno a manera de cimiento, pero, en general, estos muros se encuentran apoyados directamente sobre el terreno primitivo.

Afectan estos edificios, invariablemente, formas rectangulares casi perfectas. Sus trazados parecen efectuados a cordel, habiéndose seleccionado las caras de las piedras para formar el paramento externo. Las divisiones que subdividen los recintos son siempre perpendiculares a los muros principales y dividen el gran espacio rectangular primitivo en pequeños rectángulos o cuadrados. Carecen de veredas, pero en cambio se nota en una zona de un espesor de un metro, paralela a estas formas rectangulares, una gran dureza del terreno conseguida por el fuerte pisoteo. Es curioso observar que las torrenteras formadas por las aguas de lluvia sobre la superficie del barreal nunca avanzan sobre estos edificios en su recorrido

265

de Oeste a Este, según puede observarse en el plano de la figura 2. Cuando se aproximan, tuercen rápidamente su cauce y lo bordean paralelamente, lo que se explica fácilmente, por correr sobre un terreno más flojo que ha perdido consistencia por el roturado de las tierras.

Existe cierta tendencia en definir patios entre los edificios o en anexarlos. Lo primero ocurre en los edificios 5, 6 y 7 y lo segundo lo muestran los edificios 13, 8, 23, 31, 32 y 35.

El edificio 21 ha sido indudablemente el principal, un verdadero "palacio". Con su simétrico trazado, dividido en dos grandes patios escalonados, que salvan con habilidad las diferencias de nivel, traduce cierta elegancia en el conjunto, que debe necesariamente ser expresión del alto grado de organización social alcanzado por estos primitivos pobladores.

Los hallazgos consistentes en útiles del menaje y en entierros de adultos y de niños en urnas, han sido realizados casi exclusivamente en las esquinas de los edificios.

*

Entrando de lleno al objeto principal de esta comunicación, diremos que el núcleo de terreno sobre el cual se halla construído cada edificio conserva un nivel medio que es siempre superior por sus cuatro costados al nivel de sus alrededores. El piso de las habitaciones ha debido estar al mismo nivel del primitivo piso de La Tambería, conservando, como se dijo, por la mayor consistencia que imprime el pisoteo, características que también ofrecen las fajas de terreno próximas a los muros.

La descripción que transcribimos acerca de las características del edificio 21, es también aplicable a la casi totalidad de los edificios:

"En el interior de todas las habitaciones, desde un nivel que corresponde a 20 cm. debajo del actual nivel del piso de las mismas, se encuentran grandes capas de cenizas, hasta de 10 cm. de espesor, que demuestran se ha hecho fuego al interior, porque la zona inmediatamente inferior a esta capa ha sido convertida en ladrillo. Estas cenizas contienen fragmentos de carbones, fragmentos de cañas quemadas y hasta ha sido hallado un pequeño marlo de maíz junto al cerco C de la casa.

"Es difícil explicar esta repartición más o menos uniforme de cenizas al interior de las habitaciones. Si han estado techadas, se deben suponer condiciones especiales del techo para defenderse del humo, debiendo existir un espacio abierto entre la parte superior de la pirca y el mismo. Mas, lo probable, es que hayan sido techadas con paja, según lo muestran los restos que se advierten en estas cenizas y por la repartición uniforme de las mismas en el interior de las habitaciones. La violencia del fuego ha transformado la tierra en ladrillo, es decir, los techos habrían sido destruídos por un incendio y el espesor de 20 cm. entre estas cenizas y el nivel actual superior puede responder a la quincha o torta primitiva caída al interior de la habitación o si no a la acumulación eólica de la tierra, pues los recintos están bien aislados unos de otros, son cerrados y no puede interpretarse este desnivel como arrastre producido por las aguas. En parte alguna del recinto de La Tambería, se reconocen restos de tierra endurecida, tapia o adobe, que podrían haber completado o reemplazado estas bases de pirca de piedra.

"Para cada habitación, el nivel de la primera absisa de la pirca es el mismo en las cuatro esquinas, y debe de corresponder al primitivo nivel del terreno por las observaciones que hemos hecho en el muro de cerco y en otros lugares de La Tambería. Este nivel de la primera absisa es también, aproximadamente, el mismo nivel de las primeras capas superiores de cenizas. Los tiestos se encuentran al interior de las habitaciones, tanto entre las capas de cenizas como también enterrados a un metro de profundidad, siendo difícil la explicación de estas últimas posiciones, de este sincronismo con otras capas de cenizas tan profundas, pues habría que suponer la ocupación del paraje en épocas muy anteriores al trazado de estos muros. O bien, un anterior dispositivo semisubterráneo de habitaciones, ascendiendo las cenizas hasta 20 cm. del nivel actual por sucesivos rellenos. El dispositivo semisubterráneo podría haberse cumplido, porque el relleno es consistente y los cortes que hemos hecho hasta cerca de dos metros de profundidad, no han sido desmoronables".

Fué en el edificio 8, del cual ya hemos dicho, que pertenece a la categoría de aquellos que presentan muros agregados definiendo patios, donde por vez primera, durante las excavaciones de 1938, advertimos entre las capas de tierra y de cenizas los restos carbonizados de paja y de ramaje, correspondientes al techo desmoronado, en el interior de uno de los recintos rectangulares. La descripción de este edificio, que corresponde a la figura 3, menciona la circunstancia del hallazgo de estos restos del antiguo techo.

"El edificio 8, que hemos representado en la figura 3, debe de considerarse incompleto con el trazado que actualmente presenta. Tampoco creemos que hayan sido retiradas del terreno las piedras correspondientes a las restantes habitaciones. Participa de la serie de recintos que ofrecen habitaciones alineadas cuadrando patios, huertos o tal vez corrales, pues debemos de considerarlo incompleto en sus costados Este y Sur.

"El ancho de 2 metros y de 2.30 metros que ofrecen las habitaciones está indicando la luz regular de estos recintos, que corresponde a las posibilidades de ser techados. Este edificio ha conservado actualmente horizontal su nivel de piso, tanto en las habitaciones laterales como en el patio. A sus costados, al exterior, se observa un descenso parejo del terreno circundante, lo que prueba la mayor firmeza de su piso. Su forma sobre el terreno se halla definida por dos

267

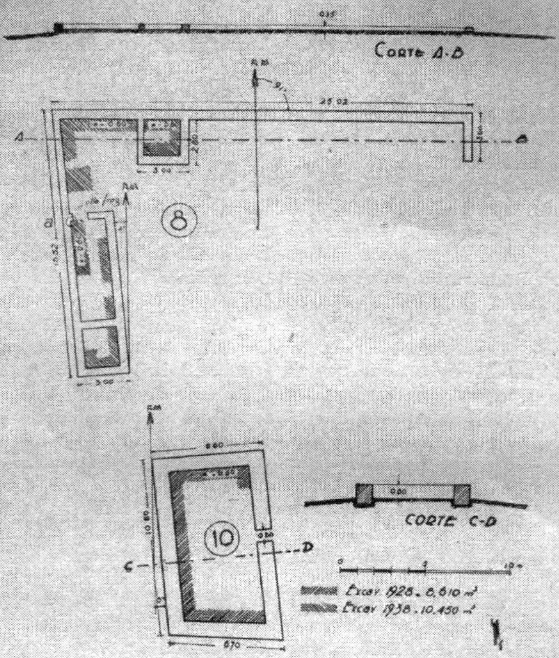

Fig. 3. Plano de los edificios 8 y 10.

Fig. 4. Ramas y paja quemada sobre piso de arcilla endurecida en los recintos del edificio 8. (La palita tiene 20 cmts.)

268

hiladas horizontales de piedras medianas. Toda la superficie ocupada por las habitaciones del Oeste ha tenido un piso de greda sobre el cual se encuentran restos de palos quemados de sección diversa y paja. (Fig. 4.)

"Descubriendo el terreno con sumo cuidado y aligerando la capa de tierra por medio de soplidos se advierten palos carbonizados de 2.5 cmts. a 1 cmt. de diámetro, que se presentan cruzados formando ángulos variables. Esta "jarilla" se ha convertido en carbón, debido seguramente a la circunstancia que al incendiarse los postes y vigas de sostén, el techo se ha desplomado y la tierra la ha cubierto, produciéndose su transformación en carbón. El cruzamiento de esta jarilla es completamente irregular y se alcanza a reconocer bien cómo se traman las ramas. Quitando esta primer capa se encuentra otra capa de ramas más gruesas, al parecer de algarrobo, de 5 a 8 cmts. de diámetro. No es posible reconstruir bien las primitivas direcciones de esta segunda capa de ramas, debido a que estos restos son muy escasos y han quedado en posiciones varias por el derrumbe del techo. Es frecuente en la superficie de estos recintos, a 20 cmts. del nivel actual del terreno, el hallazgo de estos restos de paja sobre tierra quemada o endurecida, alternando a una misma altura con grandes cantidades de cenizas, que se encuentran uniformemente en todas las casas con los restos de aquellas pajas y vigas quemadas del techo. Se encontró una vasija fragmentada en *a*, dispuesta boca abajo, junto a la puerta de entrada de los pequeños recintos".

Fué en el edificio 13, cuyo plano representamos en la figura 6, donde se encontraron nuevas pruebas de la anterior existencia de esta estructura del techo. Podemos observar en la planta tres características diferentes. Primeramente, al Este, un recinto cuadrilátero, romboide, de dimensiones similares a las de los edificios 9 y 12, pues mide 10.60 metros de largo por 6.70 metros de ancho. Sus muros son fuertes, anchos de 1 metro y ofrecen un relleno intermedio de 90 cmts. sobresaliendo un metro del nivel del ambiente exterior. Sobre el lado Oeste del cuadrilátero se encuentra un agregado cuya altura no alcanza a igualar la anterior, quedando a 50 cmts. de la pirca, según puede apreciarse en el corte longitudinal C. D. Este agregado, de 10 metros por 4.70 metros, ofrece en su parte media, al Norte, un recinto de 3.10 metros por 1.85 metros, a manera de pórtico de entrada. Una puerta de 75 cmts. da acceso al interior.

Al Sur de las estructuras que se acaban de describir se extiende un patio de 18.50 metros de largo por 6 metros de ancho, estrechándose estos últimos a 4 metros en la porción correspondiente a la estructura de mayor altura. Este patio parece abierto en su esquina Noroeste, pues faltan piedras que indiquen la anterior existencia de su cierre. Las dos primeras estructuras tienen su frente Norte sobre una misma línea, que declina 65° al Oeste.

Fig. 5. Angulo interno noroeste del edificio 10, mostrando el tipo de "pirca" de La Tambería del Inca.

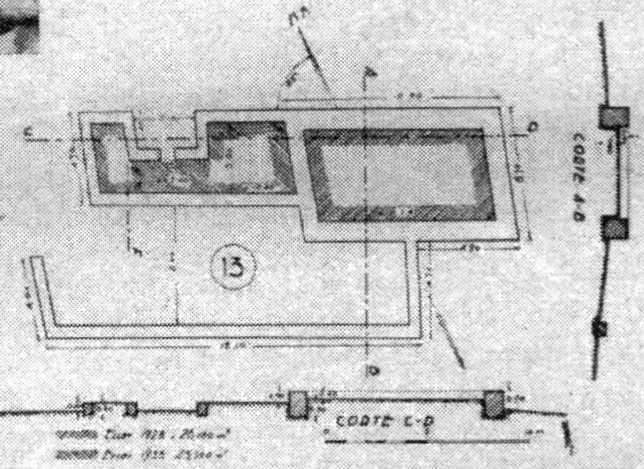

Fig. 6. Plano del edificio 13.

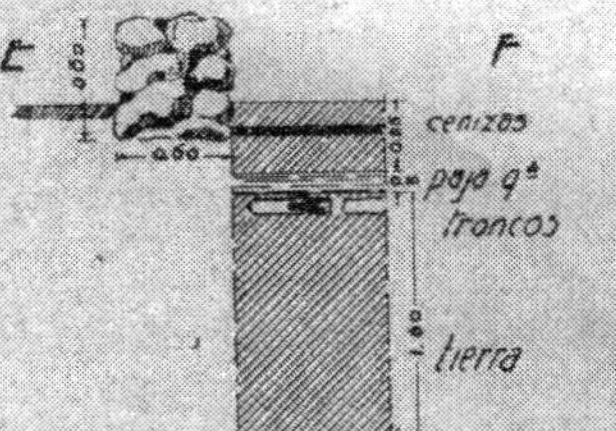

Fig. 7. Corte E. F. del terreno en el edificio 13.

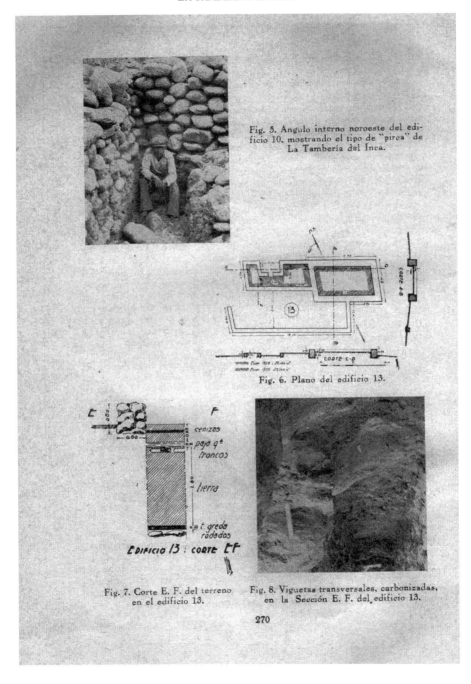

Fig. 8. Viguetas transversales, carbonizadas, en la Sección E. F. del edificio 13.

270

La gran cantidad de cenizas, carbones, paja quemada, restos de vigas quemadas, que se encontraron en las excavaciones practicadas en 1938 nos dan la seguridad de que este recinto ha sido techado; y además, estos restos, por su forma de presentación nos explican la técnica del dispositivo empleado. El corte E. F. nos muestra la superposición de capas de cenizas, paja quemada y troncos quemados, estos últimos de 8 a 10 cmts. de diámetro, que constituían las viguetas del techo y que se presentan a descubierto en la figura 8. Indudablemente, en la porción E. F., donde se ha practicado el corte, tenemos sólo 1.70 metros de luz y debemos suponer un techo a una sola agua. Mas, también, podría acontecer que la porción de pared que ofrece la puerta de comunicación en el "vestíbulo" de entrada haya estado destinada a dividir la luz total del recinto. Las viguetas se encontraron dispuestas perpendicularmente a los muros laterales.

El edificio 23 está formado por dos rectángulos adosados. El mayor de 39.75 metros de largo por 30.40 metros de ancho, y el menor, que se apoya sobre su costado oriental, mide 24.80 metros de largo por 6.70 metros de ancho, disponiéndose centrado con relación al anterior. No se encontró indicio alguno de abertura. Faltan casi todas las piedras del costado oriental, las que deben haber sido llevadas para realizar la construcción del muro del cementerio actual. El rectángulo mayor debe haber tenido una altura promedio de 80 cmts. en su pircado. En cambio, el rectángulo adosado, según se dijo, sólo tiene una hilada o dos que lo define, habiéndose cavado esta parte con anterioridad a 1928.

Es imposible reconstruir el perfil del corte debido al mal estado de la pirca y, además, a las falsas pendientes que han creado las aguas de lluvia, que definen planos convergentes al centro del rectángulo mayor.

Detalle de especial mención es el hallazgo en este lugar de horcones de maderas con sus extremidades carbonizadas, ubicados en los puntos medios de los lados menores del rectángulo, según se señalan en los puntos A y B y en sus correspondientes detalles de la figura 10 y fotografía del horcón A en la figura 11. Es indudable que este recinto ha sido techado, obteniéndose luces aproximadamente de tres metros, fácilmente salvables con troncos de árboles.

El edificio 32, compuesto como el 23 y 31, por dos rectángulos adosados, mirando el mayor al Oeste, señala la adopción de un partido constructivo que alcanza aún su mayor significación al confirmarse en este nuevo ejemplo la orientación similar del gran rectángulo, como en el caso del edificio 31. Es indudable que la superficie ocupada por el rectángulo menor ha sido destinada a habitación, no sólo por los frecuentes hallazgos de cerámica fragmentada que se han realizado, sino también por el descubrimiento hecho aquí, por vez primera, de residuos de carbones, indicando que son el producto de la incineración de postes u horcones que han debido sostener el techo del ramaje. El primer horcón descubierto fué el seña-

271

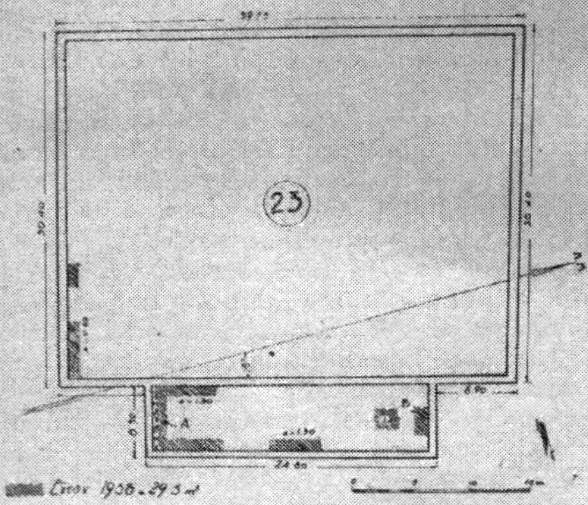

Fig. 9. Plano del edificio 23.

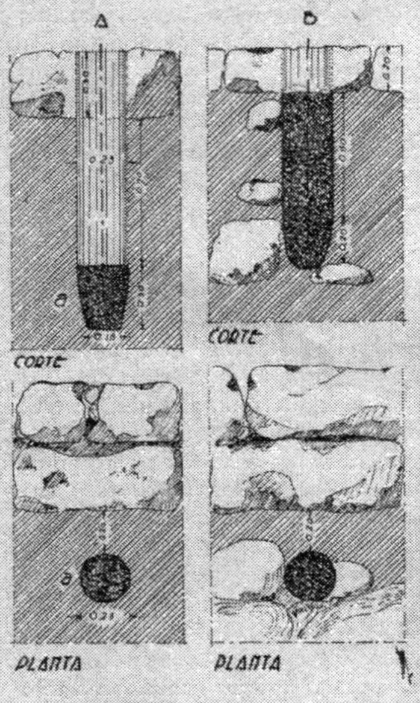

Fig. 10. Detalles correspondientes a los horcones A y B en el edificio 13.

Fig. 11. Restos carbonizados del mojón A del edificio 23.

272

lado en el plano de la figura 12 con el número 1, y luego, observando su ubicación en el eje del recinto y las distancias constantes aproximadas a 3 metros con relación a los muros principales, se practicaron sondeos para obtener nuevos horcones, en lugares distanciados aproximadamente de estos 3 metros entre sí, sobre el eje del recinto.

Es así como aparecieron los horcones 2 y 3. El 2 a sólo 2.90 metros del muro transversal y el 3 a 5 metros de este último horcón 2, encontrándose ambos ubicados aproximadamente en el eje del recinto. Estos hallazgos dieron luego la pauta para excavar los edificios 23 y 33, en porciones sospechadas de contener estos restos de columnas, lo que quedó plenamente confirmado.

El pequeño rectángulo del Este mide 39.40 metros de largo por 6.20 metros de ancho. Sus muros son de 60 cmts. de ancho y sólo sobresalen en la actualidad de una o dos hiladas sobre la superficie del terreno. También aquí debemos suponer que se ha efectuado la extracción de materiales de la pirca, con la finalidad ya anunciada de construir el muro del cementerio moderno, circunstancia que no nos ha permitido realizar un corte correcto del techo, debiéndosele interpretar para representarlo.

El rectángulo mayor mide 46.70 metros de largo por 32.10 metros de ancho, como medidas máximas. En sus costados Norte, Sur y Oeste, se define un curioso muro doble de contención, mal conservado, por lo cual deben de considerarse aproximadas las medidas que ofrecemos en el corte C D. El núcleo de este muro doble se define por un macizo trapezoidal de piedras y tierra, cuya base mide 4.20 metros. Sus costados inclinados se hallan recubiertos de rodados y el eje menor se expresa por una plataforma de piedra de 2 metros de ancho, a un nivel superior en 70 cmts. al nivel de la base. Esta estructura se señala como un verdadero muro de contención de aguas, no sólo por su forma y desarrollo, sino también por sus justas proporciones para indicar una represa de 80 cmts. en su profundidad actual, la que pudo haber sido mucho mayor anteriormente.

El espacio ocupado por las habitaciones es de mayor dureza que el resto, lo que podría también indicar que ha sido sembrada la parte correspondiente al rectángulo mayor. En este espacio hemos señalado los horcones 1, 2 y 3, cuyos detalles respectivos se ofrecen en la figura 13, a la que dejamos la descripción de los mismos. En la figura 14 se muestra el detalle del horcón 2 al descubierto, reconociéndose a la derecha del jalón su anterior posición y aun *in situ* las piedras con las cuales ha sido calzado. Una amplia capa de cenizas cubre a poca profundidad la superficie del lugar que hemos supuesto destinado a las habitaciones, siendo uniforme y francamente visible en la porción Sureste de la misma, en *a*. En toda la superficie ocupada por este rectángulo menor del edificio 32 se encontró a poca profundidad gran cantidad de fragmentos de cerámica.

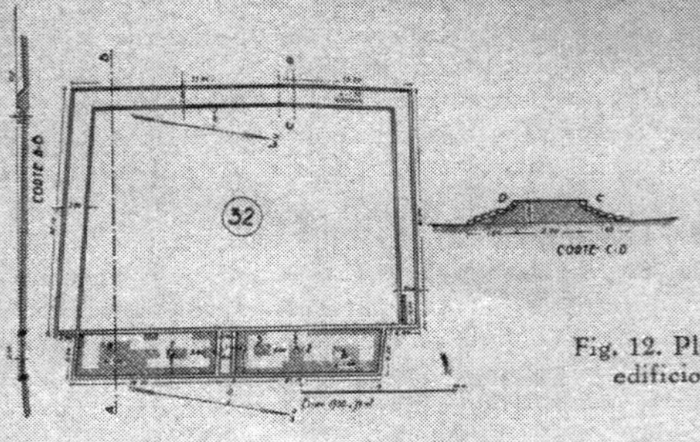

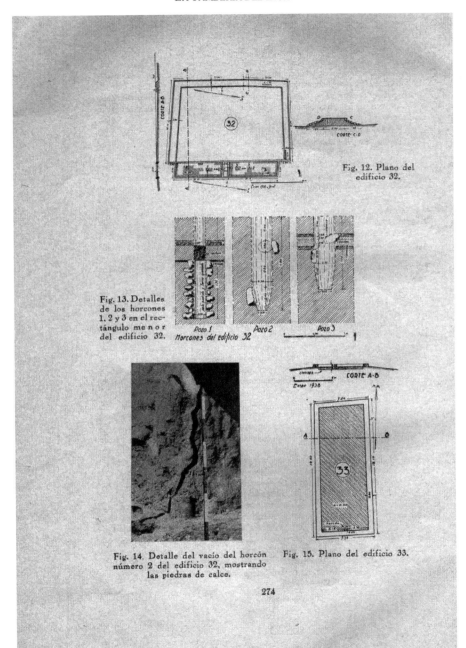

Fig. 12. Plano del edificio 32.

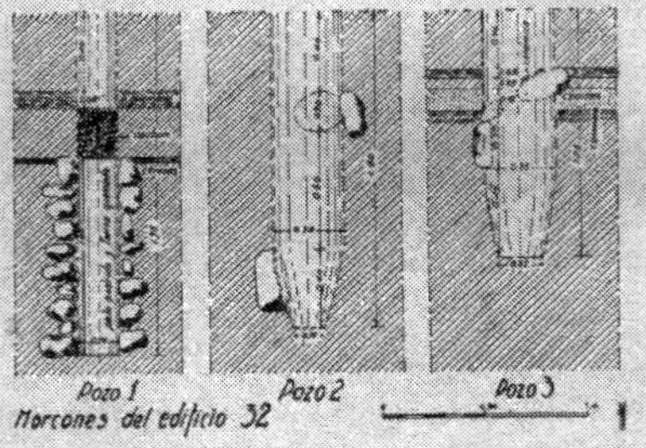

Fig. 13. Detalles de los horcones 1, 2 y 3 en el rectángulo menor del edificio 32.

Fig. 14. Detalle del vacío del horcón número 2 del edificio 32, mostrando las piedras de calce.

Fig. 15. Plano del edificio 33.

274

El edificio 33, cuyo plano se muestra en la figura 15, afecta forma muy cercana a la rectangular, siendo las medidas máximas de sus lados 18.10 metros de largo por 7.70 metros de ancho. Esta forma se halla señalada por sólo un par de absisas de base, no viéndose piedras rodadas a sus alrededores, circunstancia que indica una vez más que han sido empleadas en la construcción del muro de cerco del cementerio moderno, dada su proximidad al mismo. Todo el interior del recinto, a 40 cmts. de profundidad, ofrece capas de cenizas y de tierras cocidas. También en este recinto, sobre el eje de su costado Sur, según se muestra en la figura 15, hemos realizado el hallazgo de restos de carbones correspondientes a un horcón de madera, de 22 cmts. de diámetro, calzado con piedras.

*

Acabamos de exponer, en forma seriada, los diversos hallazgos realizados en la llamada Tambería del Inca de Chilecito, que nos han llevado a comprobar la existencia de una estructura de techo a dos aguas, para cubrir los recintos rectangulares, sin convertir en tímpanos de piedra los muros cabeceros de los mismos. A los hallazgos de los edificios 8 y 13, que indudablemente acusan una forma simple de techar, a una sola agua, agregamos los de los edificios 23 y 32, que muestran a través de sus rectángulos menores los francos vestigios de un techo a dos aguas sostenido por cumbreras, y éstas por medio de horcones ubicados en el eje de la construcción. Ha debido este techo ser relativamente pesado, de ramas, paja y barro, aislante del frío y del calor, como también de las lluvias, que al desmoronarse por el incendio intencional de esta población, ha hecho que sus diversos componentes se convirtieran en cenizas y en carbones, operación que se ha cumplido lentamente, a cubierto de la atmósfera, por la capa de tierra superior que ha debido contener el techo. Sólo así ha sido posible que llegaran hasta nosotros estos restos carbonizados, que aclaran la anterior estructura del techo.

Por este sistema de techar es posible ampliar la luz de los recintos. Es un paso avanzado hacia la gran arquitectura. Las grandes luces quedan reducidas a pequeñas luces. En los muros cabeceros, en lugar de continuar elevando la pared a manera de tímpano han colocado "horcones", columnas, en el mismo eje de los muros cabeceros para apoyar la cumbrera. La igualdad de nivel que alcanzan siempre los muros laterales, la sección de los postes, sus distanciamientos, demuestran una vez más que el techo es a dos aguas.

Debenedetti[1] en sus estudios sobre las viviendas del Pucará de Tilcara nos dice que estos techos, formados por troncos de

[1] Salvador Debenedetti. *Las ruinas del Pucará. Tilcara, Tilcara, Quebrada de Humahuaca* (provincia de Jujuy), en *Archivos del Museo Etnográfico de la Facultad de F. y Letras.* Número II (primera parte). Buenos Aires, 1930, págs. 24-27.

275

variable espesor, por cañas apretadas unidas con tientos, cubierto el todo con una capa de barro amasado con piedras de 10 a 15 cmts. de espesor, eran sin excepción, de una sola agua. Pero, puede observarse en el detalle que ofrece este autor, que esa única pendiente del techo se obtenía por diferencia de nivel entre los muros, de igual altura, pero apoyados sobre un terreno escalonado, en terrazas. En nuestro caso, siendo un terreno llano, el techo de las grandes luces ha debido ser salvado a dos aguas. De otra manera hubiéramos encontrado la diferencia de altura correspondiente entre las absisas superiores de los muros laterales.

Si los primitivos habitantes de la llamada Tambería del Inca de Chilecito hubieran tenido conocimiento del clásico tímpano de las formas rectangulares constructivas de los Incas propiamente dichos, no hay duda que con él habrían reemplazado los horcones de los muros cabeceros. También debe pensarse en un espacio libre, existente entre la absisa superior de la pirca y el declive del techo, espacio que no debe de haber sido rellenado con tierra, pues se hubieran encontrado los vestigios de este relleno sobre el terreno.

Como todos los edificios, tan separados unos de otros, muestran al interior capas uniformes de cenizas y una sobreelevación de este nivel, que corresponde al espesor del techo desmoronado, debemos concluir que esta pequeña ciudad fué quemada intencionalmente, siendo la segunda causa de su abandono. La primera, como se dijo, fué el cambio de cauce de las aguas de los deshielos.

Los estudios detallados que hemos realizado en 1928 y 1938 en este lugar, y nuestra experiencia de terreno, nos hacen pensar en la conveniencia de extremar los cuidados para descubrir en el transcurso de las excavaciones los vestigios del techo. Por Historia de la Arquitectura sabemos la importancia fundamental que tiene la evolución del techo, en el establecimiento de correlaciones y emigraciones de pueblos. Se nos antoja, que esta forma descrita de techo a dos aguas que acabamos de estudiar por sus vestigios en la llamada Tambería del Inca de Chilecito, es diferente a la incaica propiamente dicha y tal vez representa un estadio anterior de su desarrollo, dado que la arquitectura, especialmente con sus formas de techar, no suele caminar a saltos, sino sumando experiencia.

Fig. 76. El sitio de la Tambería dentro de un área urbanizada donde las ruinas están en un estado lamentable de destrucción. Lo visible es la casa del guardián y su tanque de agua

ÍNDICE

Made in the USA
Middletown, DE
09 July 2023

34704880R00130